CRIA DA FAVELA

**RESISTÊNCIA
À MILITARIZAÇÃO
DA VIDA**

RENATA SOUZA

© Boitempo, 2020
© Renata Souza, 2018

Direção-geral Ivana Jinkings
Edição Carolina Mercês
Coordenação de produção Livia Campos
Assistência editorial Pedro Davoglio e Carolina Hidalgo Castelani
Preparação Mariana Echalar
Revisão Fernanda Lobo
Capa Estúdio Bode
Diagramação Crayon Editorial

Equipe de apoio: Artur Renzo, Débora Rodrigues, Dharla Soares, Elaine Ramos, Frederico Indiani, Heleni Andrade, Higor Alves, Ivam Oliveira, Kim Doria, Luciana Capelli, Marina Valeriano, Marissol Robles, Marlene Baptista, Maurício Barbosa, Raí Alves, Thais Rimkus, Tulio Candiotto

CIP-BRASIL. CATALOGAÇÃO NA PUBLICAÇÃO
SINDICATO NACIONAL DOS EDITORES DE LIVROS, RJ

S718c

Souza, Renata, 1982-
   Cria da favela : resistência à militarização da vida / Renata Souza. - [2. ed.] - São Paulo : Boitempo, 2020.

   Inclui bibliografia
   ISBN 978-65-5717-031-1

   1. Favelas - Aspectos sociais - Rio de Janeiro (RJ). 2. Cultura popular - Rio de Janeiro (RJ). 3. Segurança pública - Rio de Janeiro (RJ). 4. Segregação urbana - Rio de Janeiro (RJ). I. Título.

20-67024
CDD: 307.3364098153
CDU: 364.682.444(815.3)

Camila Donis Hartmann - Bibliotecária - CRB-7/6472

É vedada a reprodução de qualquer
parte deste livro sem a expressa autorização da editora.

 Esta obra contou com o apoio da Fundação Lauro Campos e Marielle Franco.

1ª edição: 2018 (Núcleo Piratininga de Comunicação)
2ª edição: novembro de 2020

BOITEMPO
Jinkings Editores Associados Ltda.
Rua Pereira Leite, 373
05442-000 São Paulo SP
Tel.: (11) 3875-7250 / 3875-7285
editor@boitempoeditorial.com.br | www.boitempoeditorial.com.br
www.blogdaboitempo.com.br | www.facebook.com/boitempo
www.twitter.com/editoraboitempo | www.youtube.com/tvboitempo

À Mari

A nossa escrevivência não pode ser lida como histórias para "ninar os da casa-grande" e sim para incomodá-los em seus sonos injustos.

Conceição Evaristo

O ânimo dos rebeldes tem estado presente na dignidade dos que se recusam a se deixar assimilar por hordas e manadas, tem se manifestado na dignidade dos que repelem os processos que parecem tender à militarização da vida ou apontam na direção da transformação das sociedades em imensos formigueiros.

Leandro Konder

SUMÁRIO

Agradecimentos 9
Nota à segunda edição 11
Introdução 13

1. Comunidade, favela e cidade: o que há em comum? 19
   Uma pequena história das favelas do Rio de Janeiro 23
   Rio: uma cidade entre a atração e a repulsão 26
   Favela é cidade? 31
   Paz para quem? 37
   Mercantilização da vida 39

2. Sou cria da favela, sou mareense 51
   Memória para a resistência 55
   A rua como experiência do comum 64
   O dono da rua e o cria da favela 67
   Alguns números sobre a Maré 71

3. Mídia e militarização da vida 79
   A mídia veste farda 97
   Maré Vive e Resiste 104
   Nós por Nós 112
   Maré Vive e Nós por Nós 116

4. A cultura de rua como reexistência 119
   Criminalização do funk e dos funkeiros 121
   A rua: cultura de resistência 127
   Funk x Rock em Movimento 132

Vem pra rua, morador: Se Benze Que Dá 138
Na Favela: Quem matou Gilberto? 147
Sarau da Roça e Maré 0800 155

5. Favela: lugar do comum 163

Memorial Marielle Franco 173
Maré: pacificação e/ou domesticação militarizada? 177
Quantos mais vão precisar morrer para essa guerra acabar? 185
A gente precisa sobreviver a 2018 187
O legado de Marielle é a democracia 189
Os nove meses sem Marielle Franco e o direito à vida 191
Não queremos vingança 193
Feminicídio político: um estudo sobre a vida e a morte de Marielles 195

Referências bibliográficas 207
Entrevistados 214

AGRADECIMENTOS

À vida. Que é difícil de ser vivida, mas é fácil de ser amada. Ainda mais quando são poucas as pessoas que têm a possibilidade de vivê-la plenamente. Por isso, agradeço às mulheres e aos homens que lutam diariamente contra a militarização da vida. Gratidão especial a Marielle Franco, com quem convivi por cerca de vinte anos. Nos últimos doze anos, vivenciamos diariamente a militância política pela dignidade humana. A ela, dedico um memorial ao final deste livro com um pouco do que reexistimos juntas a partir da Maré.

A todos os que me ajudaram a pensar minha tese de doutorado, inspiração para este livro. Aos pensantes e atuantes do Laboratório de Estudos em Comunicação Comunitária, da Universidade Federal do Rio de Janeiro (LECC-UFRJ). À minha orientadora maravilhosa, Raquel Paiva, por apostar, confiar e estimular minha trajetória acadêmica. Ao professor Muniz Sodré, pela leitura crítica do meu trabalho. Aos queridos João Malerba, Zilda Martins, Marcelo Gabbay, Pablo Laignier e Lilian Saback.

A Thiago Couto e Jorgina da Silva, por me ajudarem nas burocracias da Escola de Comunicação (ECO-UFRJ). Ao querido Daniel Fonseca, que foi fundamental para que eu obtivesse uma bolsa de estudos pela Fundação de Amparo à Pesquisa do Estado do Rio de Janeiro (Faperj) e no meu doutorado sanduíche na Espanha – e que sempre me salva nos perrengues acadêmicos. A Amparo Huertas, que me acolheu na Universidade Autônoma de Barcelona. A Mohammed ElHajji, que me indicou a Amparo. A Ana Lúcia e Luciana Fars pelo aconchego da casa em Barcelona. A Carla Baiense pela leitura atenta e pelas observações sobre a tese. E a Andrea Medrado, pela parceria acadêmica construída com afeto.

Aos amados companheiros e companheiras do Mandato Marcelo Freixo, pelos dez anos de aprendizado cotidiano. Ao Mandato Marielle Franco, pelo fortalecimento do feminismo interseccional, da luta com a favela e com a negritude.

Aos entrevistados favelados que contribuíram com sua experiência e sabedoria para qualificar minha tese de doutorado, em particular Mariluci Nascimento, Gizele Martins, Geandra Nobre, Josinaldo Medeiros, Elza Carvalho, Anderson Caboi, Rosilene Miliotti, Hélio Euclides, Eliana Silva, Carlos Gonçalves, MC Leonardo e todos aqueles amigos e amigas que me ajudaram com conversas despretensiosas, como Alexandre Dias, Sinésio Silva, Leonardo Melo, Naldinho Lourenço, Luiz Baltar, Lourenço Cezar, Humberto Salustriano, Leon Diniz e Timo Bartholl. Enfim, às muitas pessoas que sequer imaginam que me ajudaram nesse processo, o meu muito obrigada de coração.

Agradeço aos meus pais, Lita e Zé Carlos, por me abraçarem e beijarem todos os dias e por confiarem nas minhas escolhas. Aos meus irmãos, Luciano, Wellington, Renato, Kelly, Rachel, Mariana e Isabela, por estarem ao meu lado em todos os momentos da vida.

A Raphael, pelo carinho e cumplicidade.

Aos mareenses, todo o meu agradecimento e amor.

NOTA À SEGUNDA EDIÇÃO

"Cria da favela" é uma expressão que evidencia a necessidade do protagonismo da favela e da periferia enquanto centro da política. Este livro traz nossa reflexão intelectual e prática sobre o processo de militarização da vida, além de uma justa homenagem à memória da querida Marielle Franco, companheira de vinte anos de vida e militância que, ao tornar-se ancestral, ressignificou a luta política no mundo, no Brasil e em mim.

A novidade desta edição está na definição do conceito de "feminicídio político", articulado por mim a partir do assassinato brutal de Marielle. A formulação do termo, até então inédito, parte do reconhecimento de que há uma violência no país direcionada àqueles que já vivem em situação de extrema vulnerabilidade, como mulheres, negros, pessoas LGBTQI e moradores de favelas e periferias, e de que há um projeto de silenciamento de atores sociais que lutam contra essas desigualdades, em especial defensores de direitos humanos, que transforma pessoas com o perfil social, político e econômico de Marielle Franco em corpos "matáveis". Fica evidente que, ao "erguer a voz" – expressão de bell hooks que simboliza nossa transição de objetos para sujeitas políticas –, Marielle Franco desafiou o poder dos homens da elite branca ligada às máfias milicianas brasileiras. Nesse sentido, "feminicídio político" corresponde ao assassinato de mulheres por sua condição de gênero na luta política. É o resultado mais letal das violências que submetem e acometem as mulheres protagonistas de processos de luta por mudança social.

O reconhecimento jurídico da expressão "feminicídio político" se deu quando a decisão de Rogerio Schietti, ministro do Superior Tribunal de Justiça, utilizou o termo para fundamentar sua recusa, em maio de 2020, em federalizar a investigação sobre o assassinato de Marielle Franco e Anderson Gomes. Isso ratificou e consolidou a concepção no mundo jurídico. "Feminicídio político" expressa a caracterização do conjunto de violências sociopolíticas sofridas por mulheres como Marielle, que deságua na retirada de suas vidas. Esse conceito trafega entre a práxis e a teoria social, econômica e política, e qualifica, categoriza e denomina o que de fato representa a execução sumária de Marielle Franco para a sociedade. Reconhecê-lo como tal é uma questão de vida para as mulheres e um renascimento histórico, político, social e epistemológico para Marielle.

Espero que esta nova edição lhe traga ares de esperança que possibilitem respirar e aspirar a mudanças sociais, políticas e econômicas. Tenha uma ótima leitura!

Renata Souza
outubro de 2020

INTRODUÇÃO

O Rio de Janeiro e suas favelas, na última década, estiveram estampados nas manchetes dos principais meios de comunicação estrangeiros e nacionais por conta de sua intensa agenda de megaeventos internacionais. Ao sediar os Jogos Pan-Americanos (2007), a Jornada Mundial da Juventude (2013), a Copa do Mundo (2014) e os Jogos Olímpicos (2016), a cidade recebeu um choque de reorganização geográfica e política. Os governantes implantaram incontáveis atividades de limpeza social e de embelezamento, desde remoções até a utilização de barreiras físicas, como a instalação de muros com isolamento acústico em comunidades às margens das principais vias rodoviárias da cidade.

Esse modo de governar não é novidade para os cariocas. A histórica "limpeza" das favelas cariocas ganhou visibilidade internacional ao atravessar gerações. Mike Davis, no livro *Planeta favela*, em um quadro demonstrativo baseado em fontes jornalísticas, revela que entre 1965 e 1974 foram removidas 139 mil pessoas das favelas do Rio de Janeiro[1].

A estratégica segregação dos pobres sempre foi justificada com argumentos de progresso e, pasme-se, justiça social. No entanto, adverte Davis, a segregação urbana é uma guerra social incessante do Estado para redesenhar as fronteiras espaciais em benefício de proprietários de terrenos, investidores estrangeiros e elites[2]. Desse modo, o destino do pobre é o gueto ou a prisão, já que ele é o "refugo do jogo", como o classificou Zygmunt Bauman[3].

O Rio Olímpico, como foi intitulado pela prefeitura da cidade, valeu-se de diversas remoções de favelas para dar lugar a equipamentos e vias de acesso aos jogos. As comunidades que não foram removidas nesse processo tiveram suas

---
[1] Mike Davis, *Planeta favela* (trad. Beatriz Medina, São Paulo, Boitempo, 2006), p. 110.
[2] Ibidem, p. 105.
[3] Zygmunt Bauman, *O mal-estar da pós-modernidade* (trad. Mauro Gama e Cláudia Martinelli Gama, Rio de Janeiro, Zahar, 1998), p. 57.

margens cercadas por barreiras acústicas, numa tentativa de invisibilizá-las. Algo similar ocorreu em Lagos, em 1960, durante a comemoração da Independência da Nigéria, quando o governo murou a estrada que levava ao aeroporto para que a princesa Alexandra, representante da rainha Elizabeth, não visse as favelas da cidade[4]. No Rio de Janeiro, o Complexo da Maré, que margeia a Linha Vermelha, via que leva ao Aeroporto Internacional Tom Jobim, foi murado com barreiras de efeito supostamente acústico.

É nesse universo que a Maré e outras favelas do Rio de Janeiro correm o risco de ser "domesticadas", por meio de políticas de segurança de "pacificação" e, em seguida, de intervenção, posto que suas rotinas passam a ser geridas por órgãos militares. Durante a realização de megaeventos de visibilidade mundial, além de implementar atividades de "limpeza" social, como a remoção de favelas para dar lugar a equipamentos esportivos, o governo investe na vigilância e na gentrificação. O encobrimento das mazelas locais aos olhos internacionais é a principal ação para a venda de uma cidade segura para os negócios, em especial para os megaempreendimentos relacionados à especulação imobiliária. E a favela, que muitas vezes é considerada feia, suja e malvada por essa ótica, precisa ser escondida ou removida.

Aliadas ao processo de exclusão dos pobres dos grandes centros, com remoções forçadas de favelas para áreas periféricas, há as investidas estratégicas na política de vigilância e de segurança pública. O principal programa do governo do Rio de Janeiro, iniciado em 2008, foi a implantação de Unidades de Polícia Pacificadora (UPPs) em favelas da capital com o objetivo de estabelecer a segurança durante a realização dos megaeventos.

As UPPs foram reconhecidas pela Anistia Internacional (AI), em seu informe de 2010[5], como uma alternativa aos métodos de policiamento repressivos e abusivos característicos da segurança pública do Rio de Janeiro. No entanto, a própria AI denuncia que, com a implantação das UPPs, os moradores passaram a sofrer constantes atos discriminatórios dentro das favelas. Além disso, revela que as forças policiais, fora do escopo das UPPs, continuaram a cometer atos arbitrários por meio de incursões militarizadas e de corrupção policial. A Comissão de Defesa dos Direitos Humanos e Cidadania da Assembleia Legislativa do

---

[4] Mike Davis, *Planeta favela*, cit., p. 111.
[5] Anistia Internacional, *Informe 2010 – O estado dos direitos humanos no mundo* (Londres, Amnesty International, 2010).

Rio de Janeiro (Alerj) denunciou, em seu relatório de 2013, os constantes relatos de toques de recolher, proibição de realização de bailes funks, além de invasão domiciliar para impedir que moradores ouçam funk em áreas de UPP.

Nesse contexto, a mídia comercial do Rio de Janeiro utiliza, muitas vezes, argumentos de fontes reconhecidas como oficiais, como governantes e forças policiais, para legitimar toda ação ou política de segurança do governo do estado que promova e intensifique a criminalização e a segregação da pobreza. Segundo Muniz Sodré, a mídia tem o poder de pautar e direcionar a maneira como os assuntos serão debatidos na sociedade a partir da sua cobertura de determinado tema[6]. O Centro de Estudos de Segurança e Cidadania da Universidade Cândido Mendes (Cesec) realizou uma pesquisa com profissionais dos principais veículos de comunicação impressa do estado, que revela que eles próprios consideram esses jornais responsáveis pela caracterização das favelas como espaços privativos de violência. Isso porque a pauta prioritária desses veículos é a cobertura de assuntos relacionados à segurança pública, como operações policiais, tiroteios, execuções etc.[7]

No entanto, em contraposição ao discurso hegemônico, o Rio de Janeiro assiste ao surgimento de iniciativas culturais e midiáticas nas favelas, que reivindicam seu lugar de narradoras da própria vivência e se destacam por uma atuação política e mobilizadora. De acordo com levantamento do Laboratório de Estudos e Comunicação Comunitária da Universidade Federal do Rio de Janeiro (LECC-UFRJ)[8], de agosto de 2009, há cerca de 110 mídias comunitárias ou alternativas com evidente atuação. Essas ações possibilitam uma disputa de discurso, com diversidade de percepções e representações. E a inserção dessas iniciativas nas novas tecnologias da informação e comunicação configura uma capacidade incomensurável de alavancar contrainformação, contradiscurso, resistência e existência.

Na década de 1990, as favelas do Rio de Janeiro começaram a ser denominadas "comunidades". Os meios de comunicação iniciaram esse processo a partir da publicação da avaliação de estudiosos, as chamadas fontes especialistas, sobre as favelas. Em pouco tempo, os moradores se apropriaram do termo.

---

[6] Muniz Sodré, *Antropológica do espelho: uma teoria da comunicação linear e em rede* (Petrópolis, Vozes, 2002).
[7] Silvia Ramos e Anabela Paiva, *Mídia e violência: tendências na cobertura de criminalidade e segurança no Brasil* (Rio de Janeiro, Iuperj, 2007), p. 77.
[8] O levantamento do LECC, núcleo de pesquisa da Escola de Comunicação da UFRJ, é embrionário e foi feito com dados disponíveis na internet.

No início do novo milênio, as favelas ainda eram conhecidas assim, mas tal denominação tem se afastado da fala dos moradores dessas regiões, tanto porque consideram o termo um eufemismo, quanto porque sentem que é politicamente necessário fortalecer o termo "favela". Mesmo diante desse importante debate, reconhecemos a favela como possibilidade comunitária. Isso porque, aqui, a análise da comunidade corresponde àquela em que os conceitos de riqueza e pobreza são flagrantes, bens e serviços são precários e seus habitantes são postos à margem de uma sociedade de direitos[9].

De acordo com Giorgio Agamben, a comunidade escapa à necessidade normativa e ordenadora do Estado ao se qualificar como um espaço constituído, em essência, de forma autônoma[10]. Não é à toa que o braço militarizado do Estado nas favelas cariocas se revela pela coação do poder público em seu maior grau de opressão contra a comunidade, o ser-em-comum.

Concordamos com Raquel Paiva sobre o fato de o reconhecimento da possibilidade de uma estrutura comunitária representar, hoje, um posicionamento político, pois não a compreendemos em seu sentido clássico, segundo o qual seres em comum vivem em plena harmonia. Paiva assinala que é necessário observar a comunidade como algo não experimentado, uma vez que ela surge do antagonismo com a estrutura capitalista, que a abandona e lhe nega o sentimento de pertencimento do indivíduo. Desse modo, ao se omitir de seus deveres com setores populacionais menos favorecidos financeiramente, o Estado abre espaço para que tal respaldo seja oferecido por organismos não governamentais.

Não é por outra razão que diversas iniciativas culturais em comunidades são geridas por organizações não governamentais (ONGs), criadas a partir da década de 1990, diante do acirramento dos reflexos econômicos das políticas neoliberais. Tanto que o jornal *O Globo*, baseado na atuação dessas organizações, noticiava que a Maré já representava um novo corredor cultural, mesmo antes da instalação concreta de uma UPP. Mas há uma percepção empírica de que o acesso e a frequência dos moradores a equipamentos culturais "fechados" (Museu da Maré, Lona Cultural, Galpão Bela Maré) são limitados. Em contraposição, observa-se que a comunidade comparece com maior nível de organicidade nos eventos culturais realizados na rua ou em locais abertos, que agregam

---

[9] Raquel Paiva, *O espírito comum: comunidade, mídia e globalismo* (Rio de Janeiro, Mauad X, 2003), p. 126.
[10] Giorgio Agamben, *A comunidade que vem* (Lisboa, Presença, 1993).

as pessoas. A rua, nesse sentido, qualifica-se por concentrar o compartilhamento dos prazeres e dos males, dos afetos e dos desafetos comuns. Assim, a plena harmonia não é uma constante, pois a vida comunitária preserva em essência a natureza do conflito.

No entanto, essa dinâmica comunitária sofreu alterações com a militarização da política de segurança pública. De abril de 2014 até julho de 2015, cerca de 3 mil oficiais das Forças Armadas do Brasil ocuparam a Maré. Na época, a justificativa do poder público era salvaguardar a segurança da cidade durante a Copa do Mundo e iniciar um processo de "pacificação" para a implantação de pelo menos duas UPPs no Complexo da Maré, previstas, de acordo com a Secretaria de Segurança Pública do Rio de Janeiro, para o primeiro semestre de 2016.

Entretanto, durante esse período, todas as atividades culturais em espaços públicos ou privados dependeram de solicitação formal ao Comando de Pacificação, gerido pelas Forças Armadas, algo já estabelecido pelos militares em comunidades com UPPs. Tal realidade influiu diretamente na articulação cultural da favela e pôs em risco a autonomia comunitária, agora submetida ao aval das forças militares. Para exemplificar melhor, a partir desse critério – e antes mesmo que fosse expedida uma solicitação formal aos militares –, os bailes funks foram automaticamente proibidos no período de ocupação da Maré.

O que nossa análise sugere é que o Estado, com sua política de "pacificação", desconhece a dinâmica comunitária. A favela possui características próprias de vivência e sociabilidade que, inconsciente ou estrategicamente, são ignoradas. Isso gera imposições que vão desde a gestão militar da cultura local até a implantação de políticas públicas que não dão conta das necessidades reais dos moradores. Daí segue o questionamento: será que existe espírito comunitário na Maré? Vamos mostrar que, nesse universo complexo, a rua pode se configurar como o espaço em que o vínculo comunitário se realiza com maior grau de organicidade, o lugar em que se estabelece a luta pela sobrevivência comum, pela manutenção da vida.

Nesse sentido, a juventude mareense, ao articular comunicação comunitária e cultura de rua, aqui entendidas como contra-hegemônicas em termos gramscianos, assume um papel político decisivo para a resistência à militarização da vida. Isso porque a luta pela liberdade desencadeia uma série de mecanismos de combate à barbárie. Investigaremos como essas iniciativas podem possibilitar um novo estar no mundo da juventude, rearticulando as relações sociais, comunitárias, identitárias e de poder.

1
COMUNIDADE, FAVELA E CIDADE: O QUE HÁ EM COMUM

> Comunidade que vive à vontade
> Com mais liberdade tem mais pra colher
> Pois alguns caminhos pra felicidade
> São paz, cultura e lazer
> Comunidade que vive acuada
> Tomando porrada de todos os lados
> Fica mais longe da tal esperança
> Os menor vão crescendo tudo revoltado
> E não se combate crime organizado
> Mandando blindado pra beco e viela
> Pois só vai gerar mais ira
> Na gente que mora dentro da favela
> Sou favelado e exijo respeito
> Só são meus direitos que eu peço aqui
> Pé na porta sem mandato
> Tem que ser condenado
> Não pode existir
>
> *MCs Júnior e Leonardo*

Insistir no debate sobre a utilização do termo "comunidade" ou "favela" é algo muito relevante. Precisamos compreender que a apropriação e a difusão da linguagem fazem parte de uma disputa discursiva e política. Não é à toa que o Instituto Pereira Passos (IPP) investe na utilização de expressões como "comunidades urbanizadas" para substituir o termo "favelas", carregado de estereótipos e discriminações. É por isso que muitos moradores de favela, para ser aceitos fora dos espaços populares, recorrem à expressão "comunidade" para qualificar seu local de moradia. Ainda que saibam que seu interlocutor já desconfia que eles moram em uma favela, muitas vezes essa distinção é crucial para a conquista de um emprego. Infelizmente, essa situação é muito comum e, para aqueles que não adotaram politicamente a "favela", torna-se quase um dilema dizer onde vivem.

Ressaltar o caráter político da utilização do termo favela é essencial para a compreensão dessa disputa discursiva. Em todas as entrevistas que realizei para a tese de doutorado que deu origem a este livro[1], os entrevistados disseram preferir "favela" quando questionados sobre o termo que utilizam para qualificar seu local de inserção. Isso não é sem razão, uma vez que as pessoas selecionadas aleatoriamente para responder a tal questionamento estão diretamente envolvidas em processos culturais, comunicativos e políticos nas diversas favelas que compõem a Maré. A prioridade em relativizar o que há de comum entre favela e comunidade parte do entendimento do que é apropriado da experiência que se tem nesses espaços. Assim, usar o termo favela significa fortalecer uma história de resistência.

A luta por identidade e representatividade também passa pela apropriação da "favela". Quando o sujeito político se constitui como favelado e se reconhece nessa sociedade desigual, passa a refletir sobre sua atuação como ferramenta para a mudança social e pela igualdade de condições sociais e materiais. Em diversos movimentos sociais e na própria academia, ser morador de favela garante uma espécie de legitimidade, uma vez que, a partir da experiência, se adquire um olhar diferenciado sobre os processos em sociedade. A ascensão política e social, a partir do acesso ao conhecimento, fez uma geração de moradores da Maré entrar na universidade tematizando a favela.

O caráter negativo e pejorativo do termo "favela" é uma construção discursiva empregada sobretudo pela elite brasileira, por meio de monopólios midiáticos reproduzidos pelas classes média e política. Tanto é que o preconceito gera distorções nas políticas públicas destinadas às favelas e faz com que as necessidades urgentes dessa população não sejam levadas em consideração. Ao contrário, investe-se em políticas que têm visibilidade midiática e servem como uma espécie de "cala boca" ou "vejam o que o poder público faz na favela". Podemos citar como exemplo a construção do teleférico no Complexo do Alemão – que parou de funcionar cinco anos depois de inaugurado –, em

---

[1] Foram entrevistadas treze crias de favela. Seus relatos de resistência à militarização, muito além da citação, são o fio condutor deste trabalho.

detrimento da criação de uma rede de saneamento básico, algo que seria mais salutar para a população da favela.

Reivindicar-se favelado faz parte também da luta pelo direito à vida. Isso porque todo o preconceito sobre a favela se reverte em uma política pública de segurança que não preconiza a preservação da vida das pessoas. É por isso que, na favela, não se vive, sobrevive-se. Tal situação é reflexo do senso comum que diz que favela é lugar de perigo e de sujeitos perigosos. Assim, contra a favela, todo tipo de política é justificado e inquestionável.

Por todas essas razões, produzir uma contraposição que ressignifique o termo favela é essencial para a vida da população que habita esse espaço. Trata-se de um posicionamento político e de resistência, afinal 77% dos homicídios cometidos no Brasil são contra jovens negros pobres, de acordo com o Mapa da Violência de 2014[2]. E são também os negros favelados que engrossam as estatísticas da massa encarcerada. Segundo o Levantamento Nacional de Informação Penitenciária (Infopen)[3] de 2014, pretos e pardos representam 61,6% da população carcerária.

Ser favelado é também ser negro. A população brasileira é majoritariamente negra e parda. De acordo com o Instituto Brasileiro de Geografia e Estatística (IBGE), em 2014 esse percentual era de 53,6%[4]. A favela, por sua vez, é constituída principalmente por negros. A racialização desse debate é fundamental para uma análise que não deixe escapar o papel do racismo e da própria escravidão no processo histórico de guetificação do negro. Aqui, cabe ressaltar que o gueto não é apenas geográfico, localizado na favela, mas se refere ainda à falta de acesso a serviços e a tratamentos humanizados. Para citarmos um exemplo, são as mulheres negras da favela as principais vítimas de morte

---

[2] Sob o título "Violência: Brasil mata 82 jovens por dia", uma matéria publicada na revista *Carta Capital*, em 4 de dezembro de 2014, apresenta os dados do Mapa da Violência de 2014 e entrevista o então diretor da Anistia Internacional, Atila Roque, que afirma que está em curso no Brasil um genocídio silenciado de jovens negros. Disponível em: <https://www.cartacapital.com.br/sociedade/violencia-brasil-mata-82-jovens-por-dia-5716/>; acesso em: 10 fev. 2016.

[3] Ver os dados apresentados na matéria "Mais de 60% dos presos no Brasil são negros", publicada em 26 de abril de 2016 na revista *Carta Capital*. Disponível em: <https://www.cartacapital.com.br/sociedade/mais-de-60-dos-presos-no-brasil-sao-negros/>; acesso em: 10 set. 2020.

[4] Sob o título "Negros representam 54% da população do país, mas são só 17% dos mais ricos", uma matéria do portal *UOL*, publicada em 4 de dezembro de 2015, traz dados do IBGE sobre a população negra. Disponível em: <https://economia.uol.com.br/noticias/redacao/2015/12/04/negros-representam-54-da-populacao-do-pais-mas-sao-so-17-dos-mais-ricos.htm>; acesso em: 10 fev. 2016.

materna: não tendo acesso a um serviço humanizado, morrem por complicações decorrentes de partos mal executados[5].

Fugir das generalizações vazias é importante para não cair na vala comum de um suposto "vitimismo" dos favelados, mas é imprescindível pensar a favela de maneira holística, com sua diversidade de fatores – e mesmo que cada um deles mereça uma tese de doutorado, citá-los, ao menos, também é um posicionamento político desta pesquisadora mulher, negra e favelada. Tomando emprestado o entendimento de Mariluci Nascimento, cria da favela Nova Holanda, encerro essa brevíssima pincelada: "Favela não é ruim, não é perigosa, não é carente, não é exótica. Porque favela é muito mais do que podem entender. Porque favela é também comunidade. Favela é rua. Favela é nós". Assim sendo, por que não pensar uma favela comunitária ou uma comunidade favelada?

Com isso, queremos dizer que reconhecemos a favela como uma possibilidade comunitária. Para traçar tal caminho, seguiremos o conselho de Raquel Paiva[6] e evitaremos a versão oitocentista de comunidade como via ideativa, aportando em uma concepção de que ela se constitui no mundo real. Não ignoramos, no entanto, o fato de tal conceito estar atrelado a diversas perspectivas filosóficas, sociológicas, políticas, psicológicas, biológicas e cristãs.

Como dissemos anteriormente, a omissão do Estado abre espaço para que organismos não governamentais ofereçam respaldo aos setores populacionais menos favorecidos. Com estratégias de gestão e ações alternativas, esses organismos propiciam, segundo Paiva, duas possibilidades de vivência comunitária. A primeira diz respeito à comunidade como forma de gerenciamento da estrutura social, tal como a experienciam os norte-americanos: surgindo a partir do esgotamento da concepção do progresso como condutor das produções sociais, essas pequenas coletividades são consideradas *organizações*, e se qualificam por desenvolverem instrumentos racionais para a prestação de serviços (como segurança, conforto etc.). A segunda possibilidade corresponde ao entendimento de comunidade, já descrito aqui, em que os conceitos de riqueza e pobreza são flagrantes, bens e serviços são precários e moradores estão à margem de

---

[5] De acordo com o Relatório Socioeconômico da Mulher, realizado pelo governo federal em 2014, 62,8% das mulheres que tiveram morte materna eram negras. Ver Secretaria de Políticas para as Mulheres, *Raseam: Relatório Anual Socioeconômico da Mulher*, ano II, mar. 2015. Disponível em: <http://www.observatoriodegenero.gov.br/menu/publicacoes/relatorio-anual-socioeconomico-da-mulher-2014-1/at_download/file>; acesso em: 10 fev. 2016.

[6] Raquel Paiva, *O espírito comum: comunidade, mídia e globalismo* (Rio de Janeiro, Mauad X, 2003), p. 126.

uma sociedade de direitos[7]. É essa segunda possibilidade de comunidade que nos interessa aqui.

Diante dessas perspectivas, cabe ressaltar que o pertencimento do indivíduo a determinada comunidade se revela a partir do enraizamento no cotidiano do outro, fundamental para a essência do ser. O compartilhar de uma rotina e de um espaço em comum é definidor para o estreitamento dos vínculos. Assim, perguntamos: será que na Maré ainda existe espírito comunitário?

UMA PEQUENA HISTÓRIA DAS FAVELAS DO RIO DE JANEIRO

O Censo Demográfico de 2010, realizado pelo IBGE, apontou o crescimento desordenado do número de "aglomerados subnormais" no país. Classificam-se como aglomerados subnormais "o conjunto constituído de, no mínimo, 51 unidades habitacionais (barracos, casas etc.) carentes, em sua maioria, de serviços públicos essenciais, ocupando ou tendo ocupado, até período recente, terreno de propriedade alheia (pública ou particular) e estando dispostas, em geral, de forma desordenada e densa"[8]. Tal conceito foi utilizado pela primeira vez no Censo Demográfico de 1991, após reuniões realizadas na década de 1980 entre acadêmicos e instituições governamentais. Apesar de o IBGE reconhecer certo grau de generalização do termo, a ideia é abarcar os assentamentos irregulares, como favela, invasão, baixada, comunidade, vila, ressaca, mocambo, palafita, entre outros. Desse modo, em 2010, 6% da população brasileira (11.425.644 pessoas) residiam em aglomerados subnormais, distribuídas em 3.224.529 domicílios particulares. Esses domicílios se concentravam sobretudo na Região Sudeste (49,8%), onde se destacavam os estados de São Paulo (23,2%) e Rio de Janeiro (19,1%). Na Região Nordeste, eles representavam 28,7% dos domicílios, com destaque para a Bahia (9,4%) e Pernambuco (7,9%). A Região Norte tinha 14,4%, e o Pará concentrava 10,1%. Nas regiões Sul e Centro-Oeste, havia respectivamente 5,3% e 1,8% de domicílios em aglomerados subnormais, sendo o Centro-Oeste a região com menor incidência desse tipo de domicílio. No Brasil, 88,3% dos domicílios em aglomerados subnormais possuíam abastecimento de água adequado e 72,5%

---

[7] Idem.
[8] Instituto Brasileiro de Geografia e Estatística, *Censo demográfico 2010: aglomerados subnormais, primeiros resultados* (Rio de Janeiro, IBGE, 2010). Disponível em: <https://biblioteca.ibge.gov.br/visualizacao/periodicos/92/cd_2010_aglomerados_subnormais.pdf>; acesso em: 10 set. 2020.

dispunham de energia elétrica. O esgotamento sanitário chegava a 67,3%, enquanto a destinação adequada do lixo atingia 95,4%.

Segundo os dados do IBGE, o estado do Rio de Janeiro possuía uma população residente em domicílios particulares de 15.936.268 pessoas, das quais 2.023.744 residiam em aglomerados subnormais. Havia 1.332 aglomerados subnormais no estado, enquanto a capital congregava 763 aglomerados, com uma população de 1.393.314 pessoas. No município do Rio de Janeiro, é sabido que na área central e nos bairros das zonas Sul e Norte estão as ocupações mais antigas. Em paralelo ao crescimento dos bairros do Leblon, Ipanema, Gávea e São Conrado, surgiram as ocupações das encostas dos morros da Rocinha e do Vidigal. O Jacarezinho, a Maré e o Morro do Alemão são aglomerados que acompanharam as linhas férreas e a avenida Brasil. Já na Zona Oeste, as ocupações são mais recentes e de menor porte.

Há três versões para o surgimento das favelas, ou aglomerados subnormais, na cidade do Rio de Janeiro, que vão ao encontro da crise habitacional do final do século XIX. A primeira remonta à Guerra do Paraguai (1865-1870); de acordo com ela, o governo imperial alforriou os escravos combatentes que, ao retornar da guerra sem um "senhor", não tinham onde ficar ou como se manter. Assim, ergueu-se um acampamento provisório nas imediações do Ministério da Guerra, o que gerou uma ocupação desordenada de cortiços e encostas na área central da cidade. "O surgimento da favela como opção de moradia não é resultado de um processo, ou seja, é consequência de fatos isolados, e a Guerra do Paraguai é um deles."[9]

A segunda versão é relacionada à Guerra de Canudos (1897), revolta liderada por Antônio Conselheiro, que deslocou numerosas tropas para o interior da Bahia. Na época, a escravidão já havia sido extinta e a alforria perdera sua função social, não havia emprego para os retornados de Canudos e eles foram autorizados a ocupar provisoriamente os morros da Providência e de Santo Antônio. Como alerta Andrelino Campos, "a favela seria o único lugar possível de alojamento para esse grupo de pessoas. Em outras palavras, diríamos que a ocupação da favela não é resultado de um processo, mas de ação pontuada no território"[10].

---

[9] Andrelino Campos, *Do quilombo à favela: a produção do "espaço criminalizado" no Rio de Janeiro* (Rio de Janeiro, Bertrand Brasil, 2011), p. 57.
[10] Ibidem, p. 59.

A última versão diz respeito à liberação de trabalhadores ex-escravos para a cidade do Rio de Janeiro, num cenário de crescentes concessões de alforrias, entre 1870 e 1880, quando cresce também a ideologia higienista das elites. É nesse contexto que, em janeiro de 1893, o emblemático cortiço Cabeça de Porco foi posto abaixo. A partir daí, outros cortiços foram destruídos e a população foi se deslocando para as encostas da área central da cidade, onde as oportunidades de emprego eram maiores.

Desde a reforma de Pereira Passos (1902-1906) – quando o prefeito arquitetou e executou um plano de expulsão de mais de 20 mil negros e pobres do centro do Rio de Janeiro, sem levar em consideração as condições políticas e sociais desses sujeitos que habitavam casebres e "cabeças de porco" – até os dias de hoje, prevalecem as políticas de "choque de ordem" e do "Caveirão" (como é conhecido o veículo blindado utilizado pela Polícia Militar para subir os morros). O objetivo é, historicamente, o mesmo: controlar e vigiar os pobres, a partir de sua segregação espacial na cidade.

Hoje, há investidas em estratégias estatísticas e novas formulações metodológicas para camuflar a existência das favelas. Para se ter uma ideia, em 2011, o Instituto Pereira Passos apresentou dados que revelavam uma diminuição do número de favelas. Segundo o IPP, de agosto de 2009 a maio de 2011, a quantidade de favelas despencou de 1.020 para 582. Isso porque houve uma reclassificação desses aglomerados como "comunidades urbanizadas". A nova metodologia utiliza como critério a quantidade de serviços urbanos disponíveis nesses locais, que seria similar àquela fornecida em outros bairros. Um breve e atento olhar sobre a favela deixa claro que a existência de um serviço público garantido (como a coleta de lixo, por exemplo) não significa, necessariamente, um serviço de qualidade. Esse novo método produz uma generalização equivocada da definição de bairro, já que a quantidade de serviços oferecidos não avalia sua qualidade.

O poder público não inova suas estratégias. Algo semelhante ocorreu no início da década de 1990, quando o Complexo do Alemão, a Rocinha, o Jacarezinho e a Maré foram reconhecidos como bairros pelo Plano Diretor do Rio de Janeiro. Na época, os bairros foram definidos como "porções do território que reúnem pessoas que utilizam os mesmos equipamentos comunitários, dentro dos limites reconhecidos pela mesma denominação"[11]. Há nessas

---

[11] Plano Diretor 1992, Art. 42, citado em *Censo Maré: quem somos, quantos somos, o que fazemos?* (Rio de Janeiro, Ceasm, 2000).

mudanças metodológicas a propagação de discursos que buscam omitir a existência de favelas em um contexto de megaeventos e de visibilidade internacional. Assim, as comunidades urbanizadas representam organização, progresso e desenvolvimento, enquanto as favelas corporificam a desorganização, a violência e a "sujeira".

Cabe ressaltar mais uma vez, no entanto, que as favelas que escaparam das remoções empreendidas pela prefeitura do Rio de Janeiro para dar lugar ou abrir caminho para os equipamentos esportivos foram cercadas em 2010 com barreiras acústicas. Isso ocorreu em comunidades localizadas no entorno das principais vias da cidade, algo que podemos classificar como o *apartheid* social e racial carioca. A Maré, por se localizar às margens da Linha Vermelha e estar, portanto, no caminho para o Aeroporto Internacional Tom Jobim, foi murada com "barreiras acústicas" para impedir que os "sons" da desigualdade se propagassem.

RIO: UMA CIDADE ENTRE A ATRAÇÃO E A REPULSÃO

Há, no senso comum, a ideia de que a cidade é atraente para a maior parte da juventude e repelente para as pessoas consideradas mais experientes. Quem nunca ouviu dos pais para não chegar muito tarde da rua? A repulsa se justifica quando consideramos o aumento dos índices de violência praticada nesse espaço público. Uma pesquisa divulgada pela Confederação Nacional de Transporte, em fevereiro de 2014, revelou que 77% dos brasileiros têm medo da violência das cidades[12]. Mas o que faz esse espaço ser objeto de cobiça, desejo e, ao mesmo tempo, repulsa? O Rio de Janeiro é uma das cidades que melhor ilustra esse processo.

As belezas naturais e as festividades culturais do Rio de Janeiro atraem pessoas e empresas de todos os lugares do mundo, mas, ao mesmo tempo, a cidade repele seus moradores, que verificam no cotidiano o encarecimento de bens e serviços, o aumento da violência e a inviabilidade da mobilidade urbana, uma vez que esta é estrategicamente organizada para facilitar o acesso aos locais de alto custo imobiliário.

Não é à toa que o fenômeno urbano esteja no centro das discussões de diversos fóruns acadêmicos. Em um curso ministrado por Raquel Paiva e Muniz Sodré na turma de doutorado da Escola de Comunicação da Universidade

---

[12] Confederação Nacional do Transporte, *117a Pesquisa CNT/MDA*, 8 fev. 2014.

Federal do Rio de Janeiro, em 2014, esse assunto foi o tema central. Louis Wirth define a cidade como "o núcleo relativamente grande, denso e permanente, de indivíduos socialmente heterogêneos"[13]. De sua parte, Sodré enfatiza que, apesar da mobilização de dispositivos de forças hierárquicas caracterizarem o surgimento das cidades, o fenômeno urbano nasceu nas cidades "sedentárias agrícolas". Para o autor, os modos sincrônicos de funcionamento das cidades podem ser categorizados segundo três elementos: monumento, máquina e rede.

A cidade monumento seria obra dos homens e morada dos deuses. Nela, a relação entre homens e deuses não se dá apenas pela religiosidade, mas pela oferta coletiva aos deuses, em comunhão. O lugar de construção da cidade é definido por ritos e indicações dos deuses, dos astros, do céu. Rememoremos a pólis da Grécia Antiga, em que Estado e sociedade funcionavam em uma estrutura integrada, qualificada por Platão como sociedade política. Os cidadãos eram tratados como semelhantes, apesar de escravos e camponeses não serem reconhecidos como tais. Ainda assim, apesar da forte hierarquia, a ágora grega dava a todos os cidadãos a oportunidade de falar e de ser ouvido. Sodré, ao citar o filósofo francês Jacques Rancière, ressalta que, na base política, há uma estética que se caracteriza como o modo de reflexão sobre as maneiras de fazer a política, a partilha e a visibilização do comum. Só participa do comum quem pode ser visto; assim, o escravo é invisibilizado, porque não possui a linguagem comum. E, nesse recorte de tempo e visibilidade, alguns ficam de fora da política, da pólis, da cidade, já que a visibilidade define quem é cidadão.

A cidade máquina, surgida na Revolução Industrial, põe fim à cidade monumento. O conjunto de condições sociotécnicas deu aporte ao desenvolvimento desse período e organizou a divisão social do trabalho. É pela máquina que a cidade se torna social, e o indivíduo é moldado por relações econômicas e materiais, não mais por relações de parentesco. É uma cidade desenvolvida a partir de leis, e que presta serviço à diferenciação social. A cidade máquina se constitui a partir de sua dimensão técnica e intelectual, que resulta na racionalidade técnica.

As cidades rede, reticulares, configuram-se a partir da indiferenciação das relações humanas para enfatizar modos funcionais e produtivos, como se

---

[13] Louis Wirth, "O urbanismo como forma de vida", em Otávio Guilherme Velho (org.), *O fenômeno urbano* (2. ed., Rio de Janeiro, Zahar, 1973).

observa nas construções de Brasília e do bairro da Barra da Tijuca, no Rio de Janeiro. Caracterizam-se como um conjunto de pontos interligados que acionam dispositivos ligados a todos os vértices, possibilitando ao local atingir o global em continuidade. São as redes de ruas, linhas aéreas, comércio, transporte, internet, entre outros. A rede contém as noções de lugares e de topologias, que se qualificam como a articulação dos lugares e fluxos, uma articulação não palpável, que flui. Uma rede de ruas é topológica, enquanto a internet é uma rede reológica.

O novo espaço urbano se dá em uma rede de relações políticas e interpessoais. A lógica da rede possui algumas características: a descentralização, que a diferencia da lógica monumental, em que primava o poder centralizado; a interdependência dos elementos, que a qualifica como ponte, não como porta; a particularização e a sociabilidade étnica, entre outras; a acessibilidade e, por fim, a mobilidade. Com as redes de comunicação à distância, presenciamos o surgimento de uma nova lógica de relações de poder que, além de reorganizar a política de comunicação, faz surgir uma urbe mais administrativa do que política.

Esse novo tipo de urbe se relaciona diretamente com a estética. Não foram por acaso os altos investimentos públicos e privados nos megaeventos espetaculares realizados no Rio de Janeiro, como a Copa do Mundo em 2014 e as Olimpíadas em 2016. É a cidade carioca se voltando para a estética e o fluxo. Um exemplo óbvio dessa reorganização é a cidade transformada em centro de consumo, enquanto as indústrias fabris são automaticamente desligadas dos centros urbanos. Criam-se cidades genéricas, que se qualificam pela grande capacidade técnica e desigualdade social.

O megaevento é comunicação estética, financeira e capitalista, de acordo com Sodré, uma vez que projeta a imagem urbana em termos de atividade econômica. Mais adiante retomaremos essa discussão, contudo é importante ressaltar que concordamos com Sodré quando ele afirma que, dentro desse movimento de estetização, existe uma "cafetinização" da favela. Daí surge a favela *chic*, que goza de grande prestígio por sua vocação turística e comercial e recebe mudanças estéticas, uma maquiagem, por meio de equipamentos trazidos pelas grandes obras.

Tudo isso está previsto em planos estratégicos de urbanização que transformam os interesses privados, de megaempresários e empreiteiras, em interesses públicos. A busca pela mercantilização da cidade ultrapassa qualquer limite ético, político ou estrutural. Uma cidade indispensável para os negócios tornará seus moradores dispensáveis. É nesse contexto que as forças de atração e repulsão da cidade são eficazes.

A cidade como mercadoria a ser vendida é o empreendimento mais ousado da parceria entre órgãos públicos e iniciativa privada. O que significa, grosso modo, a realização de um investimento privado com recursos públicos, um fenômeno inerente à condição pós-moderna. Segundo David Harvey, trata-se da "periodização do 'espetáculo urbano': a substituição pós-moderna do espetáculo como forma de resistência ou de festa popular revolucionária pelo espetáculo como forma de controle social"[14]. Mas esse conluio não se dá de maneira natural, já que a ideia de cidade, de acordo com Otília Arantes, leva em conta a coalizão das elites de especuladores imobiliários e uma legião de profissionais do mundo dos negócios sedentos pelas possibilidades econômicas das cidades. Assim, a política urbana é adestrada para a expansão da economia local e a geração de riqueza a qualquer custo, seja ele social ou ambiental.

O sucesso de tal empreendimento de cidade-empresa depende de estratégia persuasiva, em busca do consenso de que a cidade se encontra em uma crise aguda. A sensação dessa crise urbana deve ser coletivizada para que o senso comum implore pela realização de grandes projetos que restabeleçam uma imagem positiva da cidade e ressaltem a autoimagem de seus habitantes. E o desenvolvimento de um planejamento estratégico urbano, amplamente divulgado nos meios de comunicação, é capaz de massagear o ego dos citadinos, além de inserir a cidade-alvo em uma rede internacional de cidades atraentes para o capital estrangeiro e imobiliário. O planejamento urbano, aquele que se baseava na utilização de planos e regulamentos para orientar o uso do solo, começou a cair em descrédito nos anos 1970. Segundo Arantes, o planejamento que controlava o crescimento das cidades passou a incentivá-lo para gerar riqueza: "O planejador foi se confundindo com o seu tradicional adversário, o empreendedor"[15].

Para dar maior eficácia ao empreendimento cidade, toma-se a gentrificação como principal estratégia do planejamento. Marcos Dantas, em um artigo publicado no *Correio do Brasil*, sob o título "O que 'gentrificar' quer dizer"[16], criticou a utilização eufemística desse termo pelos meios de comunicação tradicionais.

---

[14] Citado em Otília Arantes, Carlos Vainer e Erminia Maricato, *A cidade do pensamento único: desmanchando consensos* (5. ed., Petrópolis, Vozes, 2009), p. 22.

[15] Ibidem, p. 21.

[16] Ver Marcos Dantas, "O que 'gentrificar' quer dizer", *Correio do Brasil*, 29 out. 2013; disponível em: <https://arquivo.correiodobrasil.com.br/o-que-gentrificar-quer-dizer/ >; acesso em: 10 set. 2020.

A palavra "gentrificação" vem do inglês "gentry", que significa "pequena fidalguia", "nobreza menor". "Enobrecimento" seria sua tradução literal. Mas, grosso modo, significa o processo legalmente amparado de apropriação de um espaço da cidade, antes ocupado por uma população de baixa renda, por uma classe endinheirada. Na linguagem do planejamento urbano, de acordo com Arantes, o eufemismo na palavra "gentrificação" corresponde à "revitalização, reabilitação, revalorização, reciclagem, promoção, requalificação e até renascença [de um espaço urbano]. [...] Mas o seu sentido original é o de invasão e reconquista"[17].

Essa espoliação urbana, nos termos defendidos por Arantes, se dá com a legitimação intransigente da necessidade de uma suposta explosão cultural na cidade. A cultura torna-se a principal subordinada da gentrificação, uma vez que esta é utilizada como discurso em busca do consenso social e do controle urbano qualificado, já que o investimento cultural costuma ser estratégia incontestável. Desse modo, a cidade-empresa cultural é considerada uma marca da atual geração urbanística.

Uma vez posta em prática, a máquina cultural de crescimento é imbatível. O espaço urbano é submetido a investimentos faraônicos, como museus, galerias etc., que são entregues às mãos de construtoras multinacionais. Eis a união concreta entre arte e urbanismo. O resultado imediato é o crescimento desenfreado da especulação imobiliária, que valoriza o terreno do entorno e impõe preços astronômicos, além do aumento do custo de vida naquela localidade. Tal realidade expulsa aqueles que não possuem condições de arcar com altos custos e atrai novos moradores, consumidores, investidores. Em verdade, os pobres são expulsos para a periferia da periferia. Essa é a gentrificação calcada no discurso da requalificação cultural.

As cidades brasileiras são alvos fáceis desse processo de gentrificação, e a população já percebeu que algo está fora do lugar. Não é sem razão que eclodiram, em junho de 2013, inúmeras manifestações que levaram milhares de pessoas a ocupar as ruas das principais cidades do Brasil. O que começou com o questionamento do aumento das tarifas do transporte público transformou-se em verdadeira crítica ao tratamento dado às cidades, que, por isso, rebelaram-se e tornaram-se palcos de rebeldia intransigente.

---

[17] Otília Arantes, Carlos Vainer e Erminia Maricato, *A cidade do pensamento único*, cit., p. 21.

FAVELA É CIDADE?

"O gigante acordou", "Sai do Facebook", "Não é por centavos, é por direitos", "Saúde padrão Fifa", "Escola padrão Fifa", "Vândalo é o Estado", "A polícia que reprime no asfalto é a mesma que mata na favela", "Desculpe os transtornos, estamos mudando o país", "Sem partido", "O povo não é bobo, abaixo a Rede Globo". Essas são frases que, além de estamparem diversas faixas e cartazes, foram entoadas em alto e bom som nos protestos durante a série de manifestações que movimentou as principais cidades brasileiras em junho de 2013. De acordo com Ermínia Maricato, os estudiosos da realidade das cidades brasileiras não se assustaram diante dos megaprotestos, já que há tempos existe um jogo em disputa: aqueles que desejam qualidade de vida *versus* aqueles que almejam lucrar com a cidade. Isso faz com que esse espaço público se converta em apropriações desiguais em nome do "Deus mercado", dos negócios.

Ao planificar uma cidade-mundo, calcada no neoliberalismo, muitas políticas públicas urbanas são deixadas em segundo plano, como acesso à moradia digna e a serviços de mobilidade urbana de qualidade, saneamento, saúde, educação, iluminação pública, lazer, coleta de lixo e, por último, mas não menos importante, segurança. Isso faz com que o descontentamento com a precarização das condições de vida tome proporções gigantescas. As cidades construídas muitas vezes pela força de trabalho dos próprios moradores, que ocuparam e lotearam ilegal e desordenadamente seus espaços, não se adequam ao mercado residencial privado, dito legal. Assim, essa força de trabalho barata, uma vez excluída da cidade legal, é submetida ao clientelismo político que, em busca de votos, pavimenta ruas, traz iluminação pública, unidades de saúde, linhas de ônibus, entre outros serviços que, de modo geral, funcionam de maneira precária e improvisada. É essa a realidade das favelas.

Junto a esse diagnóstico, a partir da década de 1980, a desaceleração do crescimento e a falta de investimento em políticas públicas sociais resultaram no aumento expressivo da violência urbana. "A taxa de homicídios cresceu 259% no Brasil entre 1980 e 2010. Em 1980, a média de assassinatos no país era de 13,9 mortes para cada 100 mil habitantes. Em 2010, saltou para 49,9. A principal vítima dos homicídios é o jovem negro e pobre, morador de periferia."[18]

---

[18] Ermínia Maricato et al., *Cidades rebeldes: Passe Livre e as manifestações que tomaram as ruas do Brasil* (São Paulo, Boitempo/Carta Maior, 2013), p. 21.

Além de ser palco desse processo de intensificação da violência, a cidade legal deixou de promover uma reforma urbana que levasse em consideração as questões fundiárias e imobiliárias. As cidades se tornaram reféns do capital imobiliário. Segundo Maricato, entre 2009 e 2012, o preço dos imóveis em São Paulo aumentou 153% e, no Rio de Janeiro, o aumento chegou a 184%. Aliados à especulação imobiliária, houve os investimentos das chamadas parcerias público-privadas na área de transportes, que dispensaram qualquer estratégia racional de mobilidade urbana, priorizando o transporte individual, mediante obras de infraestrutura, como o alargamento de avenidas e a construção de viadutos e pontes para a circulação de automóveis.

Essas estratégias são possíveis graças à utilização da máquina pública, representada por seus agentes políticos, em especial parlamentares que muitas vezes comprometem seus mandatos já na campanha eleitoral, sendo financiados por empreiteiras e empresas de transporte. O direito à cidade deveria ser algo coletivo, mas é tratado como direito individual, e o neoliberalismo lidera o jogo político. Segundo David Harvey, o governo foi substituído pela governança e a liberdade individual se sobrepõe à democracia. Além disso, "a lei e as parcerias público-privadas, feitas sem transparência, substituíram as instituições democráticas; a anarquia do mercado e do empreendedorismo competitivo substituíram as capacidades deliberativas baseadas em solidariedades sociais"[19].

Sendo assim, concordamos com Maricato quando ela sugere que a iniciativa prioritária para uma reforma urbana humanizada é a reforma política, principalmente no que diz respeito ao financiamento das campanhas eleitorais. No entanto, uma reforma política precisa estar comprometida com a democracia e a renovação de seus quadros. A última, efetuada pelo governo Temer, apenas aprofundou a desigualdade política, ao impor estratégias que estrangulam a existência de pequenos partidos políticos sem base governista.

Para Carlos Vainer, megaeventos, meganegócios e megaprotestos são indissociáveis para tentarmos compreender as manifestações de junho de 2013. Isso porque os atos aconteceram quando foram divulgadas as altas cifras envolvidas nos investimentos urbanos necessários para comportar a realização da Copa do Mundo em 2014 e das Olimpíadas em 2016. As manifestações foram reprimidas de forma ágil e violenta, tanto pelos governantes quanto

---

[19] David Harvey, *Espaços de esperança* (São Paulo, Loyola, 2004), p. 32.

pela mídia comercial, já que o Brasil se encontrava sob os holofotes internacionais por conta da realização da Copa das Confederações, que ocorria naquele momento.

É nesse contexto que a cidade de exceção é decretada e a democracia é regida pelo capital. A Federação Internacional de Futebol (Fifa) e o Comitê Olímpico Internacional (COI) receberam do governo as chaves da cidade, com benefícios que garantiram desde isenções de impostos até o monopólio de equipamentos esportivos públicos. De acordo com Vainer, cerca de 250 mil residentes das cidades que hospedaram os jogos da Copa foram removidos à força. Os pobres foram os principais alvos, pois "se veem confrontados a uma gigantesca onda de limpeza étnica e social das áreas que recebem investimentos, equipamentos e projetos de mobilidade. Os indesejáveis são mandados para periferias distantes, a duas, três ou quatro horas dos locais de trabalho"[20].

A cidade de exceção encontrou respaldo em uma série de iniciativas legislativas, como as tipificações dos delitos de terrorismo e vandalismo, que visavam dar suporte legal a ações de repressão. A Lei de Segurança Nacional n. 7.170/1983, primeira legislação que trata de terrorismo, criada para criminalizar os opositores à ditadura militar, foi aplicada contra dois manifestantes em São Paulo. Durante os megaeventos, pelo menos seis projetos de lei tramitaram no Congresso Nacional com o intuito de endurecer as leis penais e criminalizar movimentos sociais e pessoas ativas nos grandes protestos.

De acordo com o dossiê *Megaeventos e violações dos direitos humanos no Brasil*, organizado pela Articulação Nacional dos Comitês Populares da Copa e Olimpíadas, esse pacote legislativo é arbitrário, porque busca reprimir o direito a protestos, reuniões e liberdade de expressão. Além disso, fortalece a criminalização dos manifestantes, já que os compara a terroristas. O conteúdo desses projetos foi questionado por entidades de direitos humanos e pelo Comitê de Direitos Humanos da Organização das Nações Unidas (ONU):

> Os projetos referentes ao crime de terrorismo sofrem duras críticas principalmente dos movimentos sociais, tendo em vista o seu conteúdo aberto e vago – uma apreensão compartilhada pelo Comitê de Direitos Humanos da ONU, que havia apontado anteriormente a sua preocupação com a aprovação de leis antiterroristas de caráter vago e excessivamente amplo. Também já enfatizou a necessidade de

---

[20] Carlos Vainer, "Quando a cidade vai às ruas", em Ermínia Maricato et al., *Cidades rebeldes*, cit., p. 39.

cuidado na elaboração de leis que versem sobre terrorismo, justamente para que estas não cerceiem os demais direitos humanos.[21]

A militarização do aparato policial para reprimir manifestações e controlar as favelas também recebeu especial atenção do governo federal que, por meio da Secretaria Extraordinária para a Segurança de Grandes Eventos (Sesge), ordenou o decreto n. 7.538/2011, destinando 1,17 bilhão de reais para a execução de um plano de segurança para a Copa do Mundo. Só no Rio de Janeiro, foram adquiridos oito novos Caveirões, além da construção de quatro cadeias e da sede da Companhia de Operações Especiais da Polícia Militar. "Indagado sobre a possível relação entre as cadeias e os megaeventos, o governo do Rio informou que as construções possibilitariam que policiais civis ocupados em cuidar dos presos nas delegacias saíssem às ruas."[22]

O Exército na rua, a militarização em seu maior grau e potência para uma suposta garantia da lei e da ordem, tudo isso foi determinado pela Portaria Normativa n. 3.461 do Ministério da Defesa, publicada em dezembro de 2013. O acionamento das Forças Armadas ainda previa a extensão de suas atribuições ao poder de policiamento. A classe média pôde rememorar a ditadura militar, que marcou anos de repressão e cerceamento da liberdade na história recente do país. Saudosistas desse tempo, parcelas da sociedade conservadora aplaudiram a iniciativa. Contudo, é importante lembrar que as Forças Armadas agem em estado de exceção, sob ameaça de guerra iminente; desse modo, seu acionamento para dar segurança aos megaeventos é desproporcional.

A Articulação Nacional dos Comitês Populares da Copa e Olimpíadas também criticou a utilização do Exército no período dos megaeventos, uma vez que há, com isso, uma tendência de violação dos direitos humanos. Além disso, seu papel difere da atividade policial.

> A possibilidade de uso das Forças Armadas no controle interno se justificaria apenas no marco de um estado de exceção ou emergência com consequente suspensão de direitos, possibilidade limitada a casos de guerra e ameaça militar à segurança nacional. A ocorrência de crimes comuns, ainda que de forma extremamente grave, não constitui ameaça militar. Sua utilização nos protestos poderia ser in-

---

[21] Articulação Nacional dos Comitês Populares da Copa e Olimpíadas, *Megaeventos e violações dos direitos humanos no Brasil*, 2014, p. 128; disponível em: <https://comitepopulario.files.wordpress.com/2014/11/ancop_dossie2014_web.pdf>; acesso em: 3 ago. 2014.

[22] Ibidem, p. 122.

terpretada como uma instauração tácita do estado de exceção. Mas sua imposição na surdina impediria sua regulamentação tanto pelo direito internacional quanto pelo direito doméstico, os quais apontam uma série de restrições e exigências para sua decretação. Vale ressaltar ainda a separação entre a atividade policial e atuação das Forças Armadas, respectivamente matéria de segurança pública e defesa nacional. São forças de segurança com funções e treinamentos distintos. Ao ter como paradigma a figura do inimigo, a presença das Forças Armadas em matérias de segurança pública, como protestos e manifestações públicas, tende a provocar violações de direitos humanos e não deve ser utilizada. Ainda assim, o Estado brasileiro acionou o Exército para supostamente garantir a segurança das cidades-sede durante a Copa do Mundo.[23]

Nesse processo, além da investida intensa na criminalização dos movimentos sociais e da pobreza, há a despolitização da própria política. Esse papel é encarnado tanto pelo Estado quanto pelos meios de comunicação tradicionais, principalmente a chamada velha mídia. A cobertura jornalística dos atos foi incisiva na perpetuação da cultura desqualificadora da política e dos políticos, por isso apontar os "vândalos" e os "culpados" foi uma de suas principais práticas no período. Venício Lima alega que há uma dissintonia entre a população brasileira e a velha mídia, uma vez que esta se exime de promover debates sérios sobre assuntos de interesse público, como deveria ser: "Embora consiga dissimular com competência suas reais intenções, a velha mídia não só faz parte, como de fato agrava a crise de representação política. Não estariam criadas as condições para alimentar a violenta hostilidade revelada nas manifestações contra jornalistas?"[24].

Sendo assim, é de se esperar que a reforma política atue, como sugere Lima, na regulação das comunicações, para que se tenha concretamente uma diversidade de opiniões e os debates públicos possam ser feitos de maneira crítica e plural. Mas, como se observa, qualquer tipo de regulação é encarado por aqueles que detêm o monopólio dos meios de comunicação, propositalmente, como cerceamento da liberdade de expressão.

Assistimos à própria liberdade de expressão ser transformada em liberdade de mercado, uma vez que as corporações monopolizadoras dos principais meios

---

[23] Idem.
[24] Venício Lima, "Mídia, rebeldia urbana e crise de representação", em Ermínia Maricato et al., *Cidades rebeldes*, cit., p. 93.

de comunicação do Brasil são responsáveis pela maior fatia das verbas de publicidade dos governos.

Na passeata realizada em 20 de junho de 2013 no centro do Rio de Janeiro, a frase "Favela é cidade" estava impressa em um dos cartazes levados por moradores da Maré, favela da Zona Norte da cidade. Um grupo de jovens favelados, entre eles universitários e vestibulandos, marcou encontro na esquina das avenidas Rio Branco e Presidente Vargas, para reafirmar que a favela é cidade. De fato, reivindicar a favela como parte da cidade é um dos posicionamentos políticos mais importantes dos favelados. Estar na cidade, em teoria, equivale a usufruir dos mesmos investimentos públicos destinados ao "asfalto" para a melhoria das condições de vida. Insistir na cidade partida e ilegal não traz nenhum benefício aos moradores desses espaços, pelo contrário, só enfatiza a discriminação e a criminalização da população pobre.

É sabido que a ocupação de áreas desvalorizadas, em um primeiro momento, pelo capital imobiliário foi tolerada pelo Estado. Além do fornecimento de mão de obra barata para a cidade legal, como se verificou no início das ocupações dos morros da área central do Rio de Janeiro, a tolerância se dá por conta do alto valor de investimentos urbanísticos em terrenos irregulares, com "obstáculos" à instalação de redes de água e esgoto. Desse modo, negligenciam-se as ocupações, mas não se garante o direito à cidade. "A lógica concentradora da gestão pública urbana não admite a incorporação ao orçamento público da imensa massa, moradora da cidade ilegal, demandatária de serviços públicos."[25]

Mas quais seriam os meios possíveis para inserir a favela na cidade de fato? Já sabemos que o direito à cidade se realiza, necessariamente, pelo acesso à urbanização e à condição habitacional legal. Essa é uma das funções das prefeituras. No caso do Rio de Janeiro, foi criada em 1994, durante a gestão de César Maia, a Secretaria Municipal de Habitação (SMH). Iniciou-se assim o Programa Favela-Bairro, com verbas do governo do estado e do Banco Interamericano de Desenvolvimento (BID). Falava-se em regularização fundiária e qualificação da infraestrutura para a "Cidade Maravilhosa". Alguns urbanistas consideram esse o principal plano direcionado a bairros populares, mas, ao final das obras de intervenção, notou-se mais uma vez uma estratégia eleitoreira que apenas maquiou os problemas urbanísticos.

---

[25] Ermínia Maricato, *Metrópole na periferia do capitalismo: ilegalidade, desigualdade e violência* (São Paulo, Hucitec, 1995), p. 33.

As obras nas favelas são questionadas por oferecer um "banho de loja" aos locais atingidos. Não há como ignorar que o Plano de Aceleração do Crescimento (PAC), uma iniciativa que envolveu os governos estadual e federal, construiu um "elefante branco" no Complexo do Alemão. Com investimento total de 565 milhões de reais, de acordo com a Empresa de Obras Públicas do Rio de Janeiro (Emop), o PAC construiu um teleférico, mas não realizou melhorias na infraestrutura e não investiu em bens, como uma rede de saneamento básico. O teleférico, nos primeiros anos de funcionamento, foi utilizado por uma parcela pequena da população, que vivia no alto do morro, e pelos turistas em busca de aventura na favela. Logo vieram à tona as dificuldades de manutenção e sustentabilidade e, em cinco anos de atividade, o equipamento decretou falência e sofreu um processo de sucateamento. Uma das estações, que fica no morro da Baiana/Adeus e oferece uma vista panorâmica da favela, foi ocupada por uma Unidade de Polícia Pacificadora.

> Os planejadores tradicionais parecem ver nesses mesmos lugares populares e atraentes apenas um convite irresistível para empregar propósitos tacanhos e destrutivos do planejamento urbano ortodoxo. Quando dispõem de recursos federais e poder suficientes, os urbanistas têm plenas condições de destruir as misturas de usos principais urbanos mais rápido do que elas conseguem florescer nos bairros espontâneos, de modo que o resultado é a perda da mescla principal básica. Na verdade, é isso o que está acontecendo hoje em dia.[26]

De qualquer maneira, há de se questionar: que preço a favela está disposta a pagar para se inserir na cidade "formal"?

PAZ PARA QUEM?

A paisagem urbana do Rio de Janeiro, durante a realização de megaeventos de visibilidade mundial, foi moldada segundo a lógica do mercado. O Estado implantou atividades de "limpeza" social, embelezamento, vigilância e gentrificação. O ocultamento das mazelas locais aos olhos internacionais foi a principal ação para a venda de uma cidade segura para os negócios, em especial para os megaempreendimentos relacionados à especulação imobiliária.

---

[26] Jane Jacobs, *Morte e vida de grandes cidades* (trad. Carlos S. Mendes Rosa, São Paulo, Martins Fontes, 2011), p. 195.

O banimento dos pobres dos grandes centros está intrinsecamente ligado à política de vigilância e segurança pública. A implantação de UPPs em comunidades do Rio de Janeiro foi o principal plano estratégico para oferecer uma suposta sensação de segurança. Até julho de 2015, foram criadas 38 UPPs no Rio de Janeiro. A primeira, inaugurada em novembro de 2008, foi instalada no Morro Santa Marta, na Zona Sul da cidade. Segundo informações do site oficial das UPPs*, em 2015, no auge do programa de pacificação, havia 264 territórios cobertos pela ação das UPPs, com 1,5 milhão de pessoas "beneficiadas" e um efetivo de 9.543 policiais.

Estimava-se que, em 2014, o número de UPPs ultrapassaria a marca das quarenta unidades e o efetivo de policiais chegaria a 12,5 mil. Ao mesmo tempo, a Anistia Internacional, apesar de reconhecer em seu informe de 2010[27] que tal estratégia era uma alternativa aos métodos repressivos e abusivos típicos da segurança pública do Rio de Janeiro, já denunciava que os moradores sofriam constantes atos discriminatórios dentro das favelas. Além disso, revelou que as forças policiais continuavam a cometer violações extensivas por meio de incursões militarizadas. Havia relatos de toques de recolher e proibição de realização de bailes a nordestinos.

O projeto de pacificação entrou em descrédito efetivo e foi posto em xeque com o desaparecimento e assassinato do pedreiro Amarildo em agosto de 2013, na Rocinha. Em pouco mais de um ano da implantação da UPP no local, em setembro de 2012, foi comprovada a participação da maioria dos policiais da unidade na tortura, assassinato e ocultação do cadáver de Amarildo. Em outubro de 2013, os policiais da UPP de Manguinhos foram acusados de provocar a morte de Paulo Roberto, de dezessete anos, após uma sequência de espancamentos em uma viela da comunidade.

Cabe ressaltar que, já em 2008, quando foi inaugurada a primeira UPP, moradores do morro Santa Marta questionaram a unidade. Após diversas denúncias de arbitrariedades, em uma ação direta da rádio comunitária com entidades de direitos humanos, uma cartilha de bolso sobre abordagem policial foi produzida e distribuída para a população. Pouco depois, a rádio foi

---

* O site oficial das UPPs não está mais em funcionamento. Alguns dados estão disponíveis no portal do Instituto de Segurança Pública, disponível em: <http://www.ispdados.rj.gov.br/UPP.html>; acesso em: 10 set. 2020. (N. E.)

[27] Anistia Internacional, *Informe 2010 – O estado dos direitos humanos no mundo* (Londres, Amnesty International, 2010).

denunciada à Polícia Federal, que apreendeu seu transmissor. Será coincidência que a voz dos moradores ecoada pelas ondas da rádio do morro Santa Marta tenha sido silenciada após denunciar as constantes violações cometidas pelos policiais da UPP? O processo de pacificação traz em seu escopo a tentativa de domesticação comunitária.

MERCANTILIZAÇÃO DA VIDA

A exclusão da favela da cidade formal, regida por leis que garantem o direito à propriedade privada mediante título e escritura do imóvel, dá-se em um mundo capitalista que descarta aqueles que têm dificuldades de inserção na sociedade de consumo. É nesse contexto que se inserem os recursos penais para o encarceramento da população que sobrou da sociedade de mercado, os "consumidores falhos", como os define Bauman. Mas e quando a favela se torna produto de consumo, mercantilizável?

A estetização da favela e sua consequente comercialização são flagrantes quando observamos sua utilização como cenário de diversas tramas da dramaturgia brasileira, seja em novelas que ensaiam um núcleo pobre, seja na indústria cinematográfica, com sucessos de bilheteria, como o filme *Tropa de elite*. A Rede Globo, uma das principais empresas do monopólio Organizações Globo, tem investido no tema da favela, destoando de sua histórica obra televisiva, cujo expoente é o autor Manoel Carlos, que encarna em suas novelas quase uma ode ao Leblon, bairro da elite carioca situado Zona Sul do Rio de Janeiro. A primeira vez que a Globo se aventurou a fazer uma favela cenográfica foi na novela *Pátria minha*, em 1994. A vanguarda coube à Rede Manchete, para a qual José Louzeiro escreveu duas novelas, *Corpo santo* (1987) e *Guerra sem fim* (1993), que falavam dos morros cariocas.

A opção por locações reais em espaços populares ficou evidente na última década com as novelas da Record *Vidas opostas* (2006) e *A lei e o crime* (2009), ambas ambientadas no morro Tavares Bastos, que fica localizado no bairro do Catete e abriga, desde 2000, a sede do Batalhão de Operações Especiais da Polícia Militar (Bope). Essas novelas bateram picos de audiência e inseriram a Record na disputa do mercado da teledramaturgia. De olho nesse filão, em outubro de 2007, a Globo lançou a novela *Duas caras*, que tinha como pano de fundo a favela cenográfica Portelinha, inspirada na favela Rio das Pedras, que fica localizada na Barra da Tijuca, na Zona Oeste do Rio, e é dominada por milicianos. Na época, a novela de Aguinaldo Silva foi encarada como um desserviço pelo deputado estadual Marcelo Freixo, então presidente da CPI das Milícias[28]. O deputado criticava a romantização do personagem principal, o miliciano Juvenal Antena, interpretado por Antônio Fagundes: na trama, ele era um justiceiro que não permitia desvios de conduta. Isso contribuía para o discurso de que a milícia representaria um mal menor para o Rio de Janeiro. Retomaremos esse debate no Capítulo 3.

Em 2013, estreou a novela *Salve Jorge*, de Glória Perez, que só ganhou repercussão no final. A trama abordou o Morro do Alemão, que havia acabado de ser pacificado. A única personagem favelada que fez sucesso e foi alçada ao núcleo da trama foi a invejosa Maria Vanúbia, interpretada pela atriz Roberta Rodrigues, uma jovem negra talentosa da companhia de teatro Nós do Morro. O ano de 2015 foi o ápice do investimento da Globo em novelas que se ambientavam ou tematizam a favela. Com a suposta segurança gerada pelas UPPs, estreou em março de 2015, em horário nobre, a novela *Babilônia*, cujo cenário era o próprio morro da Babilônia, localizado no Leme, na Zona Sul do Rio. No mesmo ano, em maio, a Globo lançou no horário das 19 horas a novela *I love Paraisópolis*, uma favela real, encravada no bairro nobre do Morumbi, em São Paulo. Em agosto do mesmo ano, estreou no lugar de *Babilônia* a novela *A regra do jogo*, filmada em uma favela cenográfica de 4 mil metros quadrados. Antes do nome definitivo, cogitou-se chamá-la *Favela chique*. Não à toa, já que o morro da Macaca da ficção poderia ser o Vidigal, em São Conrado, ou Santa Marta, em Botafogo, ambas favelas localizadas na Zona Sul do Rio, já que a ficcional disponibilizava um hostel e uma boate, a Caverna da Macaca, onde eram recebidos os turistas.

A audiência das teledramaturgias com o tema da favela frustrou as expectativas da Globo em 2015. A novela *Babilônia*, de Gilberto Braga, por exemplo, bateu recordes negativos de audiência. No geral, a trama chegou a 25 pontos, considerado o pior índice do principal horário de exibição. O último capítulo

---

[28] Realizada em 2008 e presidida pelo então deputado estadual Marcelo Freixo, investigou ações de grupos milicianos, compostos por policiais, ex-policiais, policiais aposentados e bombeiros, que agiam como máfias no Rio de Janeiro. A realização da CPI na Assembleia Legislativa só foi possível após uma equipe de reportagem do jornal *O Dia* ter sido torturada na favela do Batan, na Zona Oeste do Rio. A CPI pediu o indiciamento de mais de duzentas pessoas e trouxe à tona um esquema mafioso que envolve profissionais da área de segurança pública e parlamentares. O relatório final da CPI está disponível em: <http://www.marcelofreixo.com.br/cpi-das-milicias>; acesso em: 12 fev. 2014.

teve pico de 38 pontos em São Paulo, ou seja, 30% abaixo do último capítulo da sua antecessora – o Painel Nacional de Televisão (PNT) registrou 26 pontos de média geral. A *Regra do jogo*, de João Emanuel Carneiro, também fechou com 28,4 pontos na Grande São Paulo[29]. A impopularidade das novelas da Globo sobre favelas fez com que a emissora voltasse a investir em novelas de época, com cenários mais bucólicos.

É lugar-comum que a Globo não sabe fazer novelas mais populares, com personagens favelados. Isso porque a verossimilhança que os novelistas tanto procuram esbarra nas ideias preconcebidas que se tem da favela. Os personagens acabam por reforçar estereótipos, como a própria mulher negra e favelada que só se expressa aos gritos e com vestimentas vulgares. Esse tipo de caricatura que investe no grotesco demonstra o olhar preconceituoso sobre as pessoas que vivem em favelas. A novela *Vidas opostas*, da Record, exibiu uma cena em que uma mãe favelada frita ovos para alimentar seus filhos, em uma casa muito modesta de uma favela. Isso é real, não é uma aposta na caricatura de uma família pobre.

O objetivo aqui, por mais tentador que seja, não é analisar o conteúdo da produção de telenovelas, e sim sua forma, ou seja, como se apresenta a favela para que se torne um produto para o mercado consumidor. Uma vez destituída de seu significado social e histórico, a favela é alçada a produto cultural. Alavancada pela sensação de segurança gerada pelas UPPs, a estética favelada virou *cult* e as pessoas do asfalto, as que vivem em bairros de classe média ou até mesmo nobres e frequentam a favela, viraram "descoladas", supostamente despidas de qualquer preconceito. O mesmo ocorre com a assimilação da cultura favelada, cujo maior expoente é o funk. É irônico notar que o baile funk, proibido nas favelas onde há UPPs, tornou-se a atração principal em diversas casas de show da cidade. Tanto que o ingresso da festa "Eu Amo Baile Funk", desde sua primeira edição, custava 100 reais, um valor que a maioria dos favelados não pode pagar. Retornaremos a esse tema no Capítulo 3, quando abordaremos a militarização da cultura de rua.

Em realidade, essa mercantilização da favela se dá em diversos aspectos, inclusive sob o ponto de vista urbanístico. Nos últimos anos, esboçou-se um novo desenho de tolerância à favela como possibilidade habitacional via poder público e opinião pública, que, como nos alertou Pierre Bourdieu, é a opinião

---

[29] Dados disponíveis em: < https://www.kantaribopemedia.com/>; acesso em: 10 set. 2020.

publicada. A favela é tematizada nos jornais prioritariamente sob dois prismas: violência e urbanização. As favelas historicamente reconhecidas como problema social são assimiladas ao mesmo tempo como um problema policial e uma solução habitacional. O geógrafo Maurilio Lima Botelho faz esse debate a partir da relação entre o capital financeiro e a reestruturação urbana das favelas:

> Se as favelas sempre foram um problema social e, ao mesmo tempo, uma solução habitacional, a aceitação oficial desse caráter solucionador desenvolve-se num contexto progressivo de intervenção público-estatal mínima nas questões sociais e de ampliação da repressão. Para que essa solução habitacional seja reconhecida oficialmente, o problema social precisa ser combatido por forças policiais. Ao contrário do que prega o discurso unidimensional contemporâneo, as Unidades de Polícia Pacificadora (UPPs) não são uma reviravolta ou uma originalidade no tratamento estatal da "questão urbana", mas a consolidação e o ápice da transformação de um problema social em um problema policial, mantendo ordeiramente intactos os conflitos sociais por meio da cristalização de uma forma habitacional precária.[30]

Aliada ao processo de decadência econômica, à explosão demográfica urbana do período desenvolvimentista e à incapacidade do poder público de desenvolver estratégias urbanizadoras que deem conta do déficit habitacional, a favela tornou-se solução de moradia e de acesso, mesmo que muito básico e precário, a serviços de água e energia. Isso não é exclusividade brasileira, outras cidades do mundo subdesenvolvido vivem a mesma situação, em um ambiente de marginalização global. É diante dessa crise urbana que surge uma economia informal e complementar à economia oficial. O esgotamento das políticas desenvolvimentistas dos países periféricos gerou uma crise da dívida, tanto no Brasil quanto em outros países latino-americanos. "Dificuldades na reprodução da economia de mercado, de um lado, e o problema da 'crise fiscal do Estado', de outro, deram força ao conservadorismo político, que tenta de todos os modos privatizar qualquer recurso disponível e reduzir ao máximo as políticas sociais."[31]

É esse o pano de fundo que permite o giro da "favela problema" para a "favela solução", diante da ineficiência do planejamento urbanístico em saldar

---

[30] Maurilio Lima Botelho, "Crise urbana no Rio de Janeiro: favelização e empreendedorismo dos pobres", em Felipe Brito e Pedro Rocha de Oliveira (orgs.), *Até o último homem: visões cariocas da administração armada da vida social* (São Paulo, Boitempo, 2013), p. 171.

[31] Ibidem, p. 179.

o déficit habitacional. A lógica neoliberal dominou os governos que se apoiaram em ajustes fiscais e financiamentos contraídos do Fundo Monetário Internacional (FMI) e do Banco Mundial para subsidiar planos diretores e estratégicos das cidades. De acordo com Botelho, a lógica era a de minimizar os problemas sociais a partir do melhoramento e da manutenção da estrutura favelada. Em consonância, crescem a ideologia das organizações não governamentais, o apelo ao voluntariado e ao discurso do livre empreendimento. Nesse projeto, não cabem as grandes intervenções urbanas e o ordenamento territorial. A expertise dos trabalhadores é aproveitada para o alinhamento do empreendedor individual, que resolve seus problemas sem o Estado, estrategicamente omisso.

> O planejamento global, assim como a teoria social urbana, cede lugar ao discurso sobre a revalorização do espaço comunitário, do fortalecimento dos laços sociais desenvolvidos na pobreza, da viabilização das "soluções criativas" e até estéticas dos favelados diante das adversidades sociais e econômicas das grandes cidades. O modo espontâneo como o trabalhador precário ou assalariado sub-remunerado resolve as dificuldades de acesso aos serviços públicos no espaço urbano é transformado em "modelo de iniciativa particular", já que expressa a flexibilidade inerente ao empreendedor em ambiente competitivo. Isto é, o elogio da "práxis dos pobres tornou-se a cortina de fumaça para revogar compromissos estatais históricos de reduzir a pobreza e o déficit habitacional". O Estado deixa de ser o principal responsável pela solução dos problemas sociais e torna-se mero coparticipante, associado, entre outros, na busca de meios para capacitar os indivíduos para resolver seus próprios problemas. As formas privadas de enfrentamento da carência habitacional tornam-se o centro das políticas públicas, que se limitam a outorgar para terceiros as ações urbanas, como o financiamento público de empreendimentos privados, a concessão de obras de infraestrutura a empreiteiras, o fomento à ação de ONGs e a mobilização de "atores" da sociedade civil para substituir a fiscalização pública. Enfim, uma série de medidas de terceirização e privatização do modo como operar o problema habitacional entra na ordem do dia em todo o mundo.[32]

De acordo com Botelho, o ex-governador Leonel Brizola foi o precursor da defesa da manutenção da favela, de sua consequente legalização e legitimação como moradia popular. Para ele, as políticas desenvolvidas por Brizola com relação à questão urbana, que priorizavam uma urbanização simplificada, em vez de mudanças de cunho estrutural, anunciavam um processo de "Estado

---

[32] Ibidem, p. 183.

mínimo". Tal fato o colocava em sintonia com a política neoliberal mundial. No entanto, o programa Favela-Bairro, desenvolvido na década de 1990 pelo então prefeito Cesar Maia com financiamento do BID, da Caixa Econômica Federal e da União Europeia, é para Botelho o carro-chefe dessa "intervenção urbana mínima" do Estado, uma vez que o problema habitacional demanda intervenções monumentais. Assim, o Favela-Bairro torna-se o reconhecimento formal da favela como solução habitacional.

O aprofundamento da crise econômica, aliado ao alto custo de vida e ao encarecimento da moradia, gerou uma massa de trabalhadores desempregados, subempregados e informais e acirrou a crise habitacional no Rio de Janeiro. E a favela foi apontada como uma alternativa de moradia acessível, mesmo com políticas públicas paliativas de urbanização. É assim que um mercado imobiliário nas favelas foi ganhando força nas duas últimas décadas e se beneficiou da melhoria das condições de vida local, como o aumento do acesso a água e cobertura do esgotamento sanitário. O censo das favelas, realizado entre 2008 e 2009, demonstra isso: "No Complexo do Alemão, 92% das moradias têm esgotamento sanitário e, na Rocinha, 86,5%. No ano de 2007, 91% dos domicílios do Estado do Rio de Janeiro poderiam ser classificados como adequados quanto a esse serviço, que nacionalmente só atendia a 73,6% dos domicílios"[33].

Esse mercado imobiliário favelado em plena expansão é alvo de inúmeras pesquisas a respeito da concorrência, que o coloca em um patamar mais vigoroso até do que o mercado de imóveis do asfalto. Botelho tem um olhar crítico com relação a um estudo do IPP, em parceria com Instituto de Pesquisa e Planejamento Urbano (IPPUR), que revelou que os preços praticados nas favelas não são irregulares ou arbitrários. Para ele, essa constatação mostra que a consolidação de um mercado empobrecido faz parte de uma estratégia neoliberal, levada a cabo pelas políticas públicas urbanas:

> Se o mercado é o regulador universal por excelência, nada mais adequado ao espírito do tempo do que o estímulo à mercantilização de qualquer iniciativa de intervenção urbana. O economista peruano Hernando Soto tornou-se o maior teórico do tema. Sua tese é que a desoneração jurídica dos mercados subterrâneos e seu reconhecimento flexível poderiam fomentar o desenvolvimento de uma espécie de "capitalismo dos pobres" nos países subdesenvolvidos, coisa que o Primeiro Mundo

---

[33] Ibidem, p. 197.

permitiu no passado aos seus camponeses e sua pequena burguesia. Mobilizando todo o jargão da autonomia individual, desregulamentação, entre outros, Hernando Soto defende uma "despolitização da economia" para emancipar os indivíduos da tutela do Estado, isto é, para que assumam definitivamente seu potencial empreendedor. Sua proposição fundamental, no que se refere ao mercado urbano, é uma oficialização acompanhada de desregulamentação, para que o informal deixe de ser encarado como ilegal e, portanto, coibido ou reprimido.[34]

O perigo da desregulamentação geral e irrestrita em áreas populares e periféricas também possibilita a criação de um comércio subterrâneo e criminoso de achaque da população empobrecida, como demonstraram com muita desenvoltura as milícias do Rio de Janeiro. O fortalecimento do braço financeiro das milícias foi possibilitado, entre outros fatores, pela falta de fiscalização do poder público. A milícia lucra ainda mais com a falta de regulamentação, por exemplo, do transporte alternativo de mototaxistas, vans e kombis. O comércio praticado por essa máfia é bem diversificado, articula-se desde a compra e venda de imóveis nas áreas sob seu domínio até a distribuição de gás e água. Tudo desvelado pela CPI das Milícias realizada em 2008, na Alerj:

> De um modo geral, podemos dizer que o controle econômico exercido pelas milícias se dá pela coação dos moradores a pagar:
> Taxa de segurança
> Taxa diferenciada para moradores que possuem veículos
> Taxa de instalação e mensalidade dos serviços de sinal de TV a cabo e Internet
> Controle e ágio na venda de gás e garrafão de água
> Cobrança de alimentos para composição da cesta básica para os milicianos
> Taxa que varia de 10 a 50% do valor da venda de imóveis
> Taxa para legalização de imóveis
> Taxa para permitir construções na comunidade
> Controle e cobrança de taxas do transporte alternativo: mototáxi, vans e kombis
> Cobrança de taxa para funcionamento de barracas de camelô, festas e pipoca
> Cobrança de instalação de portões e guaritas nas comunidades.
> De acordo com denúncias recebidas pelo Disque-Milícias, os valores cobrados oscilam conforme a área dominada e o grupo dominante:
> Segurança de moradores de R$ 15,00 a R$ 70,00
> Segurança do comércio de R$ 30,00 a R$ 300,00

---

[34] Ibidem, p. 200.

Instalação de TV a cabo de R$ 50,00 a R$ 60,00
Sinal de TV a cabo de R$ 20,00 a R$ 40,00
Internet de R$ 10,00 a R$ 35,00.[35]

É nesse cenário que as UPPs abrem caminho para uma diversidade de negócios nas favelas. Botelho não vê esse fato como mera coincidência: "Não por acaso a organização das UPPs tem seguido a mesma linha de operação implementada pelos paramilitares cariocas: garantia repressiva da ordem e da paz (até toque de recolher) para fomentar a iniciativa privada e o desenvolvimento do mercado"[36]. O empreendedorismo popular também recebeu estímulo, e o Sebrae-RJ protagonizou a formalização, treinamento e economia em mais de mil negócios de estética, alimentação e confecção em favelas como Borel, Cidade de Deus e Providência. A aposta no mercado favelado é cada vez mais promissora e ganha espaço nos principais jornais do Rio de Janeiro[37].

O entusiasmo mercadológico nas favelas, o maior acesso ao consumo de bens e serviços, além da sensação de segurança gerada pela UPP, elevaram o custo de vida nas comunidades. E as manchetes eufóricas coexistiam com outras bem preocupantes para aqueles que não lucraram com a chegada da polícia militar[38]. A expansão do mercado imobiliário inviabilizou, naquele momento, a manutenção da favela como solução habitacional e de moradia barata. Isso trouxe duas consequências imediatas. A primeira, capitaneada pela gentrificação e chamada de "remoção branca" – a chegada às favelas de uma classe média de maior poder aquisitivo, atraída por um local seguro para a vida e os negócios –, aumenta o custo de vida; consequentemente, os moradores antigos se veem obrigados a vender suas casas e se mudar para favelas afastadas do Centro e da Zona Sul.

---

[35] "Relatório final da Comissão Parlamentar de Inquérito destinada a investigar a ação de milícias no âmbito do Estado do Rio de Janeiro", p. 125-6; disponível em: <http://www.marcelofreixo.com.br/cpi-das-milicias>; acesso em: 12 fev. 2014.
[36] Maurilio Lima Botelho, "Crise urbana no Rio de Janeiro", cit., p. 202.
[37] "Após pacificação, UPP social é a aposta do secretário estadual de Assistência Social e Direitos Humanos para levar cidadania às favelas", *O Globo*, 17 out. 2010; disponível em: <https://oglobo.globo.com/rio/apos-pacificacao-upp-social-a-aposta-do-secretario-estadual-de-assistencia-social-para-2938187>; acesso em: 20 mar. 2016.
[38] "Imóveis em favelas com UPP sobem até 400%", *O Globo*, 26 maio 2010; disponível em: <https://oglobo.globo.com/rio/imoveis-em-favelas-com-upp-sobem-ate-400-3001504>; acesso em: 20 mar. 2016; "Pacificadas, favelas do Rio de Janeiro já vivem o boom imobiliário", *O Estado de S.Paulo*, 26 set. 2010; disponível em: <http://sao-paulo.estadao.com.br/noticias/geral,pacificadas-favelas-do-rio-de-janeiro-ja-vivem-boom-imobiliario-imp-,615362>; acesso em: 20 mar. 2016.

A segunda consequência da mercantilização da favela pelo mercado imobiliário é a expansão da favelização para bairros próximos às comunidades: para os mais pobres, aqueles alijados da sociedade de consumo, que não foram incluídos nas benesses do novo mercado favelado, a solução mais acessível de moradia passou a ser a ocupação de galpões e fábricas fechadas no entorno das favelas, como já ocorre na Maré, no Complexo do Alemão e no Jacaré. Isso caracteriza uma expansão das comunidades rumo ao asfalto e gera mais um desafio para a urbanização da cidade.

> Galpões, prédios e fábricas fechados em vários bairros atravessados pelo Complexo do Alemão foram divididos pelos moradores, e os terrenos, cortados por paredes para formar condomínios irregulares. As diversas favelas que compõem o complexo estão provocando uma espécie de conurbação e digerindo os bairros que se situam em seus interstícios. Ao redor das comunidades do Jacaré e Jacarezinho, tradicional bairro operário do Rio de Janeiro, a desindustrialização oferece aos sem-teto uma oportunidade de ocupar os antigos galpões das fábricas. Ao longo de toda a avenida Brasil é possível observar dezenas de lojas, fábricas e galpões abandonados que agora servem de moradia para a população mais pobre da cidade, que não tem condições de participar do mercado imobiliário enaltecido pela intelectualidade neoliberal pós-moderna.[39]

É importante ressaltar que, a partir do processo de pacificação, o consumo simbólico do cotidiano das favelas nega seu conteúdo social. A favela é consumida apenas como forma, por isso é tão atraente para os mercados em expansão que priorizam as classes C, D e E. Não importa uma mudança de paradigma que interfira concretamente para a transformação e melhoria da realidade social e da condição de vida, o que importa é o potencial econômico, reproduzindo e acirrando as desigualdades sociais. O que se observa é que a cidade-empresa investe na favela enquanto novo e velho fetichismo da mercadoria. Isso ocorre de maneira sistemática no Santa Marta, no Vidigal, na Rocinha, no Chapéu Mangueira, na Providência e outras favelas que se destacam por seu potencial turístico. E não faltam empreendedores que queiram explorar um oásis econômico que movimenta cerca de 68 bilhões de reais por ano, um valor que corresponde ao produto interno bruto de países como Bolívia e Paraguai, de acordo com o Data Favela[40]. O Censo Empresarial de 2010

---

[39] Maurilio Lima Botelho, "Crise urbana no Rio de Janeiro", cit., p. 207.
[40] Daniel Mello, "Moradores de favelas movimentam R$ 68,6 bilhões por ano, mostra estudo", *Agência Brasil*, 2 mar. 2015; disponível em: <https://agenciabrasil.ebc.com.br/economia/

revelou que na Rocinha, com seus 130 mil habitantes, havia 6 mil empreendimentos que atuavam, em grande parte, na informalidade.

A própria existência de um instituto de pesquisa especializado em "mercados emergentes" como o Data Popular, presidido por Renato Meirelles, e o Data Favela, fundado por Meirelles e Celso Athayde, um dos integrantes da Central Única de Favelas (Cufa), já é indicação de que a aposta é tão quente quanto o verão do Rio de Janeiro. Na apresentação do livro *Um país chamado favela: a maior pesquisa já feita sobre a favela brasileira*, publicado em 2014 pela dupla Meirelles e Athayde, o global Luciano Huck anuncia: "Antes invisível, a favela se transformou em 'mercado consumidor'. [...] Virou 'público-alvo' [...]. Os moradores de comunidades ganharam adjetivos que os valorizam e passaram a merecer atenção especial dos planejadores estratégicos das empresas"[41].

A pesquisa do Instituto Data Favela pretendeu apresentar uma radiografia do que considerava uma "revolução silenciosa" e a emergência de uma "refavela", por meio do potencial de consumo dos moradores de 63 favelas do Brasil. O Vidigal, morro localizado na Zona Sul do Rio de Janeiro, que desfruta de uma vista invejável para as mais belas praias da cidade, já ganhou o título de refavela. A instalação de uma UPP em 2012 foi saudada como uma iniciativa de "construção do sossego público", sintetizando um pacto de conciliação, mesmo que fosse necessário o emprego da força. De forma romântica e acrítica, o Data Favela revela que, uma vez silenciado o fuzil AR-15, só se ouve a algazarra das crianças. "Nos arredores, a casa em tinta fresca, o hotel, o bar e o restaurante ensaiam reproduzir o modelo de normalidade urbana do asfalto."[42] O Vidigal, em 2010, concentrava a maior renda domiciliar das favelas cariocas: 1.744 reais, de acordo com o IPP.

O aumento da renda dos favelados, de acordo com o Data Favela, é resultado da criação de postos de trabalho e do estímulo ao consumo, não consequência "ilusória" de programas sociais, como poderiam imaginar os críticos do Bolsa-Família. Em 2003, os ganhos chegavam a 690 reais, enquanto a média brasileira era de 1.172 reais. Após dez anos, a renda favelada chegou a 1.068 reais, um aumento de 54,7%. Aliada a esse diagnóstico, há a amostragem

---

noticia/2015-03/moradores-de-favela-movimentam-r-686-bilhoes-por-ano-indica-estudo>; acesso em: 10 set. 2020.

[41] Luciano Huck, "Apresentação", em Renato Meirelles e Celso Athayde (orgs.), *Um país chamado favela: a maior pesquisa já feita sobre a favela brasileira* (São Paulo, Gente, 2014), p. 21.

[42] Renato Meirelles e Celso Athayde (orgs.), *Um país chamado favela*, cit., p. 38.

sobre os favelados "bancarizados". Em 2013, 53% dos cidadãos brasileiros possuíam contas bancárias, enquanto na favela o percentual era de 41%. Não à toa, uma das primeiras empresas a entrar no Complexo do Alemão em 2010, após a implantação de uma UPP, além das mantenedoras de TV a cabo, foram instituições bancárias.

Celso Athayde é um empreendedor social nato, por isso fundou a Favela Holding para criar e fortalecer mercados nas comunidades. Um de seus mais audaciosos projetos era a criação de um *shopping center* no Complexo do Alemão. O empreendimento, que foi orçado em 22 milhões de reais, pretendia abrigar 500 lojas e gerar 6 mil empregos diretos e outros 4 mil indiretos. Esse seria o primeiro de quatro *shoppings* do gênero em favelas cariocas, sobre os quais havia a promessa de que 60% das lojas fossem comandadas por moradores locais*.

Aparentemente, a ideia inicial do *shopping* era fazer o bolo crescer antes de reparti-lo, como ensinou o ministro da Fazenda no período do milagre econômico (1968-1973), Antônio Delfim Netto. O pontapé inicial dependia apenas da negociação com as marcas para o funcionamento das franquias: "Como poucos moradores têm condições de efetuar um gordo investimento inicial, a solução é que inicialmente componham a sociedade apenas com a força de trabalho. Quem deixar a favela precisa também abandonar o negócio"[43].

O empresário milionário à frente da iniciativa era o mineiro Elias Tergilene, dono da rede de *shoppings* Uai, de Belo Horizonte. Tergilene defendia que seu negócio seria capaz de substituir a matriz econômica do tráfico de drogas: "Produzir, vender e ganhar, é, em sua concepção, a receita para propiciar ao jovem das comunidades *status*, dinheiro e acessos. [...] Tergilene quer levar o asfalto para visitar a favela. Sugere o turismo no morro [...]"[44].

Para o Data Favela, as distorções econômicas causadas pela "pacificação" das favelas cariocas, inclusive o índice acumulado de inflação na Rocinha mais alto do que o do Rio de Janeiro inteiro após a entrada da UPP, não interferem nos negócios; pelo contrário, elas os potencializam: "A comunidade se valorizou e encareceu, é verdade. Passou, porém, a oferecer oportunidades para novos *players* locais, capazes de baixar preços por causa de inovações em métodos produtivos, formas de negociação, logística e composição de estoques"[45]. Em

---

*   O projeto do *shopping center* no Complexo do Alemão não se concretizou. (N. E.)
[43]   Ibidem, p. 68.
[44]   Ibidem, p. 70.
[45]   Ibidem, p. 75.

outras palavras, em nome da mercantilização das favelas vale tudo, até inviabilizar a sobrevivência dos próprios moradores.

A revolução silenciosa da refavela está calcada no arremate de negócios lucrativos na favela por empresários que não possuem qualquer identidade com o local. Não é uma estratégia nova dos operadores do capital, houve apenas redirecionamento e ajuste de foco. A ideia é estabelecer parcerias público-privadas, Estado e empresa, para promover a formação de uma nova legião de favelados como mão de obra barata e subempregada para os negócios que acontecem na porta de suas casas. Ser empreendedor de favela não pode significar vender a comunidade, negociar sua identidade e sua força de trabalho a qualquer custo. A favela não deveria ser negociada como uma mercadoria barata no balcão de negócios.

Contudo, acreditamos já ser possível uma resposta para a pergunta que intitula o presente capítulo. O que há em comum entre a comunidade, a favela e a cidade é a possibilidade de se tornarem mercadorias. A aposta do Estado é transformar qualquer estrutura societal em um mercado submisso ao capital econômico e financeiro. Para isso, o estabelecimento de qualquer tipo de relação se dará de maneira oportunista e calcada em preceitos mercadológicos.

O próximo capítulo busca encontrar elementos teóricos e práticos que localizem e identifiquem o espaço comum da Maré na esteira dessa cidade-negócio, dos sem-lugar e das identidades deslocadas da tal pós-modernidade. Mareense, aquele que vive na Maré, é uma identidade articulada na era da globalização que encontra refúgio na história de sua construção enquanto memória e resistência. E é na rua que os laços comunitários são fortalecidos, mesmo diante da constante tensão, tão característica da vida em comum. São os donos da rua que estabelecem uma rotina de encontros e desencontros, muitas vezes conflituosos, porque a rua é o espaço de disputa real e simbólica. E, nessa disputa, o Estado se impõe com seu braço armado militar e transforma o cotidiano das favelas em um eterno estado de exceção.

2
SOU CRIA DA FAVELA, SOU MAREENSE

> Um ser da maré
> Um ser ninguém
> Um ser alguém
> Um ser sem ser
>
> Olhos marejam
> Mareja pela lama
> Encalha na pena
> De gente pequena
>
> Ah, a grande política
> Musa inspiradora
> Não pode ser doutora
> Afunde na lama
>
> Ah, a política
> Sempre tão distinta
> Pena dos que distinguem
> Favelado de gente sabida
>
> *Renata Souza, "Mareense", inverno de 2013*

Segundo o Censo do IBGE de 2010, a Maré concentrava uma população de 129 mil habitantes. No entanto, cabe ressaltar que, ao se basear na legislação municipal (que reconhece a Maré como bairro), o IBGE e o IPP deixaram de agrupar as favelas da região da Maré em único complexo. Áreas como o Parque União, o Parque Rubens Vaz, a Nova Holanda, o Parque Maré, a Baixa do Sapateiro e o Timbau contabilizariam, juntas, 64.215 moradores em 2010. O IBGE considera aglomerados subnormais apenas as comunidades que ocupam ou ocupavam áreas públicas ou particulares alheias, não incluindo áreas oriundas de conjuntos habitacionais hoje favelizados, como a Vila do João, na Maré, por exemplo.

Sendo assim, há a necessidade de recorrermos aos dados levantados pelo projeto "Censo Maré 2000: Quem somos, quantos somos, o que fazemos?", no qual trabalhei como recenseadora. Esse censo foi realizado pelo Centro de Estudos e Ações Solidárias da Maré (Ceasm), com financiamento do Banco Nacional de Desenvolvimento Social (BNDES) e em parceria com o Instituto de Pesquisas Econômicas Aplicadas (Ipea), o Instituto Pereira Passos e a Escola Nacional de Ciências e Estatísticas (Ence). Na ocasião, o Censo Maré contou 132.176 residentes contra os 113.817 registrados pelo IBGE em 2000. São dezesseis comunidades: Parque União (17.796), Vila Pinheiros (15.485), Parque Maré (15.399), Baixa do Sapateiro (11.467), Nova Holanda (11.295), Vila do João (10.651), Rubens Vaz (7.996), Marcílio Dias (7.179), Timbau (6.031), Conjunto Esperança (5.728), Salsa e Merengue (5.309), Praia de Ramos (4.794), Conjunto Pinheiros (4.767), Nova Maré (3.142), Roquete Pinto (2.514), Bento Ribeiro Dantas (2.199) e Mandacaru (429), esta última removida recentemente.

Os dados revelaram uma Maré repleta de mulheres: 66.976 contra 65.200 homens, e que deságua em quase um terço da população composta por crianças e pré-adolescentes. Das crianças entre 7 e 14 anos, 2% exercem alguma atividade de trabalho e 6% permaneciam fora da escola. O analfabetismo entre adultos acima de 14 anos era de 7,9%.

É o reconhecimento dos dados revelados pelo Censo Maré 2000 que o presente estudo toma como base. A ideia é considerar a diversidade da Maré em sua constituição complexa, que data do início da década de 1940. Essa história foi contada nas páginas do jornal comunitário *O Cidadão*, no editorial "História da Maré"[1]. O jornal, criado como um dos projetos de comunicação do Ceasm em 1999, anunciou, em seu primeiro número, que apresentaria a

---

[1] O jornal *O Cidadão*, criado em 1999 pelo Centro de Ações Solidárias da Maré (Ceasm), é referência para o estudo sobre comunicação comunitária no Rio de Janeiro. A iniciativa consolidou um processo de comunicação com base na memória, na história e no próprio cotidiano dos moradores da Maré. Em 2018, a circulação do jornal foi prejudicada por dificuldades financeiras. Nossa pesquisa de mestrado versou sobre *O Cidadão: uma década de experiência ideológica, pedagógica e política de comunicação comunitária*, dissertação apresentada na Escola de Comunicação da Universidade Federal do Rio de Janeiro, em 2011; disponível em: <http://www.pos.eco.ufrj.br/site/teses_dissertacoes_interna.php?dissertacao=6>; acesso em: 10 dez. 2016.

história do bairro desde o descobrimento do Brasil, em 1500, a partir da pesquisa do mestre em história social, e então diretor do Ceasm, Antônio Carlos Pinto Vieira.

O resgate histórico é necessário para a preservação da memória e da identidade local, que, no caso da Maré, qualifica-se por processos de resistência. Além disso, revelar essa história ajuda a evitar a homogeneização da favela, algo já cristalizado nas políticas públicas voltadas para os espaços populares. Este livro não só localiza a Maré geograficamente, como traz à tona o significado de uma identidade mareense.

O gentílico "mareense" foi cunhado pelo jornal *O Cidadão* para denominar aqueles que vivem na favela da Maré. O termo, utilizado já nos primeiros números do jornal, foi problematizado na mesma publicação em 2003. A capa do número 27 do jornal estampou a manchete: "Mareense!? Existe isso!? Reflexões sobre um bairro em formação". O jornal ainda questionou: "Será que é possível falar de uma identidade mareense quando muitos moradores sentem na pele o preconceito ao dizer que moram na Maré?"[2]. A edição jogava luz sobre a ideia de um novo projeto político, com foco no desenvolvimento social, que tivesse como protagonistas os próprios moradores. É interessante avaliarmos como *O Cidadão* anuncia um processo de reivindicação de uma identidade para além da Maré, mas uma identidade favelada. Atualmente, há uma necessidade de ser, estar e fazer no seu lugar, seja organizando-se em entidades não governamentais, seja em coletivos alternativos de educação, cultura e comunicação nas favelas. Como apontamos no capítulo anterior, a mercantilização da favela é muito palpável e os "crias", aqueles que nascem e se identificam de fato com a transformação da favela por meio da garantia e do acesso a direitos fundamentais, resistem à venda da favela a todo custo. Retomaremos esse debate nos próximos itens, mas desde já é importante ressaltar que o fortalecimento da identidade local é fundamental para a resistência real.

Em um contexto planetário de "crises de identidades", pode parecer contraditório reivindicar qualquer tipo de identidade. Mas é importante notar que essa "crise" encontra eco em um ambiente de intensas transformações nos processos das sociedades modernas desde o fim do século XX, quando as referências estáveis sofreram abalos. De acordo com Stuart Hall, nesse período, fragmentações se consolidaram em estruturas sólidas, como as paisagens

---

[2] Idem.

culturais de classe, gênero, sexualidade, etnia, raça e nacionalidade. A consequência imediata é a mudança na sensação de sujeito integrado, o que acelera uma espécie de "descentramento do sujeito" e gera a crise de identidade. Hall defende que, assim como o mundo pós-moderno, "nós somos também 'pós' relativamente a qualquer concepção essencialista ou fixa de identidade – algo que, desde o Iluminismo, se supõe definir o próprio núcleo ou essência de nosso ser fundamenta nossa existência como sujeitos humanos"[3].

Segundo o autor, há três concepções distintas de identidade. São elas: o sujeito do Iluminismo, o sujeito sociológico e o sujeito pós-moderno. O primeiro, o iluminista, toma como base a essência da pessoa humana, um ser centrado, racional e consciente de sua ação, cujo núcleo interior se mantém essencialmente desde o seu nascimento. Já o sujeito sociológico, diferentemente do anterior, percebe o mundo moderno em sua complexidade e sua formação como inerente às relações interpessoais, entre o "eu e a sociedade". É nessa concepção que o sujeito se funde às vastas identidades culturais que o cercam, e a consequente reciprocidade gera sujeitos unificados. É a partir dessa fase que se encontra a transição para o sujeito pós-moderno, quando ele deixa de possuir apenas uma única identidade e passa a se afetar por várias identidades – muitas delas contraditórias em si, mas ainda assim assimiladas –, fragmentando-se. Por isso, o sujeito pós-moderno não é dotado de uma identidade única e permanente. Ao contrário, como afirmam teóricos como Anthony Giddens, David Harvey e Ernesto Laclau, são naturais do mundo pós-moderno as descontinuidades, rupturas, fragmentações e deslocamentos. Tais situações estão circunscritas na própria conceituação de "globalização".

Por isso, faz sentido a construção e o reconhecimento de uma identidade mareense nesse mundo globalizado, tão caracterizado por identidades fluidas, inconstantes e de subclasses. Na contramão do argumento fatalista da impossibilidade de qualquer identidade, a Maré atualiza a sua força política com base no conhecimento comum. As referências locais são fortalecidas no cotidiano, a partir das experiências compartilhadas coletivamente na comunidade. Não há que romantizar, no sentido ingênuo da palavra, essa constatação. É importante ressaltar a história de existência e resistência da Maré. E isso é uma decisão e uma postura política diante da tentativa do Estado de reprimir,

---

[3] Stuart Hall, *Da diáspora: identidades e mediações culturais* (org. Liv Sovic, trad. Adelaine La Guardia Resende, Belo Horizonte, Ed. UFMG, 2003), p. 10.

invisibilizar e exterminar a favela. Essa é a história da Maré e de muitas outras favelas do Rio de Janeiro que encontram na resistência uma forma de existência. Realçar e recuperar a memória local faz parte desse processo mareense de ser em comum.

MEMÓRIA PARA A RESISTÊNCIA

A resistência real, provocada pelo fortalecimento da identidade local, dá-se quando se tem acesso à sua história e memória, tanto cultural como social. Sendo assim, é chegada a hora de apresentar um breve resumo do surgimento das primeiras favelas da Maré. Tomaremos como base o levantamento do jornal *O Cidadão* publicado do número 12 (2001) até o número 28 (2002). O jornal comunitário fez um apanhado sobre o surgimento das principais favelas da Maré, baseando-se em histórias orais narradas a partir da experiência dos moradores e consultando documentos oficiais. Busca-se, assim, reivindicar a experiência daqueles que construíram a Maré, já que, como nos alerta Walter Benjamin, a pobreza em experiência, tanto privada como da própria humanidade, configura-se como uma nova barbárie[4].

A publicação inaugura a história do surgimento de cada uma das favelas com as memórias da primeira moradora do Morro do Timbau, dona Orosina, falecida em 1994, com mais de cem anos. Popularmente conhecido como Timbau, essa é a única favela íngreme da Maré e foi a primeira a ser ocupada. "Timbau" vem do tupi "tiipau", que significa "entre águas". É importante notar que a Maré é um espaço alagado e, não à toa, suas primeiras casas eram palafitas.

Mas o que foi crucial na ocupação da Maré foi a construção da avenida Brasil, em 1946. Inicialmente chamada Variante Rio-Petrópolis, a via foi dando lugar à ocupação das áreas em seu entorno, inclusive pelos próprios trabalhadores da obra da rodovia. A nova via proporcionou uma comunicação real entre o centro da cidade e seu subúrbio, além da ligação intermunicipal e estadual. Foi nessa época que se instalaram ali grandes indústrias, como a Refinaria de Manguinhos, considerada a grande responsável pela explosão demográfica ocorrida nas regiões do Caju, São Cristóvão, Benfica, Manguinhos e Bonsucesso. A facilidade do acesso à cidade também trouxe prejuízos, pois muitas pessoas

---

[4] Walter Benjamin, *Magia e técnica, arte e política: ensaios sobre literatura e história da cultura* (trad. Sérgio Paulo Rouanet, 8. ed., São Paulo, Brasiliense, 2012).

foram atropeladas e mortas: o que de início era apenas uma via de mão dupla, logo se tornou o principal eixo rodoviário da cidade, ainda sem passarelas.

Outro fator histórico que marca a ocupação inicial da Maré é a migração nordestina, entre 1940 e 1960. Em virtude do avanço do capitalismo nas áreas agrícolas, novos latifúndios se estabeleceram para o aumento da produção. Enquanto isso, nas cidades do Sudeste, a industrialização se tornava mais atraente para aqueles que haviam perdido suas terras no campo e/ou sofriam com a seca. Rio de Janeiro e São Paulo foram as portas de entrada, ainda mais acessíveis pela construção da BR-116, que fez a ligação Rio-Bahia. Contratados como mão de obra barata e pouco qualificada, restava aos migrantes ocupar "sub-habitações" e favelas. A falta de políticas públicas urbanas e habitacionais agravou o problema. Nessa época, foram criados os mecanismos de repressão e contenção das favelas, como a Fundação Leão XIII e a Guarda Municipal, que encampavam a política de remoção.

A Baixa do Sapateiro foi erguida aos pés do Morro do Timbau, por volta de 1947. A área alagadiça obrigou a construção de palafitas (barracos de madeira sustentados por toras de cerca de 2 metros de altura sobre o mangue). Há três versões sobre a escolha do nome. A primeira diz respeito a um suposto sapateiro que teria sido o primeiro morador da área. A segunda faz alusão à Baixa do Sapateiro da Bahia, já que muitos de seus moradores são originários do Nordeste. A última faz referência a uma árvore típica dos manguezais de então, a *Rhizophora mangle*, também conhecida como sapateiro por ser utilizada na fabricação de tamancos, calçado popular entre as famílias portuguesas.

O aterro do *campus* da UFRJ, no entorno da Ilha do Fundão, impulsionou a ocupação da Baixa, já que, com a construção da ponte Oswaldo Cruz, o local ficou no caminho da Cidade Universitária. Os moradores construíam as palafitas à noite, com restos de madeira e latas, e a Guarda Municipal as destruía pela manhã, com tratores e cabos de aço que içavam as casas. Essa política de repressão e remoção constante dos moradores fez com que eles se organizassem e fundassem uma associação em 1957. As últimas palafitas foram demolidas em 1980 e os moradores foram removidos para os conjuntos habitacionais Vila do João e, logo depois, Vila dos Pinheiros, construídos no âmbito do Projeto Rio, do governo federal. Atualmente, a Baixa tem cerca de 15 mil moradores, distribuídos em aproximadamente 4 mil domicílios.

O Parque Maré, local onde resido e que muitas vezes é confundido com a Nova Holanda, por serem muito próximos, surgiu na década de 1950, também com barracos de palafitas. As palafitas ainda fazem parte do imaginário dos moradores antigos: o terreno sofria com o intenso ir e vir das águas da Baía de Guanabara que alimentavam a vegetação do mangue e a própria lama. A proximidade com a avenida Brasil facilitou o processo de aterro que, em um primeiro momento, era feito com carvão. Mais tarde, os moradores passaram a reutilizar restos de demolições das obras em que trabalhavam. A partir daí, cotizavam-se entre si para comprar caminhões de entulho e aterro para firmar o solo. Sem qualquer infraestrutura, tudo era improvisado, até os abastecimentos de água e energia, que eram puxados com os já conhecidos "gatos".

É importante ressaltar que, inicialmente, um terço da população da Maré vivia em palafitas nas comunidades Parque Maré e Baixa do Sapateiro. Com um único cômodo sobre a água poluída da Baía de Guanabara, e vivendo a precariedade de um ambiente insalubre, as pessoas eram expostas a todo tipo de doenças. Não eram raros os casos de hepatite, hanseníase e tuberculose. Além disso, são inúmeras as histórias de pessoas acidentadas nas ruas improvisadas com tábuas suspensas e inseguras. No final da década de 1970 e início de 1980, para resolver a situação desses moradores, o Banco Nacional de Habitação (BNH) criou o Programa de Erradicação da Sub-Habitação para a construção de novas habitações visando ao assentamento dos moradores de palafitas.

A Associação de Moradores do Parque Maré só foi fundada na década de 1960. Na época, já havia um núcleo de ocupação junto à rua Teixeira Ribeiro, local que se notabilizou como o principal ponto de comércio e festividades da Maré. É nessa rua que acontece, todos os sábados, uma feira de diversos produtos pela manhã e um enorme baile funk à noite, que vai até o sol raiar. Voltaremos à rua Teixeira Ribeiro nos próximos itens.

Concomitantemente ao surgimento do Parque Maré, foi ocupada uma área conhecida como Areal, atual Parque Rubens Vaz, nome escolhido em homenagem ao major assassinado na rua Toneleros, em Copacabana. É a partir dali que os moradores, em 1954, aproveitaram a adutora que passava pela avenida Brasil para instalar clandestinamente uma bica na rua João Araújo, principal via da comunidade, batizada com o nome de sua primeira liderança comunitária. A história oral dá conta de que, com a repressão policial à construção de casas de alvenaria, os moradores erguiam paredes de tijolos por trás da estrutura de madeira para que a polícia não as destruísse. Tudo feito na calada da noite. As madeiras só eram retiradas quando a casa de alvenaria já estava praticamente pronta e sem possibilidade de demolição.

Uma curiosidade sobre o processo de aterramento da Maré diz respeito ao fato de que se necessitava de um volume enorme de terra para firmar o solo sobre o terreno alagado. Por isso, diferentes estratégias foram usadas antes da implantação do Projeto Rio, que aterrou toda a região na década de 1980. Exemplos dos materiais que ajudaram a segurar o solo eram o já mencionado carvão, retirado aos montes das sobras da Companhia Estadual de Gás, e a serragem, obtida em uma serraria de nome Tora, onde os moradores buscavam restos de madeira e serragem para construir suas casas.

O ano de 1958 marca o início do processo de ocupação do Parque União. Muito estimulada por um integrante do Partido Comunista Brasileiro (PCB), o advogado Magarinos Torres, houve uma venda mais organizada de lotes, que correspondiam à delimitação de sete metros de largura por dez metros de comprimento. A ideia do advogado comunista, que já possuía escritório na Rubens Vaz, era transformar a nova ocupação em um bairro proletário que viabilizasse uma boa circulação. Ao lado do Parque Rubens Vaz, o Parque União é cortado pelo canal da Portuária, atualmente conhecido como Valão. Para ocupar os lotes, os moradores tinham de pagar uma taxa de 3 mil cruzeiros ao advogado e apresentar carteira de trabalho. Ele também proibia casas de jogos e prostituição para evitar a proliferação de "maus elementos" na ocupação. A gestão de Magarinos foi até 1961.

Atualmente, o Parque União (PU) é a favela que congrega a maior população nordestina da Maré. Aos fins de semana, a praça do Parque União, localizada às margens da avenida Brasil, entre a entrada da Ilha do Fundão e a Passarela 10, fica rodeada de barracas de comidas típicas do Nordeste e tem uma agenda de eventos repleta de bandas de forró. Podemos especular que, depois da Feira de Tradições Nordestinas de São Cristóvão, talvez seja a praça do Parque União o principal ponto de encontro dos nordestinos no Rio de Janeiro, não só por sua população em si, mas pela facilidade de acesso à praça. A rua Ary Leão, que dá acesso à praça, também é considerada um dos *points* da Maré, porque além de inúmeros bares e restaurantes, abriga, às sextas-feiras à noite, uma feira de artesanatos, roupas e acessórios tipo "Itaipava", que mobiliza uma quantidade expressiva de pessoas, o que dificulta até a caminhada pela rua. É também nessa rua que acontece o Baile do PU, já conhecido pela juventude funkeira.

Diferentemente da maioria das favelas da Maré, a favela Nova Holanda, uma das comunidades mais conhecidas da Maré, surgiu de um processo de urbanização e modernização executado pelo governo Carlos Lacerda, na década de 1960. A política de urbanização da cidade consistia em grandes obras na Zona Sul e a remoção de favelas para os locais mais afastados do eixo Centro-Zona Sul. Os moradores eram realocados nos chamados Centros de Habitação Provisórios (CHP). O desmonte de favelas como Macedo Sobrinho, Favela do Esqueleto, Morro da Formiga, Praia do Pinto e Morro do Querosene resultou na remoção dos moradores para habitações provisórias construídas no terreno logo denominado Nova Holanda. A Nova Holanda revela a velha política, em que o provisório se torna *ad aeternum*. Tanto que moradores antigos se referem às ruas por números, como a atual rua Jorge Luiz, que é caracterizada como antiga rua 1.

É importante notar que ainda hoje há dificuldades objetivas para se definir onde começa o Parque Maré e termina a Nova Holanda. O que nos apresenta pistas concretas é a localização das associações de moradores das respectivas favelas. As ruas irregulares do Parque Maré se entrelaçam com as ruas minimamente projetadas da Nova Holanda. Para se ter uma ideia, a rua em que moro no Parque Maré é dificilmente reconhecida como sendo dessa comunidade. Isso me obriga a apresentar como referência para o meu endereço a Nova Holanda. Outro fato que demonstra a confusão dos moradores para distinguir as duas favelas é a localização do baile funk da Nova Holanda, que ocorre na rua Teixeira Ribeiro, via que pertence à favela Parque Maré. Em verdade, uma geração inteira de jovens que cresceram no Parque Maré, principalmente a geração da qual faço parte, passou a vida se identificando como moradora da Nova Holanda. E isso não é por acaso, pois todas as atividades culturais que atraíam nossa juventude, seja o baile funk, sejam as festas de rua, eram mobilizadas por atores locais na praça e nas ruas da Nova Holanda.

Particularmente, só descobri que a minha rua ficava no Parque Maré quando participei do Censo Maré 2000 como recenseadora. Mas a confirmação de fato do meu endereço só veio quando precisei de um "atestado de pobreza", documento geralmente emitido pelas associações de moradores de favelas, que apresentei no ato da minha matrícula para obter uma bolsa de estudos na PUC-Rio, em 2003. Naquela ocasião, foi à Associação de Moradores e Amigos do Parque Maré que tive de recorrer. Ainda assim, identifico-me como moradora da Nova Holanda, afinal identificar-se é partilhar de vivências comuns e cotidianas, e não será a esquina da minha rua, localizada entre o Parque Maré e a Nova Holanda, que me privará desse reconhecimento. Toda essa explicação é para justificar a atenção que dedico à história de ontem e de hoje da Nova Holanda.

Com relação à história de ontem, é preciso ressaltar que o fato de a Nova Holanda ter sido construída como um Centro de Habitação Provisório levou a situações de controle constante sobre seus moradores. A favela era regida por uma série de normas e condutas rígidas, inclusive a delimitação de horário para entrada e saída, além da proibição tácita de venda de imóveis e alteração de sua estrutura física. Todo esse aparato era administrado por órgãos do governo, como a Fundação Leão XIII e um posto da Polícia Militar. Na época, a justificativa governamental para tal estratégia era manter a ordem e estimular "hábitos de boa convivência". O que significa, na prática, vigilância e "domesticação" dos novos moradores.

Em contrapartida, a infraestrutura e as condições materiais na Nova Holanda também eram diferenciadas das demais comunidades. As ruas mais largas davam lugar a lotes com cinco metros de largura e dez metros de comprimento. As casas de madeira respeitavam dois modelos: as baixas, com um andar, e as de dois andares, conhecidas popularmente como *duplex*. Todas eram compostas por uma sala, dois quartos, uma cozinha, um banheiro, quintal e varanda. No entanto, o sistema provisório de esgotamento não deu conta do aumento populacional, e o mesmo ocorreu com o fornecimento de água e energia elétrica. Os moradores conviviam com o esgoto a céu aberto e a falta d'água, o que os obrigava a buscar água fora da favela – para isso, utilizavam um recipiente chamado rola (um barril com dois pneus sem aro nas laterais, transpassado por um vergalhão que permitia rolá-lo).

A Fundação Leão XIII era responsável pela manutenção "gratuita" da rede elétrica, mas logo se mostrou ineficiente e inoperante. As quedas constantes de energia intensificaram a indignação dos moradores, que acabaram se reunindo na chamada Comissão de Luz. Essa comissão ficou responsável pela cotização entre os moradores, mas logo foi extinta por falta de recursos[5].

A Nova Holanda deixou de ser tutelada pela Fundação Leão XIII entre o final da década de 1970 e o início de 1980, após a organização de um movimento popular na comunidade, que questionou suas ações e/ou inoperância. É importante ressaltar que esse processo de organização ocorreu em um contexto de crítica à política econômica da ditadura militar, principalmente no ano de 1979. A implantação do Projeto Promorar, também conhecido como

---

[5] Edson Diniz Nóbrega Júnior, Marcelo Castro Belford e Paula Ribeiro, *Memória e identidade dos moradores de Nova Holanda* (Rio de Janeiro, Redes da Maré, 2012), p. 88.

Projeto Rio, criado ainda na ditadura, pretendia aumentar a força política do regime e, ao mesmo tempo, brecar a influência de setores que reivindicavam o processo de democratização política. Em 1981, *O Globo*, que, assim como boa parte da grande imprensa, apoiava a ditadura, estampou a seguinte manchete: "Favela da Maré vive euforia do Projeto Rio"[6]. A presença na Maré do então presidente da República, o "Sr. João Figueiredo", foi recebida com uma suposta satisfação dos moradores com o Projeto Rio, representados pelo presidente da Associação dos Moradores do Morro do Timbau, "seu Manolo". Em realidade, o descontentamento com a postura autoritária na execução do Projeto Rio e a possibilidade ainda aberta de remoção criaram um ambiente fértil para a organização das lideranças comunitárias em uma Comissão de Defesa das Favelas da Maré[7].

Em 1981, a primeira Associação de Moradores e Amigos da Nova Holanda (AMA-NH) foi criada por exigência do governo federal, já que o Projeto Rio priorizava as negociações diretas com as associações comunitárias em questões relacionadas à urbanização. Ainda muito influenciada por lideranças ligadas à Fundação Leão XIII, a associação acabou por negligenciar a luta em defesa dos moradores e estes passaram a criticar posicionamentos políticos em face das demandas da comunidade. O acirramento das críticas levou à organização de grupos ligados à igreja, agentes de saúde do "postinho" e integrantes do bloco de carnaval a articular uma nova chapa para disputar a direção da associação em 1984. Assim, concorreram duas chapas: a Chapa Azul, com integrantes da situação, e a Chapa Rosa, encabeçada pela jovem paraibana Eliana Souza Silva. Por 1.137 votos contra 417, a Chapa Rosa saiu vencedora do pleito e um novo processo de lutas se iniciou.

Já em 1982, o surgimento da Vila do João na área antes ocupada pelo Aeroporto de Manguinhos, que fora comprada pelo BNH, concretizou-se como a primeira etapa do Projeto Rio. A ideia era que as pessoas removidas das palafitas da Baixa do Sapateiro e do Parque Maré ocupassem as novas instalações, compostas por um conjunto de 193 casas, que tinham no máximo 44 metros quadrados. O nome do conjunto foi dado em homenagem ao presidente de então, João Batista Figueiredo, que inaugurou pessoalmente a comunidade. No mesmo ano em que a disputa política girava em torno da campanha estadual, também

---

[6] Citado em ibidem, p. 94.
[7] Ibidem, p. 95.

foi inaugurada a primeira creche do conjunto, batizada com o nome da primeira-dama "Tia Dulce". As casas construídas pelos governos federal e estadual, bem como por empresas privadas, foram distribuídas a partir de um cadastro socioeconômico. Na época, por conta dos conflitos armados e dos tiroteios, os moradores apelidaram o local de "Malvinas", em referência à Guerra das Malvinas, entre Inglaterra e Argentina, datada do início dos anos 1980. Também chamavam a comunidade de "Inferno Colorido", já que as casas pré-fabricadas retinham muito calor e eram pintadas com cores sortidas.

A história de surgimento da Vila do Pinheiro data de 1983 e confunde-se com a ocupação da Vila do João, já que ambas tinham o mesmo objetivo: abrigar os moradores das palafitas. O local, inicialmente conhecido como a Ilha do Pinheiro, era uma ilhota que acabou sendo incorporada ao continente por conta do aterramento promovido pelo Projeto Rio. Essa ilha era de responsabilidade do Instituto Oswaldo Cruz, que fazia pesquisas e experiências com os macacos *rhesus* que habitavam o local, mas logo foi arrematada pelo BNH. É curioso que, ainda hoje, o local abriga um Parque Ecológico conhecido como "mata", a única área verde da Maré, e, apesar de abandonado pelo poder público, os moradores encontram lazer ali aos fins de semana.

Na época, foram construídas 2.300 casas, de no máximo 30 metros quadrados, para abrigar cerca de 15 mil moradores de palafitas. Logo depois, no lugar conhecido como "Setor Pinheiro", foram construídos 1.380 apartamentos para famílias de renda mais alta, que pudessem comprar o imóvel, o que permitiria a autossustentação do projeto, mas a tentativa fracassou. A área, hoje conhecida como Conjunto Pinheiro, foi habitada integralmente em 1989. Nos terrenos vagos da Vila do Pinheiro, foram ainda construídos galpões para abrigar pessoas de toda a cidade que haviam sido removidas de áreas consideradas de risco. O local foi apelidado de "Kinder Ovo": pequenos e coloridos, a cada porta aberta encontrava-se uma surpresa.

Geandra Nobre, de 35 anos, morou em diversas comunidades da Maré, após ser removida em 1996 de uma favela do bairro de Maria da Graça. Sua primeira moradia foi no Kinder Ovo, e ela ainda se lembra de como foi desumano todo o processo de remoção: havia o risco de sua família ser separada, além do trauma de ter sido transportada com os quatro irmãos, a mãe e o padrasto em um caminhão de lixo da Comlurb. Na época, a violação da dignidade humana era a única opção apresentada pelo poder público às diversas famílias pobres.

Morávamos em Maria da Graça e, ao longo dos anos, a secretaria de Habitação sempre tentou remover aquelas famílias daquele local. Só que teve muita resistência e insistências, mas o governo do Conde [prefeito Luiz Paulo Conde] conseguiu uma liminar que chegou sem aviso prévio. Chegou um monte de caminhão de lixo da Comlurb para que as pessoas saíssem naquele mesmo dia. Ou saía, ou ia pra Leão XIII. E a minha família, sem muita opção, botou tudo no caminhão do lixo e a gente veio removido dentro de um caminhão de lixo da Comlurb para Maré. Então, eu vim direto pra cá, no Pinheiro, e a gente ficou no Kinder Ovo por um ano. Era um lugar bem pequenininho que só cabia a cama. As coisas da minha mãe ficavam do lado de fora. Então, toda a mobília, tipo fogão, geladeira, guarda-roupa, foi colocada embaixo de uma lona azul e os filhos também foram divididos nos quadradinhos dos outros vizinhos que não tinham filhos ou não tinham muita gente. Então, a gente dormia na casa do seu Josias, na dona Laura, e comia na quitinete da minha mãe. E tudo era muito coletivo. Um coletivo sem nenhuma infraestrutura, então, tinha um banheiro coletivo que era nojento; tinha uma cozinha coletiva que tinha um esgoto a céu aberto que também era nojenta, era tudo muito nojento. Só em 97 que a minha mãe e todas as famílias começaram a ganhar as casas. Só que a ideia da prefeitura era separar as famílias, então, queriam jogar minha mãe pra Costa Barros, a tia Célia pra Sepetiba, e a dona Laura ficaria aqui. Mas a minha mãe não quis isso, não quis separar, porque você já vem pra um lugar que a gente não conhecia, você já é arrancado de um lugar que é sua identidade, que é o lugar que você mora, colocado em outro lugar e ainda eles [a prefeitura] querem separar as pessoas. Ninguém queria. Vai ficar todo mundo junto. Aí, não satisfeita, a prefeitura tenta alocar minha mãe no Salsa e Merengue, mas nas casas finais que é de frente pro valão e como minha mãe tinha ainda criança pequena, ela não queria ir pra frente do valão. Aí a mudança [a mobília] foi e minha mãe ficou. Rolou outra confusão. Éramos seis pessoas num quadradinho bem pequeno e a ideia de chamar de Kinder Ovo é porque, toda vez que você abria uma casa daquela, um quadradinho, você via uma surpresa. Minha mãe tinha uma surpresa de cinco filhos.[8]

A pobreza de experiência local na articulação das políticas públicas voltadas para a favela tem gerado barbáries infinitas. Walter Benjamim estava correto: "Pois o que resulta para o bárbaro dessa pobreza de experiência? Ela o impele a partir para frente, a começar de novo, a contentar-se com pouco, a construir com pouco, sem olhar nem para a direita e nem para a esquerda"[9].

---

[8] Geandra Nobre, cria do Kinder Ovo, depoimento colhido em março de 2017.
[9] Walter Benjamin, *Magia e técnica, arte e política*, cit., p. 125.

A RUA COMO EXPERIÊNCIA DO COMUM

João do Rio tinha razão quando tratou de revelar com maestria a alma das ruas cariocas. A rua se configura como o espaço das trocas reais e simbólicas, da convivência, das discussões, das festas, do encontro e da partilha com o outro, onde se experimenta o olhar para si, para sua própria existência. Na Maré, percebe-se empiricamente que as ruas, além de gozarem de alma singular e geografia irregular, comunicam-se por meio de seus diversos códigos, entre eles, os sonoros.

Um exemplo emblemático é a rua Teixeira Ribeiro, localizada no Parque Maré, próxima à Passarela 9 da avenida Brasil. Caracterizada por um volumoso comércio e provedora das mais variadas espécies de mercadorias, há ali uma quantidade significativa de trabalhadores nordestinos (em restaurantes e supermercados) e asiáticos (nas lanchonetes ou no varejo de produtos importados). É nessa rua que, aos sábados, durante o dia, acontece a feira popular mais frequentada da comunidade e, à noite, um baile funk que recebe caravanas com pessoas de diferentes lugares do Rio de Janeiro. A comunicação sonora nessa rua se qualifica como confusão sonora, já que o ruído dos bares, dos camelôs, das casas com seus sons particulares e da rádio de caixinha, além do vaivém de pessoas, carros e motos, confundem-se e, por vezes, são indistinguíveis. A rádio de caixinha, instalada em postes de fiação elétrica, se ocupa da divulgação comercial de mercadorias e serviços, mas também tem programação de músicas evangélicas. Enquanto isso, bares com suas máquinas de músicas e barraquinhas de camelôs com som portátil disputam a preferência dos clientes, com ritmos que variam do funk ao forró, passando pelo pagode. Isso significa que, na prática, se essa rua estiver silenciosa e deserta, mesmo durante a madrugada, algo interrompeu abruptamente sua normalidade rotineira. A comunicação imediata do código acionado indica que não é aconselhável trafegar por ela.

Estar atento a determinados códigos sonoros faz parte do cotidiano dos moradores da Maré e, muitas vezes, corresponde a uma questão de sobrevivência. Fogos de artifício, por exemplo, são utilizados por integrantes do varejo de drogas para alertar sobre incursões policiais e dar a localização quase exata dos agentes de segurança. Há indicações diferentes de acordo com as variações de som e a duração dos fogos. Sons curtos e volumosos significam a presença de policiais. Sons longos, como foguetórios e shows pirotécnicos, significam comemoração.

Observa-se, empiricamente, que a rua é terreno fértil para o enraizamento do reconhecimento e do pertencimento do indivíduo àquela comunidade. Ao compartilhar esse espaço em comum, a dinâmica comunitária pode transformar o espaço público em privado, e vice-versa. Tal relação é percebida claramente na rotina da Maré. Aos fins de semana, quando parte da população do Rio de Janeiro pega seus carros particulares e viaja rumo à região serrana ou dos lagos, é possível verificar na Maré a rua se tornando a extensão das casas.

Piscinas de diferentes cores, tamanhos e profundidades são montadas em frente às casas, ou seja, no meio da rua, para que famílias inteiras se refresquem do calor de quarenta graus que assola o Rio de Janeiro. Quando não há piscinas, chuveiros instalados em ligações diretas com a água da rua oferecem o banho refrescante. O lazer das crianças também é garantido com os pula-pulas espalhados a esmo nas ruas principais. As calçadas são tomadas por cadeiras, banquetas e outros suportes que servem para as pessoas se sentarem, baterem um papo, beberem algumas cervejas ou mesmo fazerem suas refeições ao ar livre, seja churrasco ou mocotó. É nesse momento que o boca a boca se revela enfático e mais qualificado do que qualquer outro instrumento formal de comunicação: a festa é descoberta por quem passou primeiro na rua e observou a movimentação. E logo a vizinhança inteira sabe que terá festa naquela rua. Que pode ser uma simples "resenha", gíria usada pela juventude para qualificar encontros despretensiosos entre amigos, sem nenhum motivo específico ou aparente para a confraternização, ou mesmo grandes festas que fecham a rua.

Em comemorações familiares mais refinadas, como festas de quinze anos e até casamentos, a rua vira palco para a montagem de mesas e decorações festivas. Para que intempéries não prejudiquem as festas, são erguidas lonas gigantescas de diferentes cores, bem caraterísticas dos circos. Quando a comemoração é um pouco menor, usam-se tendas muito similares às que vemos na praia de Copacabana em noite de Réveillon. Mas uma das principais atrações da festa na rua é a capacidade de articular caixas de som enormes. Empilhadas, ou por vezes formando paredões, elas parecem competir com a própria armação da aparelhagem de som dos bailes funks. As festas com diferentes estilos musicais, ainda que predomine o funk, costumam ser comandadas por DJs contratados ou, às vezes, por amigos da família que está promovendo o evento. No entanto, com o aprimoramento técnico do som e a profissionalização dos DJs, são cada vez mais raras as festas realizadas na base do "amor", ou seja, sem que o DJ não cobre pelo trabalho. Assim, as ruas aos fins de semana são tomadas por festas que, ocasionalmente, têm hora para começar, mas não para terminar. Nessas ocasiões, em geral as ruas são completamente fechadas ao tráfego.

É fato que a principal ocupação da rua se dá na movimentação da juventude da Maré para os bailes funks que ocorrem nos fins de semana. Os bailes mais famosos e disputados são os da Nova Holanda e do Parque União, conhecido como Baile do PU. O primeiro sinal de que o baile da Nova Holanda irá realmente ocorrer é quando, aos sábados, já no fim da feira da rua Teixeira Ribeiro, por volta das 20h, o local antes ocupado por barracas de frutas, legumes e especiarias vai dando lugar a enormes caminhões com aparelhagem de som. Paredões de caixas de som são erguidos rua afora, numa altura que pode chegar ao segundo pavimento das casas. Ao caminhar pela calçada, por trás da estrutura sonora, encontramos emaranhados de fios de alta voltagem, extensos e grossos, que levam a geradores também enormes que sustentam o baile, muitas vezes até depois do raiar do sol, por volta das 9h do dia seguinte.

A festa é regada a muita bebida e petiscos, fornecidos por barracas montadas ao longo da rua Teixeira Ribeiro, muitas utilizando tendas brancas, como as que são vistas nas praias. A venda desses produtos é organizada por ambulantes da própria comunidade, que muitas vezes tiram o sustento de toda a família apenas com o lucro vindo do trabalho no baile. São famílias inteiras transitando com carrinhos de mão cheios de engradados de cerveja, energéticos, refrigerantes, água. Há também quituteiras, com recipientes cheios de óleo e fritadeiras enormes.

Por falar em trabalho e renda: o baile movimenta a economia antes mesmo de o evento ocorrer. Os salões de beleza ficam lotados aos sábados, e a mulherada que não conseguiu agendar manicure e cabeleireiro com antecedência dificilmente conseguirá usufruir desses serviços no dia. As lojas de roupas e artigos femininos têm faturamento recorde em dias de baile. Não é à toa que as ruas próximas ao baile possuem um salão ao lado do outro. O Estado não consegue acompanhar e mensurar a economia formal nem a economia criativa geradas por e a partir dos bailes funks.

Após toda essa estruturação e organização, quando o som grave do baile bate nas janelas e paredes das casas, fazendo a favela pulsar mais forte, uma das coisas mais interessantes de se observar é o volume de jovens que chega de todas as partes da favela e da cidade. É praticamente impossível ver o baile da Nova Holanda vazio, a lotação é constante. É uma juventude de todas as idades e cores, vestida com suas melhores roupas e estampando no rosto a expectativa de curtir o melhor baile de todos. E como diz o DJ Marcus Vinícius, um dos que comandam o baile da Nova Holanda e cujo depoimento colhemos aqui: "A galera gosta disso aí mesmo, mano, o funk acelerador. Os 150 bpm do funk pancadão, dos funks de putaria mesmo, até os mais pesados. A galera de fora curte o funk mais light"[10].

Porém, a expectativa de diversão pode ser frustrada quando algo errado acontece durante o baile, seja por conta de tentativas de invasão de uma facção rival, seja por incursões policiais. Essa mesma juventude, que só vai ao baile para curtir, nessas ocasiões precisa correr pelas ruas à procura de abrigo para preservar a vida. Quando um imprevisto acontece, o baile da semana seguinte fica esvaziado. No entanto, duas semanas após um evento ruim, o baile sempre retorna, divulgando uma atração nova, com artistas de visibilidade midiática, e a rua volta a lotar. A ocupação da rua responde a esse ciclo de altos e baixos, de segurança e insegurança.

Nota-se, assim, que a rua é onde se compartilham os prazeres e os males comuns, os afetos e os desafetos. Nunca há plena harmonia, porque na essência da vida comunitária há uma natureza de conflito. O som alto, sem hora para começar ou terminar, a interrupção do tráfego e o fechamento das ruas sem aviso prévio são causa de incontáveis desentendimentos entre vizinhos. A lei do silêncio, instituída pelo Estado, é mera formalidade para as pessoas que utilizam o som alto nos fins de semana como único meio de diversão comunitária. George Steiner nos lembra que a música e a sonoridade em si fazem parte de um terreno imediatamente comum, por isso tão conflituoso[11].

O DONO DA RUA E O CRIA DA FAVELA

A possibilidade de conflitos em espaços comuns é tão natural quanto a tensão causada por ambientes sonoros em locais públicos. A vizinhança nem sempre se entende quando o assunto é o som alto. Uma das ruas da Maré vivenciou esse conflito de maneira mais aguda e violenta. Para contar essa história, utilizarei o nome fantasia "rua das Minas", já que foram as mulheres as mais afetadas por esse confronto entre vizinhos.

A rua das Minas sempre se caracterizou como um dos *points* da Maré, porque aos fins de semana as festas tomavam conta das calçadas e do meio da rua.

---

[10] DJ Marcus Vinícius, cria da Nova Holanda, depoimento colhido em 2017.
[11] George Steiner, *No castelo do Barba Azul: algumas notas para a redefinição da cultura* (Lisboa, Relógio D'Água, 1992).

Há diversos bares nessa rua, mas um em particular promovia eventos de pagode ao vivo, e o promotor era inclusive dono de uma equipe de som. Aos sábados, o som era ligado às 21h e só era desligado na manhã seguinte, por volta das 7h. Isso não impedia que cada um dos vizinhos que realizasse uma festa montasse a própria estrutura de som. Ainda hoje se montam os equipamentos de costas um para o outro, a fim de atender ao gosto musical do dono da festa. Com a popularização do bar, os varejistas de drogas tentaram se apropriar do evento para vender entorpecentes. Diante disso, o dono do bar preferiu encerrar o negócio, embora necessitasse do lucro que o pagode lhe rendia.

Quando o bar já estava em via de encerrar as atividades, mudou-se para a vizinhança uma família composta por três mulheres, duas crianças e um homem. Vou apelidá-los de "família da Delegada", já que havia uma estrutura matriarcal muito forte, por mais que o marido sustentasse a casa, financeiramente, quase que sozinho. Era uma família festeira, que gozava de muita fartura e ostentação nos eventos que patrocinava na rua. Os convidados vinham de todas as partes da favela, e a família era muito querida. A ocupação da rua das Minas era completa com as festas da Delegada e o som alto reinava absoluto nas noites de sábado e domingo, porque sempre havia o "enterro dos ossos" no dia seguinte, uma reedição em menor escala da festa com as sobras do evento do dia anterior.

Essa ocupação sonora sempre dividiu a opinião dos moradores mais antigos da rua, alguns aceitavam e frequentavam as festas, outros se trancafiavam em casa com janelas e portas fechadas para impedir a entrada do som. Em determinado momento, uma das moradoras antigas, que vou chamar de "Cria da Rua", porque ela nasceu e foi criada na rua das Minas, passou a reclamar do som.

Mas ter "moral" de "cria da favela" é muito mais do que se identificar como favelado e morar na própria favela; é estar inserido em sua dinâmica, seja em ações políticas e culturais, seja nos debates que mexem diretamente com a vida local. A Cria da Rua, que passou a juventude inteira fazendo festas na rua e ocupando as calçadas, estava com a mãe idosa acamada e o som alto a incomodava. Por isso, ela solicitava constantemente à Delegada que baixasse o volume do som. A Delegada o baixava por um instante e logo depois tornava a aumentá-lo. Assim, em diversos momentos, as duas chegaram a discussões acaloradas no meio da rua.

Não sendo atendida em sua demanda, a Cria organizou, juntamente com outros moradores, um abaixo-assinado em que criticava as festas prolongadas no meio da rua, impedindo o acesso de carros ao local em momentos de emergência hospitalar, além do volume alto do som. O abaixo-assinado, que não apontava claramente o destinatário, não teve adesão porque muitos moradores tinham o costume de utilizar a rua para confraternizações particulares e não se sentiram à vontade com tal questionamento. A tentativa fracassou, mas toda a vizinhança sabia da existência do abaixo-assinado. Depois disso, a tensão foi pouco a pouco apaziguada, as duas mulheres passaram a se tolerar e se tratar cordialmente, seja ao pedir para diminuir o volume do som, seja para abrir a passagem da rua.

O pior ainda estava por vir. Chegou na vizinhança uma nova família, que chamarei de "Donos da Rua", que tinha como chefe um varejista de drogas. A mulher não suportava o som alto e as festas da Delegada. Por isso, todas as solicitações para baixar o volume do som eram em tom de ameaça. A Delegada não se intimidava e quanto mais os Donos da Rua reclamavam, mais festas com som alto a Delegada fazia.

Foram inúmeras as discussões entre a Delegada e a Dona da Rua, até que começaram as ameaças pessoais do Dono da Rua à Delegada e sua família. A situação chegou ao extremo. Quando a Delegada ouvia música alta na própria casa, o Dono da Rua lançava de sua laje um "cabeção de nego"[12] dentro da casa vizinha. O marido da Delegada sofria de pressão alta e problemas de coração e não suportava as constantes brigas. Ele teve um AVC que o levou à morte.

Ainda de luto, a família da Delegada continuou a realizar suas festas. Durante uma das confraternizações, o Dono da Rua jogou inúmeras malvinas no meio da festa. Então, a confusão foi generalizada. A filha mais nova da Delegada entrou em luta corporal com o Dono da Rua, e o namorado dela entrou na confusão e o agrediu. Nessa altura, a situação só poderia ser mediada pelos chefes do tráfico, mas a família foi encaminhada para a "boca", local onde se vendem drogas. O Dono da Rua argumentava que não atacaria a Delegada porque ela era "mais velha". A Delegada não conseguiu qualquer mediação que freasse a ira do Dono da Rua, por isso alugou a própria casa e foi embora da favela.

A vizinhança achou que a perseguição sonora acabaria quando o principal desafeto do Dono da Rua se afastasse da comunidade. No entanto, não foi o que ocorreu. O Dono da Rua determinou que todas as festas realizadas na vizinhança deveriam baixar o som a partir das 22h. Porém, a Cria da Rua, o primeiro desafeto da Delegada, acabou por continuar realizando festas com som alto, uma vez que sua mãe já havia se recuperado.

---

[12] Trata-se de uma bombinha, também conhecida como malvina.

A ordem para diminuir o volume do som era ditada de uma maneira cada vez mais violenta, e o Dono da Rua chegou a empunhar uma arma em direção à Cria da Rua e seu marido, além de continuar a lançar malvinas no meio das festas. Seu principal argumento nas agressivas discussões com a Cria era o de que ela havia mobilizado um abaixo-assinado para reclamar da Delegada e agora estava reproduzindo o mesmo erro.

Cabe ressaltar que a tirania sonora do Dono da Rua era direcionada às famílias que não tinham parentes na hierarquia superior do varejo de drogas. Isso era visível, uma vez que as festas faraônicas promovidas por seus companheiros na rua das Minas, com estrutura e equipamentos de som semelhantes aos dos bailes funks, não sofriam qualquer sanção de sua parte. Em contraposição, à meia-noite de um Natal, o Dono da Rua dirigiu-se à casa da Cria, desferiu tiros de metralhadora para o alto e ameaçou toda a família. Em um Réveillon, mandou que os aparelhos de som de algumas casas da vizinhança fossem desligados, enquanto toda a favela festejava nas ruas. As queixas dos moradores às atitudes do Dono da Rua se acumularam nas instâncias mais altas do varejo do tráfico.

Uma das operações policiais realizadas na Maré resultou no assassinato do Dono da Rua. A morte não teve qualquer repercussão midiática. A rua das Minas retomou a rotina de festas e som alto, mas as cenas de extrema violência presenciadas pela vizinhança ainda causam calafrios e indignação, embora o medo impeça que o terror vivido seja verbalizado publicamente. À boca miúda, a vizinhança relembra que o respeito entre moradores e varejistas era mútuo, até mesmo na preservação da famigerada política de boa vizinhança.

As relações de troca na rua das Minas foram abaladas, já que até os moradores que prestavam socorro aos desafetos do Dono da Rua eram marcados e se tornavam alvo de novas ameaças. Mas, por incrível que pareça, uma rede de solidariedade, de forma clandestina ou escancarada, formou-se em torno das famílias perseguidas. A vizinhança se organizava para dar respaldo material e até psicológico a essas famílias, além de acompanhar as novidades por notícias que iam de casa em casa.

O caso relatado evidencia como uma situação de intolerância em um ambiente sonoro pode levar a violências extremas, principalmente quando o intolerante possui arma de fogo e é capaz de matar. Não havia mediação comunicativa que pudesse sanar o problema, pois a suposta autoridade do Dono da Rua havia sido afrontada. A busca irracional de imposição de seu poder demonstrava-se cada vez mais inócua diante da resistência da vizinhança, que continuava na rua, com festa e som alto. As constantes ameaças e perseguições resultaram em violências que abalaram a integridade física das pessoas, mas o Dono da Rua, a cada investida, perdia a integridade moral. E, na favela, a moral de cria é o que garante legitimidade e sobrevivência, principalmente quando as relações têm como base a sociabilidade na convivência cotidiana.

Mas esse caso também remete ao grau de identificação que se tem com o local de moradia. O Dono da Rua, em verdade, não possuía e não estabelecia qualquer relação de troca com a vizinhança, não era um "cria da rua", e encontrou dificuldades para estabelecer laços de amizade e pertencimento. Ao contrário, buscou se afirmar por seu poder armado. Ainda que o medo fosse algo latente, os autênticos donos da rua, as crias da rua, não se renderam. E a explicação está justamente na disputa de espaço daqueles que chegaram primeiro e ocuparam a rua como algo privado de suas vivências, de suas confraternizações com familiares e amigos. A rua já tinha dono.

ALGUNS NÚMEROS SOBRE A MARÉ

O relato dessa história surge a partir da necessidade de expor as contradições e os conflitos da vivência em comum, além da apropriação particular da rua, que faz parte do cotidiano dos moradores da Maré. A seguir, arriscamos apresentar alguns dados quantitativos para demonstrar, em números, a ocupação da rua pelos moradores.

Aplicamos um questionário de dez perguntas para 130 moradores da Maré, entre janeiro e março de 2017. Como se nota, a amostra é de apenas 0,1% dos moradores da Maré, em um universo de cerca de 130 mil habitantes. Para ser metodologicamente aceita, a abordagem quantitativa deveria atingir 10% da população mareense, algo inexequível para uma pesquisa de doutorado que não se beneficiou de nenhum recurso financeiro. Isso significa que utilizaremos esses dados apenas como indícios e não como verdades absolutas e inquestionáveis.

A ideia da abordagem quantitativa era apresentar um panorama em números mais próximo daquilo que se estava observando na pesquisa de campo. Desse modo, formulamos uma enquete com perguntas fechadas, mas que pudessem também abrir possibilidades de respostas sem prejuízo para a análise do dado. Os questionários foram aplicados com a ajuda de Anderson Caboi, jovem de vinte anos, morador do Conjunto Esperança e estudante do terceiro período de psicologia da PUC-Rio. Nós nos conhecemos quando ministrei uma aula no curso de formação de comunicadores comunitários e populares, promovido pelo jornal *O Cidadão*, em 2016. O jovem atento, disposto e comunicativo chamou a minha atenção quando fez comentários muito críticos ao que se estava apresentando em sala de aula. A partir dali, passamos a nos encontrar em diversas atividades de comunicação e cultura pela Maré, principalmente nos eventos do Morro do Timbau. A indicação para que Anderson pudesse nos ajudar na aplicação dos questionários veio da jornalista Gizele Martins, companheira de mais dez anos de trabalho no jornal *O Cidadão*.

Fazer uma pesquisa na rua requer conhecimento prévio do local que será investigado, mas, ainda assim, ir a campo reserva surpresas agradáveis e não tão agradáveis. O encerramento da pesquisa atrasou alguns meses por conta do acirramento do conflito armado entre duas facções rivais na Maré. O Comando Vermelho (CV), que domina favelas como a Nova Holanda, Parque Rubens Vaz e Parque União, disputa o avanço de território para o comércio varejista de drogas com o Terceiro Comando Puro (TCP), que domina favelas que fazem fronteira com a Nova Holanda, como a Baixa do Sapateiro. Durante o período de levantamento de dados, Anderson e eu não conseguimos nos encontrar pessoalmente. Só falávamos por redes sociais. O único encontro possível ocorreu em 12 de maio, data de entrega material dos questionários aplicados por ele.

O jovem Anderson já tinha experiência como pesquisador, pois havia participado de uma investigação da Fiocruz sobre parasitoses com moradores de Manguinhos, mas não teve muitas oportunidades de ir a campo. Por isso, havia uma grande expectativa de sua parte para ir à rua enquanto pesquisador. Ele já esperava encontrar moradores críticos à militarização, mas se surpreendeu com a quantidade de jovens que entrevistou com ensino superior, mesmo aqueles que ingressaram em faculdades particulares por meio de programas de auxílio a estudantes, como Fies e Prouni. Uma das coisas que chamou a atenção de Anderson foi o fato de muitos desses jovens terem sido obrigados a trancar a faculdade por falta de recursos. Anderson também se espantou com o fato de que muitas pessoas falavam sobre a violência policial, mas tinham medo de registrar o nome em nosso formulário. "Muitos se recusavam a escrever no formulário com medo de que, de alguma forma, suas letras fossem reconhecidas."[13] A experiência acumulada nesse estudo fez com que o futuro psicólogo já vislumbrasse sua pesquisa de monografia com temas ligados à

---

[13] Anderson Caboi, cria do Conjunto Esperança, depoimento colhido em março de 2017.

saúde mental, funções psicológicas como resiliência e resistência a partir da adaptabilidade a situações do cotidiano, além de tê-lo feito conhecer partes da Maré que não frequentava. Apresentamos, desse modo, o questionário aplicado a 130 jovens, entre janeiro e março de 2017, na Maré.

QUESTIONÁRIO: IMPACTO DA MILITARIZAÇÃO NA CULTURA DE RUA DA JUVENTUDE DA MARÉ
NOME:
IDADE:
COMUNIDADE:
ESCOLARIDADE:
1 – Usa a rua para festas particulares? SIM ( ) NÃO ( ) Se responder SIM, quais?
2 – Frequenta festas de rua na maré? SIM ( ) NÃO ( ) Se responder SIM, quais?
3 – Frequenta festas de rua em outras favelas da maré? SIM ( ) NÃO ( ) Se responder SIM, quais?
4 – Frequenta locais fechados de cultura? P.ex.: lona/museu/galpão SIM ( ) NÃO ( ) Se responder SIM, quais?
5 – Lê os jornais comunitários da maré? SIM ( ) NÃO ( ) Se responder SIM, quais?
6 – Acompanha alguma página no facebook sobre a maré? SIM ( ) NÃO ( ) Se responder SIM, quais?
7 – O que achou da ocupação militar na favela em 2014? BOA ( ) REGULAR ( ) RUIM ( )
8 – Você acompanhou a cobertura da mídia sobre a ocupação militar? SIM ( ) NÃO ( ) Se responder SIM, o que achou? BOA ( ) REGULAR ( ) RUIM ( )
9 – A ocupação do exército trouxe mais segurança para a maré? SIM ( ) NÃO ( )
10 – O que você acha de morar na maré? BOM ( ) REGULAR ( ) RUIM ( )

A abordagem tinha basicamente como foco os jovens moradores da Maré.

Os resultados sobre a utilização da rua para festas particulares foram surpreendentes: 83,1% dos entrevistados disseram que não utilizam a rua para festas particulares, enquanto apenas 16,9% disseram que sim. Dos que responderam sim, 70% afirmaram usar a rua para festas de aniversários e confraternizações, os outros, cerca de 30%, disseram que usavam a rua para montar suas piscinas. Uma limitação do questionário foi não indagar em quais locais prioritariamente os moradores fazem festas. Na aplicação do formulário, notou-se que a maioria das pessoas que responderam que não utilizavam a rua para festas disseram que as faziam em suas lajes, porque as ruas eram muito disputadas e concorridas com a vizinhança festiva.

Em relação à pergunta sobre frequentar festas de rua na comunidade, 53,1% dos entrevistados disseram que sim e outros 46,9% responderam que não, como mostramos a seguir, no Gráfico 1. Dos que frequentam festas de rua, cerca de 50% vão ao baile funk. Perguntados se frequentam festas de rua em outras comunidades, 79,2% disseram que não e os outros 20,8% responderam que sim. Dos que responderam sim, 67,9% têm como destino a Nova Holanda; 46,4% frequentam o Parque União; 39,3% costumam frequentar a Vila do João; 25%, a Vila do Pinheiro; 17,9%, a Baixa do Sapateiro; 10,7%, o Morro do Timbau; 7,1%, o Conjunto Bento Ribeiro Dantas; e 3,6% comunidades como Nova Maré, Parque Maré, Rubens Vaz e Conjunto Esperança.

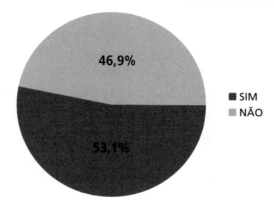

Gráfico 1: Frequência em festas de rua.
Fonte: Elaboração própria, 2017.

As campeãs de frequência de moradores de outras favelas são exatamente as comunidades que promovem os bailes funks mais famosos e que tomam conta de toda a extensão da rua, como a Nova Holanda, Parque União e Vila do João. Isso nos conduz a outra reflexão: a de que os bailes funks ainda possibilitam o trânsito da juventude entre as favelas. Até porque, por mais que sejam casos específicos, os bailes também recebem jovens originários de locais dominados por facções rivais. Isso é sem dúvida um indício de que os bailes funks deveriam ser mais bem estudados, já que gerações inteiras os tornaram um ponto de encontro entre favelados de diferentes espaços. Em dias comuns, o medo dos conflitos impede que transitar entre favelas seja algo mais tranquilo e constante. É importante notar que, durante a aplicação dos questionários, observou-se que pessoas entre 28 e 35 anos faziam questão de informar que frequentavam mais outras comunidades quando adolescentes, e que presentemente essa frequência havia diminuído, mas ainda ocupavam o espaço. Muitas alegam que exploravam mais a favela na adolescência, mas sempre que iam a comunidades dominadas por facções rivais, buscavam a companhia de um morador local.

A análise dessa última questão é reveladora, porque muitas pessoas que responderam "não" à pergunta tinham uma aparente dificuldade em distinguir geograficamente uma favela da outra. É nesse ponto que observamos que a divisão instintiva feita pelos moradores se dá pela definição de uma Maré dividida em dois territórios: um do Comando Vermelho e o outro do Terceiro Comando Puro. Isso é resultado de anos de guerra entre facções que cerceiam o ir e vir dos moradores. Enquanto escrevo esta análise, ouço uma conversa na rua entre mulheres que acabaram de sair do baile funk. É manhã do Dia das Mães de 2017, e uma das mulheres fala do medo que sente em ir visitar sua mãe na outra comunidade. A jovem explica um caso mal resolvido com um varejista do tráfico e sua fuga para a outra parte da Maré. A amiga tenta acalmá-la, dizendo que no Dia das Mães o tráfico dá "uma canja" e não arruma "caô" (confusão) com ninguém. Isso sinaliza que em datas festivas, como o Dia das Mães, há uma espécie de "salvo-conduto" para moradores envolvidos em algum conflito com os varejistas.

Quando perguntados se frequentavam espaços fechados de cultura, 66,9% dos entrevistados disseram que não, e outros 33,1% responderam que sim, como mostra o Gráfico 2. Aos que responderam sim, apresentamos alguns exemplos de locais fechados, mas muitos moradores de comunidades dominadas pelo Terceiro Comando Puro desconheciam tais locais, justamente porque não transitam nas comunidades com domínio do Comando Vermelho. Ainda assim, os espaços mais citados foram o Museu da Maré e a Lona Cultural, que fica localizada exatamente na rua que faz fronteira entre o domínio de grupos rivais do varejo de drogas.

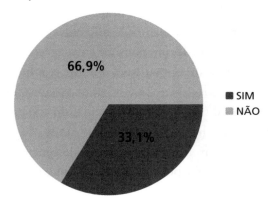

Gráfico 2: Frequência em locais fechados de cultura.
Fonte: Elaboração própria, 2017.

É curioso notar nesse dado o fato de que muitos moradores consideram espaços fechados de cultura as ONGs que nasceram com projetos educativos como carros-chefes, como o Ceasm e a Redes de Desenvolvimento da Maré. Essa percepção não é sem motivos, afinal o Ceasm, que surgiu no fim da década de 1990, é responsável pela gestão do Museu da Maré, localizado aos pés do Morro do Timbau, e a Redes de Desenvolvimento da Maré, inaugurada em meados dos anos 2000, gere a Lona Cultural Herbert Vianna, que é um equipamento público da Prefeitura do Rio de Janeiro.

A fundadora da Redes, Eliana Silva, diz que a decisão de concorrer ao edital público que garantiu a gestão da Lona Cultural teve relação com a estratégia política de intervenção, a partir da arte e da cultura, na realidade de violência do próprio local onde a Lona está instalada. Aliás, o argumento do projeto que foi apresentado à prefeitura tomou como base os temas relacionados à segurança pública. A ideia, de acordo com Eliana, era garantir que a Lona mantivesse uma vida educacional e cultural que movimentasse os moradores em seu entorno. Tanto que o projeto da Lona tem base pedagógica para ampliação do processo educativo. Um levantamento da Redes demonstrou, por exemplo, que a comunidade Nova Maré, vizinha da Lona Cultural, possui um dos piores indicadores educacionais da favela, principalmente no que diz respeito ao elevado número de crianças fora da escola. Desse modo, buscou-se uma interseção entre as expertises social e educacional para interferir nas causas da violência. Mas, como equipamento cultural, encontra dificuldades constantes.

Há uma concentração territorial dos espaços fechados de cultura. A instituição que mais se evidencia midiaticamente nesse quesito é a própria Redes, que também gerencia espaços como o Galpão Bela Maré e o Centro de Artes da Maré, localizados na Nova Holanda. As instalações mantidas pela Redes são amplas e promovem uma vida cultural ativa, com atrações e exposições variadas que atendem até os gostos mais refinados, como espetáculos de dança contemporânea e apresentações teatrais, que algumas vezes são incluídas na agenda cultural da cidade e divulgadas nos meios de comunicação tradicionais. No entanto, observa-se, empiricamente e a partir de levantamento qualitativo, que esses espaços dificilmente tematizam o funk. Vez ou outra, há debates e até mesmo apresentações com MCs e DJs, mas, em comparação com a agenda frenética de shows de música popular, como samba, forró, rock e até reggae, o gênero funk é subaproveitado. Percebe-se ainda que boa parte dos frequentadores desses espaços não reside na Maré, tanto que a entidade investe na mobilidade de pessoas que se deslocam da Zona Sul e do Centro, com o fretamento de vans que saem de bairros como Lagoa e Lapa – uma estratégia utilizada em eventos como o "Travessias", que ocorre regularmente com o objetivo de "atravessar" lugares.

O Museu da Maré, gerido pelo Ceasm desde sua inauguração, em 2006, também poderia desenvolver uma agenda mais inclusiva para os mareenses, uma vez que sua exposição permanente sobre a história da Maré e também as instalações temporárias, com uma diversidade de temas, permitem uma aproximação real do universo da história física e oral da favela. Nesse sentido, ainda que limitada, há uma rotina de visitações que dão conta das atividades externas de muitas escolas públicas mareenses. Porém, esse patrimônio cultural se encontra ameaçado pela especulação imobiliária, que se iniciou justamente na época da intervenção das Forças Armadas na Maré, em 2014.

Já abordamos, no capítulo anterior, como os processos de estetização da favela e sua consequente mercantilização são resultado direto da instalação de UPPs. Na Maré, só a expectativa gerada pela possível chegada de uma UPP trouxe prejuízos para o Museu da Maré, cujo terreno foi cedido em comodato pelo grupo Libras S/A[14], empresa de transporte marítimo. O aviso de despejo chegou em junho de 2014, apenas dois meses após a militarização da Maré, acrescido do pedido para rescindir o contrato firmado em 2003. Houve diversas mobilizações a favor da manutenção do Museu da Maré, mas havia poucos sinais de acordo*.

Assim, observamos empiricamente e nos dados colhidos na abordagem quantitativa e qualitativa que o acesso e a frequência dos moradores em equipamentos culturais fechados da Maré são limitados. Entretanto, a comunidade se qualifica em maior nível de organicidade no espaço da rua, com eventos culturais em locais abertos, que agregam uma diversidade enorme de pessoas. Mas essa dinâmica comunitária vem sofrendo alterações por conta do intenso processo de militarização das favelas no Rio de Janeiro. Como procuramos demonstrar, a Maré possui vivências comunitárias muito caracterizadas pela apropriação da rua. Daí surge uma de nossas hipóteses: o Estado, com sua política de "pacificação", desconhece a dinâmica comunitária.

Isso porque, para manter o discurso da ordem e da normatização, o Estado utiliza seu braço armado para impor regras e homogeneizar a comunidade, controlando-a e vigiando-a. E a rua, que vem do latim "ruga" (sulco, caminho), configura-se como o desordenamento físico do espaço que o Estado quer ordenar. Por isso, a primeira ação da política de pacificação nesses locais, de acordo com o Relatório Anual de 2014 da Comissão de Direitos Humanos da Assembleia Legislativa do Rio de Janeiro[15], é a retirada das pessoas das ruas, sem diálogo prévio com a população. Há denúncias de decretos impostos pelos comandantes das UPPs locais, toques de recolher e proibição de festas nas ruas, impedindo que as pessoas se aglomerem em espaços de convívio e sociabilidade. Toda e qualquer utilização da rua deve ser precedida de autorização das forças policiais. Esse tema será retomado no próximo capítulo, mas é importante ressaltarmos que a autonomia comunitária é destituída enquanto ordem preliminar do Estado e o estado de exceção torna-se uma constante nessas comunidades. Por isso, a rua se configura como um espaço em disputa.

---

[14] A possibilidade de despejo de um dos poucos equipamentos culturais da Maré foi alvo de muito questionamento e ganhou as páginas dos jornais. A situação foi noticiada pelo jornal *O Globo*. Ver Helena Aragão, "Ameaçado de despejo, Museu da Maré mobiliza comunidade", *O Globo*, 21 set. 2014; disponível em: <https://oglobo.globo.com/cultura/ameacado-de-despejo-museu-da-mare-mobiliza-comunidade-14000424>; acesso em: 10 fev. 2017.

* O Museu da Maré continua em funcionamento e completa catorze anos em 2020. Ver: <https://www.museudamare.org/>. (N. E.)

[15] Disponível em: < https://medium.com/relatorio-da-comissao-de-defesa-dos-direitos>; acesso em: 15 jan. 2017.

3
MÍDIA E MILITARIZAÇÃO DA VIDA

> O que vejo na TV oprime
> O que leio no jornal oprime
> O que ouço no rádio oprime
> Será a opressão uma ação orquestrada?
>
> O Estado é o maestro
> De uma orquestra sem nexo
> Desconexo da realidade
> Circula um alvo naquele que o contesta
>
> Tenta intimidar
> Tenta difamar
> Tenta apedrejar
> Tenta calar
>
> Não me rendo
> Não me rendo ao ódio
> Não me rendo à dor
> Me rendo à luta e ao amor!
>
> *Renata Souza, "Não me rendo", inverno de 2014*

A eliminação do Estado democrático de direito ocorreu concretamente na Maré em abril de 2014. Na ocasião, cerca de 3 mil oficiais das forças militares de pacificação ocuparam as dezesseis comunidades da Maré, como estratégia da Secretaria da Segurança Pública para a realização da Copa do Mundo. Uma engenhosa operação envolveu agentes do Exército, da Marinha, da Força Aérea, além das polícias civil e militar. O cotidiano foi tomado por militares. A Maré sempre ocupou um lugar especial na atenção e nas estratégias de segurança pública do Estado, não só pelo grande contingente de mais de 130 mil habitantes, mas por estar localizada entre as principais vias de entrada e saída da cidade do Rio de Janeiro, como a avenida Brasil e as linhas Amarela e Vermelha. É inegável que há um imaginário social, articulado principalmente pelos meios de comunicação tradicionais, que a identifica como um lugar de extrema violência, miséria e banditismo. Tais estereótipos são enfatizados pelo Estado, que, em vez de estar ausente na Maré, como advoga o senso comum, mantém-se presente pelo forte aparato militar de repressão ao varejo de drogas e pela precariedade dos serviços públicos.

Há uma militarização da vida na favela que remonta ao autoritarismo no Brasil. Não por acaso, no ano em que o golpe militar completou cinquenta anos, mais de oitenta civis, todos moradores da Maré, foram autuados em flagrante ou receberam mandados de prisão sob acusação de crimes militares. Esse número representa 20% do total de presos desde abril daquele ano. Muitos foram detidos por desacato, desobediência e lesão corporal, crimes praticados contra militares em serviço. Além disso, seriam julgados pela Justiça Militar. A Maré esteve sob o regime de Garantia da Lei e da Ordem (GLO), medida constitucional que permitia aos militares atuarem como força de segurança pública, de abril de 2014 até o fim de junho de 2015. Uma ocupação que deveria valer por apenas três meses durou um ano e três meses. Cabe ressaltar que a prisão de civis por crime militar na Maré tomou como base o Artigo 9º (que trata de crimes militares em tempo de paz) do Decreto-Lei n. 1.001 de 21 de outubro de 1969, assinado pelo general Artur Costa e Silva, considerado o presidente da fase mais dura do regime militar, sucedido pelo general Emílio Garrastazu Médici.

É nesse contexto de arbitrariedades de um Estado militarizado e imposições de grupos civis armados em disputa por território para expandir o varejo de drogas que vivem os moradores das favelas que compõem a Maré. Tal realidade impõe-se como um futuro de incertezas, já que no presente os moradores são reféns cativos, tanto do Estado militarizado quanto dos grupos criminosos armados.

A insatisfação com a ocupação militar se revelou tanto nas entrevistas qualitativas quanto quantitativas. Com relação especificamente à ocupação militar, fizemos três questionamentos que foram respondidos por 130 jovens da Maré, no período de janeiro a março de 2017. Desses jovens, 59,2% consideravam a ocupação militar ruim, enquanto 36,2% achavam-na regular e outros 4,6%

disseram que a ocupação era boa. Com relação à cobertura da mídia sobre a ocupação, 79,2% disseram que a acompanharam e outros 20,8% responderam que não a acompanharam. Dos que acompanharam a cobertura, 53,3% a consideraram ruim, 38,1%, regular e 8,6%, boa. Mas retomaremos a análise desses dados quando falarmos sobre esse tema.

A última questão perguntava se a ocupação do Exército havia trazido mais segurança para a Maré: 92,3% dos entrevistados disseram que não e apenas 7,7% disseram que sim. Isso significa que a eficácia de uma ocupação militar em favelas é extremamente questionada pelos moradores. Em 2014, já sob ocupação militar, houve algumas mortes emblemáticas. A idosa Terezinha Justino da Silva, de 67 anos, morreu no dia 14 de abril de 2014 com dois tiros no peito na Vila dos Pinheiros, onde morava. Em setembro de 2014, Osmar Paiva Camelo, de 54 anos, presidente da Associação de Moradores do Morro do Timbau, foi assassinado com sete tiros dentro da própria sede da associação. Em dezembro do mesmo ano, o soldado do Exército Michel Augusto Mikami foi morto em patrulhamento na Vila dos Pinheiros. Nenhum desses casos teve uma investigação conclusiva que gerasse publicidade para um suposto poder resolutivo, propiciado pela presença das forças armadas na favela.

É fato que a exibição de mais armas não aumenta em nenhum território a sensação de segurança, pelo contrário, gera um ambiente de tensão, porque a possibilidade de conflito ou de abordagens desastrosas é iminente. As barricadas erguidas pelas Forças Armadas nas principais ruas das comunidades da Maré deixaram evidente como esse tipo de estratégia é equivocada. Para se ter uma ideia, no dia 12 de fevereiro de 2015, um carro com cinco jovens que voltavam de um jogo de futebol foi fuzilado quando passou por uma dessas barricadas na favela Salsa e Merengue. Dentre os baleados, o caso mais grave foi o de Vitor Santiago Borges, de dezenove anos. O rapaz ficou em coma e teve uma das pernas amputada. Vitor, durante a adolescência, foi um dos bailarinos do Corpo de Dança da Maré, grupo comandado pelo coreógrafo Ivaldo Bertazzo. Ainda em fevereiro daquele ano, no dia 21, uma Kombi que fazia transporte alternativo da Vila dos Pinheiros para Bonsucesso foi metralhada ao furar o bloqueio militar entre a Vila dos Pinheiros e a Vila do João. O motorista Sidnei Sousa da Silva foi baleado e os passageiros Maria Neusa Borges e Aguinaldo da Silva foram feridos e internados no hospital Getúlio Vargas.

Tornar públicos esses casos e nomear as vítimas atingidas diretamente pela intervenção militar na Maré é importante porque essas vidas e essas histórias são jogadas no calabouço do esquecimento social pelos dados estatísticos frios e irracionais da insegurança pública. Para todos os casos citados, o argumento encaminhado em nota pública na época era de que os disparos haviam sido efetuados por "agentes perturbadores da ordem pública", encerrando assim qualquer tipo de questionamento e investigação que pudessem tomar outro curso.

Aqui cabe relembrar outros casos no Rio de Janeiro envolvendo as forças militares. Em junho de 2007, no Complexo do Alemão, dezenove pessoas foram assassinadas em uma incursão da Força Nacional, muitas com indícios de execução sumária e arbitrária. Um ano depois, oficiais do Exército foram acusados pelo assassinato de três jovens por entregá-los a uma facção criminosa rival.

É curioso observar que a intervenção das Forças Armadas na Maré foi sentida de maneira diferente pelos moradores. Os mais afetados foram os que viviam na área dominada pelo Terceiro Comando Puro, onde ocorreram mais confrontos, uma vez que os varejistas de drogas teriam subestimado a ação do Exército em sua área. Já nas favelas dominadas pelo Comando Vermelho, houve uma "debandada geral" após a chegada das Forças Armadas, porque a ação do Exército foi superestimada. Essa situação também foi constatada no estudo realizado por Eliana Silva:

> A gente viu que a preparação da entrada do Exército na Maré foi diferente em relação aos grupos criminosos armados. Por exemplo, você vê nos boletins de acompanhamento de operações policiais no ano passado [2016], a área que teve mais operação foi a do Comando Vermelho. Na época, antes de o Exército entrar, houve um conjunto de ações da polícia civil, da polícia militar, para desmontar o Comando Vermelho. Enquanto na outra região, [a] do Terceiro Comando, eles até fizeram prisões, mas não como foi feito na área do Comando Vermelho. Tanto que se você ouve o discurso dos moradores e [do] presidente da associação de moradores que eu entrevistei, [...] o pessoal do tráfico do Terceiro Comando não acreditava que o Exército fosse ocupar a sua área, entende? E isso se confirmou do ponto de vista coerente, porque o Comando Vermelho estava esperando a entrada do Exército e eles saíram da favela. A gente assistiu isso aqui, numa sexta-feira, eles debandaram pela Baía de Guanabara, de barco. Esse movimento não aconteceu do outro lado, onde tem o Terceiro Comando. Nesse 1 ano e 3 meses [de presença das Forças Armadas], os conflitos aconteceram com mais intensidade na área do Terceiro Comando, porque eles [os traficantes] não recuaram. Então, quando ocorre a morte do soldado do Exército, [as Forças Armadas] passam a ter uma atuação

muito pior do que [...] tinham no início e passam a violar até mais, de uma forma muito mais enérgica do que a polícia.[1]

O processo de militarização das favelas é assegurado pela política pública de segurança estadual implantada em nome da "guerra às drogas", e também pela apropriação de armas de fogo por parte de grupos varejistas que controlam inúmeras favelas. Isso significa que qualquer elucidação deve apostar em uma dupla avaliação. A militarização na favela é uma questão central, que se agudiza com a instalação de UPPs ou das forças militares, tendo em vista que a ocupação territorial, além de inserir mais armas no cotidiano comunitário, não visa necessariamente ao combate do tráfico de armas. Mesmo pressupondo uma diminuição da força armada desses grupos criminosos, já que o poderio bélico antes ostentado é reprimido pela presença de policiais nas comunidades, observa-se que as armas estão principalmente, mas não só, nas mãos dos policiais. Uma política de segurança que almeje alterar a realidade dos moradores das favelas não deveria disputar o imaginário social pela ostentação de seu poder bélico.

Esse cenário pôde ser mais bem observado pela sociedade no ano de 2013, quando eclodiram nas principais cidades brasileiras inúmeras manifestações populares. As ruas foram ocupadas por milhões de pessoas que reivindicavam mudanças políticas e estruturais. E em resposta às demandas sociais, um enorme esquema de repressão e truculência policial foi posto em prática, mesmo em atos considerados pacíficos, como foram as manifestações dos professores. Situação estendida ao ano de 2014, quando professores foram reprimidos e autuados. Era uma caminhada em apoio à greve unificada entre os professores do município e do estado. Mas, as consequências foram mais violência, agressões e prisões. Naquele momento, infelizmente, democratizou-se no Brasil a violência policial, antes experimentada apenas pelos favelados. Fato estampado e verificado como na frase: "No centro da cidade, a bala é de borracha, nas favelas a bala é de verdade".

Mesmo considerando as inúmeras violações e arbitrariedades cometidas durante as manifestações democráticas, com uso descontrolado de munição não letal e altos índices de lesões, a favela ainda é o principal espaço de expressão de uma atuação violenta e repressiva. Em 2014, é importante repetir, o passado bateu à nossa porta, pois a ditadura imposta ao Brasil com o golpe militar de

---

[1] Eliana Silva, cria da Nova Holanda, depoimento colhido em abril de 2017.

1964 fez cinquenta anos. O passado ainda se fez presente na maior comenda militar do Brasil, a "Medalha de Bronze do Pacificador", que foi entregue a oficiais que se destacaram no combate aos "subversivos" que questionavam o regime. Nas favelas cariocas, a presença quase diária de um tanque blindado batizado de "Pacificador", popularmente conhecido como "Caveirão", é utilizado nas incursões da Coordenadoria de Recursos Especiais da Polícia Civil (Core) e do Bope. Em 2006, os músicos da banda de rock Passarela 10, da Maré, já declamavam, em um de seus refrãos: "O pacificador/ Não pacifica a dor/ Passa, e fica a dor".

O processo de militarização das favelas é anterior à entrada das Forças Armadas em comunidades populares. No entanto, há que se pontuar que a utilização do Exército para fazer a segurança pública começou a ser praxe quando o Rio de Janeiro passou a sediar encontros de visibilidade internacional, como a Eco-92, que reuniu importantes chefes de Estado para o debate sobre o meio ambiente. A segunda grande operação foi antes dos Jogos Pan-Americanos de 2007, a qual, além de ter deixado dezenove mortos no Complexo do Alemão, teve como imagem emblemática um tanque apontando o canhão em direção ao morro da Mangueira. Como já demonstrado, uma série de violações e arbitrariedades foram cometidas em nome da lei e da ordem durante os megaeventos no Rio de Janeiro. A militarização da vida é violenta e invasiva.

Segundo Carlos Cerqueira, a militarização pressupõe "um processo de adoção e emprego de modelos, métodos, conceitos, doutrinas, procedimentos e pessoal militares em atividades de natureza policial, dando assim uma feição militar às questões de segurança"[2]. Julia Valente defende que o processo de militarização é forjado historicamente nas polícias e tem como base uma herança autoritária brasileira. Assim, as polícias adotam uma filosofia operacional semelhante à das Forças Armadas. De acordo com a autora:

> A formação dos policiais militares é semelhante à formação para a guerra, com uma doutrina que confunde defesa externa e defesa interna. É adotado o modelo bélico para o combate ao crime, sendo o criminoso percebido como *inimigo* a ser eliminado, os policiais vistos como combatentes e a favela como território a ser ocupado.

---

[2] Carlos Magno Nazareth Cerqueira, "Questões preliminares para a discussão de uma proposta de diretrizes constitucionais sobre a segurança pública", *Revista Brasileira de Ciências Criminais*, n. 22, 1998, p. 139-81, citado em Julia Leite Valente, "UPPs: observações sobre a gestão militarizada de territórios desiguais", *Revista Direito e Práxis*, v. 5, n. 9, 2014, p. 211; disponível em: <https://www.e-publicacoes.uerj.br/index.php/revistaceaju/article/view/8590/10646>; acesso em: 10 set. 2020.

O policiamento é, então, realizado com a adoção de estruturas e conceitos militares. Se por um lado as PMs são, ainda hoje, estruturadas aos moldes do Exército e adotam ideologia militar, por outro é atribuído papel cada vez maior às Forças Armadas em questões de segurança pública.[3]

Ocorre que o estado de exceção na favela é executado como regra. Só na Maré, no ano de 2016, de acordo com dados do Projeto de Acompanhamento Permanente das violações decorrentes da ação das forças de segurança pública na Maré[4], organizado pela Redes da Maré, foram realizadas 33 operações policiais, o que corresponde à média de uma operação a cada onze dias. Foram vinte dias de atividades suspensas nos serviços públicos da comunidade e dezessete mortes em decorrência de intervenção policial. Quer dizer, em média, a cada 21 dias, morreu uma pessoa na Maré por ação policial e a cada duas operações policiais, uma pessoa é morta. Dessas operações, 52% foram realizadas pelo Bope, da Polícia Militar, e 39% pelo Core, da Polícia Civil. É também em relação ao Bope o maior percentual de arbitrariedades e denúncias de invasão de domicílio, automóvel danificado em via pública, cárcere privado e/ou tortura, além de mortes de parentes ou amigos.

A maior incidência de operações ocorre na Nova Holanda (67%), seguida de Parque União (52%), Rubens Vaz (39%) e Parque Maré (30%) – o percentual ultrapassa os 100% porque muitas operações são realizadas concomitantemente em diversas favelas. O que chama a atenção nesses dados é a evidência de que as operações acontecem, necessariamente, em favelas dominadas pelo Comando Vermelho. Em contraposição, não foi registrada uma operação sequer em favelas comandadas por milicianos. O que significa que há uma hierarquização do crime que se quer combater e os criminosos que se quer negligenciar. Não é por acaso que a CPI das Milícias só ganhou visibilidade e urgência para a segurança pública na cidade quando jornalistas foram torturados por milicianos na favela do Batan em 2009. Uma das produções cinematográficas que mais expõe, sob o gênero da ficção, as relações entre o Estado e o crime é o filme *Tropa de Elite 2: o inimigo agora é outro*. O filme campeão de bilheteria mostra a conivência entre políticos, governantes e criminosos, que utilizam a força para viabilizar seus projetos de poder territorial e político.

---

[3] Ibidem, p. 212.
[4] Boletim *Direito à Segurança Pública na Maré*, n. 1, 2016; disponível em: <https://www.redesdamare.org.br/media/downloads/arquivos/BoletimSegPublica.pdf>; acesso em: 30 abr. 2017.

Quando comparados à realidade brasileira, os dados apresentados ganham contornos impressionantes. Na Maré, a letalidade policial em 2016 foi oito vezes superior à taxa do Brasil e três vezes superior à do Rio de Janeiro em 2015: houve 3.320 vítimas de ação policial no Brasil (1,6 mortes por 100 mil habitantes) e 645 no estado do Rio de Janeiro (3,9 mortes por 100 mil habitantes). Na Maré, em 2016, foram 17 vítimas, o que corresponde à taxa de 12,8 mortes por 100 mil habitantes[5].

Esses dados revelam a crescente militarização das favelas, uma vez que as táticas militares se impõem nesses territórios reconhecidos pelo Estado como inimigos da lei e da ordem. Estratégias como operações quase diárias que se iniciam às 6 horas da manhã e duram o dia inteiro, aparato policial munido de armamento pesado, como granadas, veículos blindados e suporte aéreo de helicópteros igualmente blindados, além de permissão prévia para a invasão de casas sem mandado de busca ou apreensão, seriam inimagináveis em qualquer bairro da Zona Sul ou aqueles com altos Índices de Desenvolvimento Humano (IDH), como a Barra da Tijuca. Isso quer dizer que a imposição do poder armado no Brasil é seletiva, e as áreas mais atingidas correspondem àquelas com baixo IDH.

É fato que, se há um recorte temporal a ser considerado como ponto de partida para a naturalização das táticas militares nas favelas do Rio de Janeiro, seria o período do governo Marcello Alencar (1995-1998). Como observou Eliana Sousa Silva[6], com os lemas de ordem e combate, princípios militares por excelência, Alencar montou seu governo com especial atenção à pauta da segurança pública e estabelecendo parcerias com o Exército Brasileiro, tanto que o secretário de Segurança Pública era o general Euclimar Lima da Silva. Na época, a ideia era reproduzir a ocupação militar nas ruas inaugurada pelo evento internacional Eco-92, coordenado pelo general Euclimar, quando as forças armadas fizeram barricadas nas principais entradas e saídas das favelas do Rio. Ao contrário do que se esperava, houve um aumento dos índices de violência, consequência imediata da aposta na repressão violenta no combate à criminalidade, e o general pediu demissão.

Mas a defesa de uma suposta ordem social ficou por conta do general Nilton Cerqueira, que passou a comandar a Secretaria Estadual de Segurança Pública, reivindicando seu papel linha-dura na ditadura militar, quando ficou

---

5 Ibidem, p. 1.
6 Eliana Sousa Silva, *Testemunhos da Maré* (Rio de Janeiro, Mórula, 2015).

conhecido como responsável pela morte de Carlos Lamarca, guerrilheiro da luta armada no país. Cerqueira implementou no Rio de Janeiro a famosa "recompensa faroeste", quando policiais eram promovidos por atos de bravura no combate ao crime. É nessa época que houve o aumento de homicídios envolvendo agentes de segurança: essas ocorrências foram qualificadas como "autos de resistência", um mecanismo criticado por entidades de direitos humanos por brecar a possibilidade de investigação sobre a responsabilidade dos policiais nas ações. Esse período é festejado por policiais lotados no 22º Batalhão da Maré, como revelaram em entrevista concedida a Eliana Silva:

> O período no qual mais se combateu os bandidos das favelas foi quando assumiu o general Cerqueira, no governo de Marcello Alencar. Naquela época, nós tínhamos um comando, uma ordem. Os policiais eram reconhecidos como os profissionais que deveriam colocar a ordem e nos era dado o respaldo para as ações que realizávamos. Agora, o governo está preocupado em como os fatos vão chegar na imprensa e como repercute na sociedade. Nós, os policiais, temos de nos submeter a uma situação na qual não podemos nem entrar nas favelas. Os bandidos tomaram conta. E por que isso aconteceu? Justamente porque faltam comando e firmeza, como já tivemos na época do general Nilton Cerqueira.[7]

Em contraposição, ao lado de Nilton Cerqueira estava o delegado Hélio Luz, de tradição de esquerda e advogado defensor dos direitos humanos. Luz comandou a Divisão Antissequestro e, logo depois, a Polícia Civil. Sobre essa contradição, Luz afirmou ao jornalista Cid Benjamin: "Sou um funcionário de carreira da polícia e o país vive em tempos diferentes. Na época da ditadura, eu e o general estaríamos em lados opostos. Eu não mataria o Lamarca, estaria ao lado dele"[8]. A gestão de Hélio Luz ficou conhecida pelo alto nível das investigações, prisões de megatraficantes, inibição de sequestros e repressão ao jogo do bicho. Ainda assim, a violência não diminuiu. "Ao contrário, recrudesceu, numa demonstração do quanto os efeitos da política de incentivo ao enfrentamento do crime, pelo uso de força dos profissionais da segurança, foram ineficientes em temos de resultados."[9]

Em 1998, foi eleito governador Anthony Garotinho, na época filiado ao Partido Democrático Trabalhista (PDT), que inicialmente pautou o tema da

---

[7] Eliana Silva, cria da Nova Holanda, depoimento colhido em abril de 2017.
[8] Cid Benjamim, *Hélio Luz: um xerife de esquerda* (Rio de Janeiro, Contraponto, 1998), p. 175.
[9] Idem.

segurança pública com um viés diferenciado. Seu programa de governo para a área de segurança foi coordenado pelo sociólogo Luiz Eduardo Soares, que recrutou especialistas e pesquisadores do tema para dar suporte às políticas públicas na área. No entanto, o secretário de Segurança Pública, general José Siqueira, comungava das mesmas ideias e práticas levadas a cabo pelo antecessor, o general Nilton Cerqueira. De acordo com Eliana Silva[10], ainda assim, Soares encabeçou um plano de trabalho que previa a valorização dos profissionais, com formação e aumento salarial, modernização das delegacias e abertura para a participação da sociedade civil em conselhos comunitários. Em 2000, foi criado o Grupamento de Policiamento em Áreas Especiais (GPAE), que foi estabelecido em favelas e indicava como principais estratégias de combate à violência o relacionamento contínuo com as comunidades, a mediação dos conflitos e a valorização da vida. A organização não governamental Viva Rio foi a principal parceira do GPAE, dando-lhe suporte para essa proximidade com as favelas. A referência de sucesso desse modelo foi o morro do Cavalão, em Niterói, que durante quase uma década não registrou nenhum homicídio.

No entanto, as contradições e a disputa pelo modelo de segurança que referendasse uma ou outra das ideias, tão antagônicas entre si, geraram inúmeras crises na cúpula da Segurança do governo Garotinho, inclusive com denúncias de corrupção. O general Siqueira foi substituído pelo coronel Josias Quental, mas os conflitos não se encerraram. Finalmente, Quental questionou publicamente a visibilidade e a independência de ação de Luiz Eduardo Soares. A última gota foi quando, "a partir de uma divergência sobre a atitude do cineasta João Moreira Salles em ajudar um traficante de drogas a sair da criminalidade – Marcinho VP, da favela Santa Marta –, o governador demite Soares de forma pública, em uma entrevista a um telejornal do maior canal televisivo da TV aberta do Brasil"[11].

Assim, Garotinho retomou a política de segurança de seu antecessor, Marcello Alencar, já que seu projeto político era a disputa presidencial de 2002. Ao se licenciar do cargo, sua vice, Benedita da Silva, do Partido dos Trabalhadores (PT), assumiu o governo, mas não logrou melhoria nos índices de violência. Com a tentativa de repactuar com o modelo de segurança proposto por Soares, Benedita da Silva compôs uma chapa com ele para a disputa eleitoral

---

[10] Eliana Sousa Silva, *Testemunhos da Maré*, cit.
[11] Ibidem, p. 179.

do governo do Rio de Janeiro em 2002. De acordo com ela, a derrota eleitoral se deu por conta da impossibilidade de concretizar um governo em meio a uma campanha eleitoral e das tensões internas da própria campanha, já que Soares foi afastado, durante o processo eleitoral, pela cúpula do PT.

Nesse pleito, saiu vencedora a candidata Rosinha Garotinho, que encabeçou a continuidade do governo de seu marido, Anthony Garotinho. Aliás, foi ele quem de fato geriu o mandato de janeiro de 2003 a dezembro de 2006. A eleição de sua mulher demonstrou quanto estava consolidada sua política, principalmente no que diz respeito ao investimento em políticas assistencialistas baseadas nas igrejas evangélicas, tanto no interior do Estado quanto em favelas e na Baixada Fluminense. Eliana Silva faz um esboço da contraditória relação entre os Garotinhos e a favela:

> A popularidade do casal Garotinho nas favelas é contraditória, devido a seu rompimento com Leonel Brizola – tendo se aproximado de novo apenas no final de sua vida – e a sua política de segurança tradicional. O fato revela, por um lado, a valorização fundamental por parte da maioria da população de favelas das políticas sociais, em geral profundamente assistencialistas, afirmadas pela dupla. Mais do que isso, expressa certo sentimento de desesperança de que a política de segurança estadual poderia ser realizada de outra forma. Depois de muitas tentativas, idas e voltas, as próprias lideranças de favelas já não tinham a mesma disposição para tratar do tema. Além disso, o domínio das associações de moradores por pessoas indicadas por traficantes de drogas ou milicianos fez com que essas organizações perdessem a capacidade de representar os interesses dos moradores das favelas diante do Estado.[12]

No entanto, essa relação oportunista com a favela, que podemos classificar segundo o dito popular de "amor e ódio", torna-se puro ódio quando o governo Rosinha Garotinho adota o uso de carros blindados nas operações do Bope em favelas. Apelidados de "Caveirão", devido ao símbolo do Bope (a faca transpassada em uma caveira), os blindados são cópias fiéis do Yellow Mellow, carro utilizado na África do Sul durante o regime de *apartheid* para controle das populações urbanas. Aliás, inicialmente produzidos pela montadora Ford, no governo Sérgio Cabral as encomendas de blindados passaram a ser feitas diretamente a empresas sul-africanas. Por si só, esse dado é mais do que simbólico, se levarmos em consideração o perfil dos moradores de favelas: pessoas

---
[12] Ibidem, p. 181.

pobres e, em sua maioria, negras, como os negros pobres perseguidos e mortos na África do Sul. Como nada é por acaso, ainda mais em nossa história recente, só esse fato poderia gerar um novo livro.

Cabe ressaltar que a alegação, na época, era a de que o blindado serviria para proteger a vida dos policiais durante as operações, o que de fato ocorreu no primeiro ano de sua utilização. Uma pesquisa do Cesec mostrou um pico no ano de 2004, com 50 policiais mortos em serviço, e após a inserção dos blindados, em 2006, uma queda para 29. Em contrapartida, houve um aumento do número de moradores sem nenhum envolvimento com o tráfico que foram assassinados durante as incursões policiais com o uso do Caveirão. "O fato de o policial no veículo blindado poder agir sem ser identificado aumenta o uso da violência e o uso de armas contra os moradores sem qualquer critério de respeito à vida. Com isso, o sentimento de temor e tensão no cotidiano dos territórios foi ampliado."[13]

Se, por um lado, aumenta a letalidade das operações policiais em favelas dominadas pelo varejo de drogas, por outro cresce o número de grupos milicianos. Composto por bombeiros e policiais aposentados e/ou da ativa, esses grupos passam a oferecer serviços de segurança privada em favelas da Zona Oeste do Rio de Janeiro, além de dominar o transporte alternativo de vans e o comércio de gás e de televisão a cabo. Vistos como um problema menor pela política de segurança pública dos Garotinhos, esses grupos atualmente dominam favelas da Ilha do Governador e da Zona da Leopoldina, inclusive algumas na Maré. Na época, ficou comprovada a articulação entre a milícia e o secretário da pasta, Marcelo Itagiba, candidato mais votado em 2006 na favela Rio das Pedras, onde se encontra a mais poderosa e antiga milícia do estado. O então chefe da Polícia Civil, Álvaro Lins, eleito deputado estadual no mesmo pleito, foi acusado de compactuar com tais grupos e teve o mandato cassado após denúncias de corrupção na corporação, tanto de extorsão de traficantes quanto de relações com contraventores.

A CPI das Milícias, presidida por Marcelo Freixo em 2008, só foi levada a cabo por causa da repercussão do já citado caso de tortura sofrida por uma jornalista, um repórter-fotográfico e um motorista da equipe do jornal *O Dia* na favela do Batan, em Realengo. A CPI já havia sido protocolada em 2007, mas foi ignorada pela Assembleia Legislativa, porque alguns dos deputados haviam

---

[13] Ibidem, p. 182.

sido eleitos por conta de sua relação com a milícia, como o próprio Álvaro Lins e Natalino Guimarães – este último, aliás, foi preso em 2008 por comandar a milícia Liga da Justiça. Uma das constatações da CPI, verbalizada por Freixo, foi a classificação das milícias como máfia, já que dispõem de braço econômico e armado e têm projeto de poder político nas casas legislativas e governos.

A CPI pediu o indiciamento de 225 pessoas e apresentou um relatório com sugestões para barrar o avanço da milícia no estado do Rio de Janeiro, envolvendo inclusive parcerias entre os poderes federal, estadual e municipal, já que a principal estratégia a ser encampada era atingir o braço econômico e armado da máfia. Muitas pessoas foram presas e autuadas por formação de quadrilha, mas pouco foi feito para barrar sua expansão territorial. Atualmente, as milícias continuam agindo no "sapatinho", isto é, discretamente, como mostra o estudo publicado no livro *No sapatinho: a evolução das milícias no Rio de Janeiro (2008-2011)*, de Ignácio Cano e Thaís Duarte, pesquisadores do Laboratório de Análise da Violência, da Universidade Estadual do Rio de Janeiro (LAV-UERJ). Antes da CPI, a milícia exibia seu poder armado torturando e matando pessoas em praça pública, para que servissem de exemplo. Hoje, há desaparecimento sistemático de pessoas nas regiões dominadas por esses grupos. A cobrança de uma taxa mensal por uma suposta garantia de segurança ainda é uma realidade nessas comunidades, assim como a cobrança de taxas sobre serviços como gás, água, TV a cabo e internet, além do achaque a mototaxistas e motoristas de transportes alternativos, como as vans, isso quando a própria milícia não é a dona do ponto de vans.

Na época da CPI das Milícias, atuei como assessora de imprensa do deputado Marcelo Freixo e uma das imagens que não sai da minha cabeça ocorreu em uma das oitivas na Alerj. No meio de uma sessão, um senhor de meia-idade levantou a blusa e exibiu marcas de tiro na barriga e no tórax. Das feridas ainda muito inflamadas, escorria um líquido espesso. O homem em questão era o ex-vereador Josinaldo Francisco da Cruz, conhecido como Nadinho, ex--sócio do inspetor Félix Tostes, executado em 2007, e um dos fundadores da milícia de Rio das Pedras, que rivalizava com outro grupo pelo domínio de territórios na Zona Oeste. Nadinho resistiu a uma primeira emboscada, mas aos gritos, na oitiva, afirmava que não sairia vivo de uma tentativa iminente de assassinato. O que ocorreu de fato em 2009, na Barra da Tijuca, meses depois do término da CPI. Freixo dizia que a lista de indiciados da CPI das Milícias havia se tornado um obituário, porque, até o assassinato de Nadinho, mais de vinte indiciados haviam sido executados.

Acompanhar os bastidores das investigações da CPI das Milícias me fez ver que a certeza de impunidade desses grupos vem exatamente de sua relação com políticos influentes no Rio de Janeiro e em Brasília, isso quando eles mesmos não são os próprios parlamentares. Não é à toa que, em 2009, a partir da CPI, ocorreram as prisões dos ex-vereadores Cristiano Girão (PMN) e Jerônimo Guimarães Filho (PMDB), também conhecido como Jerominho, da ex--vereadora Carminha Jerominho (PTdoB) e do ex-deputado estadual Natalino Guimarães (PFL), respectivamente filha e irmão de Jerominho. O ex-policial militar Luciano Guimarães, outro filho de Jerominho, também está preso. Dessa família de milicianos, que se autodenominava Liga da Justiça, apenas Carminha foi solta, após dois meses de prisão, e sua atuação continua firme na Zona Oeste. No segundo turno das últimas eleições, em 2016, fez questão de gravar um vídeo, publicado na página Antigo Campo Grande, em apoio ao concorrente de Marcelo Freixo à Prefeitura do Rio. Nele, diz a seguinte frase: "O meu candidato, o candidato do Jerominho, do Natalino e da Carminha é Crivella". Também afirma no mesmo vídeo que seu pai é preso político e que Freixo representa o tráfico de drogas. Na ocasião, Crivella falou publicamente que desconhecia o apoio, mas agradeceu os votos.

É importante notar que, a cada oitiva da CPI, os denunciados, por fazerem parte dessa máfia, desdenhavam e afirmavam que todo "aquele circo" não daria em nada. Ouvi essas palavras quando acompanhei Freixo à audiência na Câmara dos Vereadores do Rio de Janeiro em que seria apresentado o relatório final da CPI das Milícias, em dezembro de 2008. O vereador André Ferreira da Silva, conhecido como Deco, que também figurava na lista dos indiciados pela CPI como integrante de uma milícia da Zona Oeste, fez questão de tomar o assento de uma cadeira ao lado de Freixo e pegar o microfone para deslegitimar toda a investigação da CPI. Em dado momento, passou a gritar e chamar Freixo de "moleque irresponsável". Ainda ameaçou o deputado com a seguinte frase: "A minha vontade é te dar um soco na testa". Para bom entendedor, dá-se um soco na cara ou um tiro na testa. A audiência foi acompanhada por jornalistas de grandes emissoras de rádio e televisão e, ainda assim, o vereador não se intimidou. Ele abandonou a audiência aos gritos e xingamentos.

De todos os episódios que presenciei na CPI, talvez este último tenha sido o que mais mexeu comigo. E não foi uma nem foram duas vezes que entraram pessoas no gabinete do deputado Freixo, que se diziam marcadas para morrer e, na semana seguinte, seus nomes e corpos eram exibidos em jornais como vítimas de homicídio. Era o típico crime de "queima de arquivo". Em todos os casos, indicávamos a inserção dos ameaçados no Programa de Proteção à Testemunha, mas a incerteza em se desligar de sua vida pregressa e de todos os seus laços sociais e, muitas vezes afetivos, fazia com que as possíveis vítimas recusassem a solução apresentada.

Eu sabia que a CPI havia ido longe demais, tanto que surpreendeu os milicianos, a cúpula da polícia e o próprio Estado, porque, como Freixo repetiu inúmeras vezes, a máfia leiloa o Estado.

Ainda hoje, Marcelo Freixo paga um preço alto por ter sido o deputado que pôs em xeque essa máfia. Sua vida é garantida por um grupo de seguranças que o acompanha 24 horas por dia, o que significa, na prática, não ter vida privada. Esse é um preço muito alto, por isso, ainda hoje, temo por sua vida, porque todas as ameaças que ele sofreu, e até as apontadas com riqueza de detalhes pela área de Inteligência da Segurança Pública, ainda são vigentes. O assassinato da juíza Patrícia Acioli, em São Gonçalo, no ano de 2011, foi tramado e executado por policiais do batalhão da área. Acioli havia sido responsável pela prisão de sessenta policiais ligados a milícias e grupos de extermínio. Se fuzilaram uma juíza na porta de sua casa, o que não poderiam fazer com um deputado? O ex-vereador Deco (PR), o único a fazer ameaças públicas a Freixo, foi preso somente em 2011, três anos após a conclusão da CPI.

É importante estabelecermos uma linha de raciocínio que leve em consideração o domínio das milícias no Rio de Janeiro, porque o Estado e, consequentemente, a Secretaria de Segurança Pública, no escopo de suas atribuições, consideraram as milícias um "mal menor", ou até um ato de autodefesa. Essa negligência e/ou conivência do poder público, que focou a política de segurança em uma suposta "guerra às drogas", permitiram que essa máfia crescesse. Assim, a implantação de UPPs nas favelas a partir de 2008, proposta levada a cabo no governo de Sérgio Cabral (PMDB), surgiu como uma iniciativa quase que messiânica. Como candidato ao governo, Cabral tinha como bandeira a erradicação dos Caveirões em operações policiais. A favela o elegeu e ele não cumpriu a promessa.

A aposentaria do Caveirão serviu de principal marketing político da campanha de Cabral em 2006, que não tardou a se contradizer. Ainda em 2008, ele arrematou nove veículos blindados por 3,6 milhões e em 2011 anunciou a compra do primeiro Caveirão aéreo, um helicóptero blindado com direito a abertura de edital para a construção de um heliponto na Maré para uso do

Bope. Na campanha eleitoral de 2006, Cabral dizia: "É um trauma para as comunidades. Não dá para fazer segurança pública com 'Caveirão'"[14]. É necessário assinalar a construção dessa lógica de combate na segurança pública para podermos analisar quão contraditória é a implantação das UPPs nas favelas.

Já apontamos no capítulo anterior e enfatizaremos nas páginas seguintes quanto as UPPs servem à estratégia de banimento dos pobres dos grandes centros, já que se inserem em uma política de vigilância e controle das favelas. A contradição é explícita quando observamos o argumento inicial de que as UPPs evitariam confrontos e apostariam na aproximação com a comunidade, por meio de projetos de artes marciais e futebol para crianças e da realização de festas coletivas, como festas de quinze anos em que policiais travestidos de príncipes acompanhavam as princesas faveladas e sonhadoras. A prática mostrou o contrário, já que os investimentos financeiros em segurança pública priorizaram a compra de mais Caveirões e a construção de um *bunker* na favela, como a instalação de torres de vigilância de 360º no Complexo do Alemão em 2017. Os conflitos entre policiais de UPPs e traficantes são diários e vitimizam toda a população.

Em verdade, não há contradição, já que a lógica é de fato a do combate, a de uma suposta "guerra às drogas", e existe uma "opinião pública", principalmente a panfletária dos editoriais de jornais de grande circulação, como *O Globo*, que clama por mais policiamento e armamento nas favelas para a segurança na cidade. É isso que possibilita a perpetuação de um governante como Cabral, que, ao priorizar a militarização das favelas, foi reeleito em 2010 com a bandeira da pacificação via UPP, e projetou a própria substituição em 2014, com a eleição de seu vice, Luiz Fernando Pezão. Uma gestão fundada na corrupção, já que suas campanhas eleitorais foram alavancadas por negociatas e fisiologismos, levando-o à prisão, no final de 2016, sob a acusação de formação de quadrilha. Eike Batista, o empresário que mais investiu nas UPPs e que já foi o homem mais rico do Brasil, também chegou a ser preso no início de 2017, acusado de participar dos esquemas de corrupção do governo Cabral.

Constatam-se as prioridades políticas de um governo quando avaliamos o orçamento investido para a concretização dessas prioridades. Foram gastos na

---

[14] Em dezembro de 2006, Cabral disse que aposentaria o Caveirão. Diversos veículos de comunicação registraram a promessa. Ver, por exemplo, a matéria "Mangueira protesta contra Caveirão em comunidades carentes", *Extra*, 5 abr. 2007; disponível em: <https://extra.globo.com/noticias/rio/mangueira-protesta-contra-caveirao-em-comunidades-carentes-664967.html >; acesso em: 10 set. 2020.

ocupação militar da Maré, em um ano e três meses, cerca de 600 milhões de reais bancados pelo governo federal. Isso significa um montante de 1,7 milhão de reais por dia. Em comparação, em seis anos de gastos (2009 a 2015), a prefeitura do Rio de Janeiro investiu 303,63 milhões de reais em programas sociais na Maré. Ou seja, em quinze meses o governo gastou com a militarização da Maré o dobro do que a prefeitura investiu em seis anos em programas sociais na comunidade[15]. Os mareenses não aprovaram a ocupação militar da favela, como revela o Gráfico 3, a seguir: 59,2% acharam a ocupação militar ruim, 36,2% consideram regular e apenas 4,6% acharam a ocupação boa, em um universo de 130 pessoas entrevistadas entre janeiro e março de 2017. Não é preciso expor sequer os gastos com o armamento da Polícia Militar, porque o recado já está explícito: a prioridade do Estado brasileiro é militarizar as favelas e impor um estado de exceção permanente. Há um *éthos* militarizado que se expressa nas resoluções públicas e estatais mais impensáveis no cotidiano das favelas.

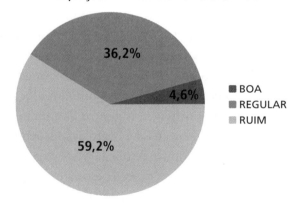

Gráfico 3: Mareenses não aprovam ocupação militar.
Fonte: Elaboração própria, 2017.

O *éthos*, palavra grega que qualifica sociologicamente os costumes, os hábitos, os valores e a ética de um povo, é contaminado por uma lógica belicista, militar e letal. Para citar mais um exemplo de como esse *éthos* militarizado se impõe na vida concreta das pessoas que vivem nas favelas, apresentaremos um

---

[15] Ver reportagem publicada em *Estadão Rio*, no dia 3 de julho de 2015; disponível em: <http://brasil.estadao.com.br/blogs/estadao-rio/na-mare-ocupacao-militar-custou-o-dobro-dos-gastos--sociais-nos-ultimos-seis-anos/>; acesso em: 10 jul. 2015.

breve relato de uma situação ocorrida na Maré. No dia 19 de junho de 2017, a sala de informática do Centro Integrado de Educação Pública (Ciep) Samora Machel teve um curto-circuito e pegou fogo. As pessoas se mobilizaram para deslocar toda a comunidade escolar para outro Ciep, que fica ao lado, e acionaram o corpo de bombeiros.

Mas, para a surpresa de todos, à frente dos bombeiros, chegaram quatro Caveirões da Polícia Militar e iniciou-se uma intensa troca de tiros entre policiais e traficantes. Toda a comunidade ficou no meio do fogo cruzado, literalmente, já que de um lado ardia o incêndio e do outro rivalizavam, com armas de fogo, policiais e traficantes. Uma professora que tentava proteger seus alunos foi atingida de raspão por um tiro. Sinal óbvio de que uma ação como essa poderia ter gerado um massacre sem precedentes.

Isso significa que a resposta imediata do Estado à demanda dos moradores de favela é sempre a mesma: militarização. Há uma proposta da prefeitura do Rio, apresentada pela gestão de Marcelo Crivella e de seu ex-secretário de Educação, Cesar Benjamin, de blindar as escolas localizadas em áreas de conflito com uma argamassa especial. É uma solução aparentemente simples para um problema muito complexo. Mas quem garante que uma escola transformada em *bunker* dentro de uma favela não seria algo cobiçado tanto pela polícia militarizada como por varejistas de drogas armados, principalmente nos momentos de fogo cruzado? Nesse *éthos* militarizado, a estrutura física da escola se transforma em trincheira e as pessoas da comunidade escolar se tornam escudo. Em uma frase célebre, o líder negro da independência de Moçambique, Samora Machel, que dá nome à escola da Maré cuja sala de informática ardeu em chamas, diz que temos de "fazer da escola uma base para o povo tomar o poder"[16], e não transformá-la em um *bunker* para a manutenção do poder armado. Quando toda solução para um problema da favela envolve a polícia, temos uma distorção da realidade. Temos a criminalização dos moradores e a militarização da vida das pessoas faveladas. A favela não é um problema de polícia, é um problema de política.

A única solução presumível, em um quadro de alta letalidade e completo esgarçamento da política pública de segurança, é a desmilitarização da polícia. O Brasil figura como um dos únicos países a ter uma polícia vinculada às

---

[16] Samora Machel, *Fazer da escola uma base para o povo tomar o poder* (Maputo, Departamento do Trabalho Ideológico da Frelimo, 1979, col. Estudos e Orientações 6).

Forças Armadas e, consequentemente, a um Estatuto Militar. Já há uma recomendação da ONU pelo fim da polícia militar no Brasil. A sugestão foi apresentada entre 170 recomendações da Comissão de Direitos Humanos na Revisão Periódica Universal da ONU, realizada em 2012, em Genebra. "A de número 60, feita pela Dinamarca, indicava que o Brasil trabalhasse para a supressão da Polícia Militar como passo fundamental na redução do número de execuções extrajudiciais praticadas pela polícia."[17] Não por acaso, entre as 170 sugestões, essa foi a única recomendação rejeitada pelo Estado brasileiro. Isso demonstra a insistência em um *éthos* militarizado, que passa pelo processo de militarização das favelas e pela falta de vontade política para pôr fim à criminalização da pobreza e o seu consequente genocídio.

A MÍDIA VESTE FARDA

Não há surpresa na dominação de um discurso midiático que se revela hegemônico na manutenção do poder daqueles que detêm o direito de fala. Ou seja, as elites formulam seus discursos para sustentar seus privilégios e disseminar por seus meios de comunicação o discurso hegemônico que identifica os despossuídos financeiramente como inimigos, como classe perigosa que deve ser controlada e vigiada.

O discurso hegemônico sobre a favela, encampado pela mídia, delimita-a como um espaço dominado pelo tráfico de drogas, pela violência e pela falta de condições de sobrevivência. Como já mencionamos antes, uma pesquisa realizada pelo Cesec, em 2004, apontou que um dos consensos entre jornalistas é o reconhecimento de que os veículos em que trabalham são os responsáveis pela caracterização das favelas como espaços privativos da violência. Isso porque a pauta prioritária dá conta das operações policiais, dos tiroteios, das execuções etc. Alguns argumentam que há falta de "fontes legítimas" ou mesmo uma recepção negativa por parte da população. Ao que a pesquisa indagou corretamente: "Será que os repórteres estão limitando sua presença nas favelas ao acompanhamento de ações policiais por causa da hostilidade da população ou passaram a encontrar uma recepção hostil por só acompanharem as ações policiais?"[18].

---
[17] Articulação Nacional dos Comitês Populares da Copa, *Megaeventos e Violações dos Direitos Humanos no Brasil*, cit.
[18] Silvia Ramos e Anabela Paiva, *Mídia e violência*, cit.

A pesquisa relaciona a abordagem monotemática à elitização das redações a partir da década de 1970, quando o diploma universitário passou a ser obrigatório para o exercício da profissão. Isso caracterizaria o aumento do apuro técnico, em detrimento de uma aproximação mais orgânica do repórter com o cotidiano dos moradores de favela, algo já experimentado pelos "jornalistas das antigas". Outra hipótese levantada pela pesquisa seria o reduzido número de pessoas negras e/ou ligadas às comunidades dentro das redações. No entanto, a conclusão é que não se deve creditar a cobertura estigmatizante sobre a favela apenas ao repórter. As pautas seguem uma linha editorial previamente definida pelo veículo de comunicação, que prioriza a cobertura dos bairros nobres, onde estão seus leitores – que "não gostam muito de favela", como afirmou uma das jornalistas entrevistadas. Aliada a tudo isso, está a suposta sensação de insegurança dos repórteres, gerada após a execução do jornalista Tim Lopes, da Rede Globo, no Complexo do Alemão em junho de 2002.

Uma das jornalistas entrevistadas pela pesquisa, Roberta Pennafort, alertou para a falta de sensibilidade de seus colegas ao cobrirem o sofrimento dos moradores de favela. Ela contou que, em uma cobertura sobre um deslizamento de terra em um morro, que vitimara três crianças, uma repórter fazia perguntas completamente alheias à dor da família. Pennafort garante que os repórteres, em geral, ao apurar *in loco* tragédias dramáticas com famílias da classe média ou alta, costumam ser mais respeitosos e chegam a compartilhar a dor do outro.

Tal relato reforça a percepção empírica de que os discursos de sofrimento na construção midiática não se qualificam por uma neutralidade social. Quando a vítima que sofre, por exemplo, é um morador de favela que foi atingido por um tiro de "bala perdida" durante um conflito entre policiais e traficantes, a vítima já é vista com desconfiança. Ainda mais se corporificar características do perfil de um suposto criminoso, ou seja, jovem, pobre e negro. Processa-se uma ambiguidade sobre a vítima, que muitas vezes precisa provar sua inocência. Quando a vítima é atingida de forma fatal, a família encabeça uma luta inglória para provar sua inocência *post mortem*. Isso ocorre porque dificilmente os meios de comunicação tradicionais articulam o direito ao contraditório em suas coberturas jornalísticas. A palavra final é dada pela "fonte oficial", a própria polícia. Como se observa na chamada do programa *Fala Brasil*: "Delegado diz que DG estava ao lado de traficantes durante o confronto com a polícia"[19], sobre a morte do dançarino do programa *Esquenta* Douglas Rafael da Silva, no morro Pavão-Pavãozinho. É como se o fato de ele estar na favela, ao lado de um suposto traficante, justificasse sua morte. Se o fato ocorresse a cem metros do morro, em Copacabana, e a vítima fosse um jovem branco e de classe média, haveria uma comoção geral, e nenhuma suspeita sobre a índole da vítima.

A criminalização da vítima faz parte de uma estratégia de construção de supostos inimigos violentos, e delimita os que seriam as vítimas inocentes. Paulo Vaz qualificou os moradores de favela, por suas conexões espaciais e midiáticas com os traficantes, como "criminosos virtuais". Menosprezam-se sua dor e sofrimento. "Se duvidarmos mais da versão da polícia do que de sua inocência, ainda assim poderemos pacificar nossa indignação pensando que toda 'guerra' implica sacrifícios."[20] Cabe ressaltar, no entanto, que sendo a vítima culpada ou inocente, o código de ética do jornalista prevê a defesa intransigente dos direitos humanos. No entanto, tais discursos revelam a distinção entre a vida que vale mais e a que vale menos. Entre o extermínio justificado e aceito e a morte inaceitável e injustificada.

O jornalista, no papel de observador privilegiado, ignora o sofrimento real, já que não há empatia ou identificação com a vítima da favela. Como esta não é reconhecida como igual, as diferenças econômicas e de cor lhe são indiferentes. É o preconceito moral que o impede de reconhecer o sofrimento. E, muitas vezes, diante de crimes que interrompem a suposta calmaria na vida dos indivíduos comuns e da ineficácia de ação do Estado, revelam-se inquisidores, porque uma espécie de sofrimento se torna necessária. A consequente busca por um bode expiatório se dá como "crítica moral da política e legitima a vingança como modo de lidar com todos aqueles que a moralidade constrói como monstros"[21].

O surgimento de tabloides baratos destinados às classes C, D e E não diminuiu o universo de abordagens estereotipadas sobre as comunidades; pelo contrário, aumentou o sensacionalismo sobre a cobertura policial. Desse modo, afora notícias esporádicas sobre espetáculos artísticos promovidos por ONGs,

---

[19] *Fala Brasil*, 26 abr. 2014. Disponível em: <https://recordtv.r7.com/fala-brasil/videos/delegado--diz-que-dg-estava-ao-lado-de-traficantes-durante-confronto-com-a-policia-06102018>.
[20] Paulo Vaz, "A vida feliz da vítima", em João Freire Filho (org.), *Ser feliz hoje: reflexões sobre o imperativo da felicidade* (Rio de Janeiro, FGV, 2010), p. 20.
[21] Ibidem, p. 163.

o que vira notícia sobre a favela é aquilo que pode ser qualificado como exótico, como a manchete "Único padre exorcista do Rio é da Maré", publicada no jornal *O Dia*[22].

A cobertura midiática sobre a ocupação militar da Maré, ocorrida no final de março de 2014, expõe o investimento na abordagem policialesca das comunidades antes e durante o fato ocorrido. Com a manchete: "Complexo da Maré terá um militar para cada 55 moradores"[23], a reportagem de *O Dia* antecipa com detalhes a operação e cria uma expectativa que gera sofrimento anterior à própria ação do Estado. E assim prossegue o texto, já em sua primeira linha: "O pedido de socorro do estado ao governo federal para enfrentar os criminosos responsáveis pelos ataques em série a bases de UPPs". O lide desconsidera a própria declaração do secretário de Segurança, José Mariano Beltrame, reproduzida na mesma reportagem: "Não há relação com os ataques [às UPPs]. Isso já estava programado". No entanto, o texto continua articulado nessa mesma hipótese. A matéria contém uma imagem aérea panorâmica que mostra a Maré margeando as linhas Vermelha e Amarela, além da avenida Brasil. A reportagem também oferece um infográfico em que o leitor pode analisar o mapa do conjunto de favelas.

Mapas e infográficos não são reproduzidos aleatoriamente para ilustrar a reportagem. Os mapas não são reflexos de uma espacialidade exterior, como revela Michel De Certeau[24]. Eles representam atos de fala que organizam o território com seus possíveis rumos. Sendo assim, o mapa "faz ver" os locais e delimita as trajetórias permitidas, em contraposição àquelas que são proibidas. Portanto, não é difícil concluir que o mapa "faz ver" a favela para o interlocutor que não a conhece e mostra o caminho que não se deve seguir, já que ali o perigo é iminente.

Ao mesmo tempo, essas notícias justificam qualquer ato inconstitucional em um território favelado. Vide a manchete: "Justiça expede mandado

---

[22] Thiago Antunes, "Único padre exorcista do Rio é da Maré", *O Dia*, 7 abr. 2014; disponível em: <https://odia.ig.com.br/noticia/rio-de-janeiro/2014-04-07/unico-padre-exorcista-do-rio-e-da-mare.html>; acesso em: 10 set. 2020.

[23] Camila Borges, "Complexo da Maré terá um militar para cada 55 moradores", *O Dia*, 25 mar. 2014; disponível em: <http://odia.ig.com.br/noticia/rio-de-janeiro/2014-03-25/complexo-da-mare-tera-um-militar-para-cada-55-moradores.html>; acesso em: 15 jun. 2014.

[24] Michel De Certau, *A invenção do cotidiano: artes de fazer* (trad. Ephraim Ferreira Alves, 14. ed., Petrópolis, Vozes, 2008). Ver também Guy Debord, *A sociedade do espetáculo* (trad. Estela dos Santos Abreu, Rio de Janeiro, Contraponto, 1997).

coletivo e polícia pode fazer buscas em todas as casas do Parque União e da Nova Holanda", do jornal *Extra*[25]. A matéria se limita à notícia em si e não se propõe problematizar a aberração "legal" de um mandado coletivo. Já está previamente legitimado o poder da própria Justiça e das forças policiais de violar "legalmente" as casas dos favelados. Mas é sabido que a Constituição Brasileira (Art. 5º, inciso XI) determina que "a casa é asilo inviolável do indivíduo, ninguém nela podendo penetrar sem consentimento do morador, salvo em caso de flagrante delito ou desastre".

Na matéria "Ocupação no Complexo da Maré é concluída em apenas 15 minutos", publicada em 30 de março de 2014 no jornal *Extra*[26], a imagem selecionada para ilustrar o texto mostra agentes das forças policiais fortemente armados ao lado de uma senhora que passeia com seu cão, com uma sacola na mão. E a matéria segue com a descrição do funcionamento normal do comércio e o elogio de uma moradora, que não quis se identificar, mas diz que estava adorando a ação. A principal emissora do Rio de Janeiro, a Rede Globo, cobriu ao vivo a ação. A própria programação da emissora teve a grade alterada: no lugar de *Globo Rural*, foi transmitida a ocupação da Maré. As imagens mostraram a movimentação ostensiva das tropas, com mais de 2 mil oficiais, tanques de guerra e helicópteros blindados. Enquanto as forças de segurança ocupavam o local, jornalistas as seguiam com suas câmeras de filmagem e equipamentos fotográficos. A interpretação quase que imediata das imagens, sem o áudio, é a de uma tropa exageradamente armada dando cobertura à invasão de uma favela por profissionais da mídia.

Além dessas cenas de ação, as câmeras mostraram o tradicional ritual do Estado ocupando um território considerado hostil. Em uma praça pública, policiais da cavalaria trotam e ensaiam uma aproximação amistosa com a população. Crianças, jovens e idosos são convidados a montar os cavalos, em um clima pacífico. Logo depois, o ritual se encerra com a cerimônia de hasteamento das bandeiras do Brasil e do estado do Rio de Janeiro. O *gran finale* fica por conta da soltura de pombas brancas no território teoricamente pacificado pelas

---

[25] Rafael Soares, "Justiça expede mandado coletivo e polícia pode fazer buscas em todas as casas do Parque União e da Nova Holanda", *Extra*, 29 mar. 2014; disponível em: <http://extra.globo.com/casos-de-policia/justica-expede-mandado-coletivo-policia-pode-fazer-buscas-em-todas-as-casas-do-parque-uniao-da-nova-holanda-12026896.html>. Acesso em: 15 jun. 2014.

[26] Bernardo Costa, "Ocupação no Complexo da Maré é concluída em apenas 15 minutos", *Extra*, 30 mar. 2013. Disponível em: <http://extra.globo.com/casos-de-policia/ocupacao-no-complexo-da-mare-concluida-em-apenas-15-minutos-12033951.html>. Acesso em: 15 jul. 2014.

forças de segurança. Uma cobertura coerente com a tentativa de pacificação das tensões sociais.

A maioria dos moradores entrevistados na enquete que realizamos entre janeiro e março de 2017 não aprovou a cobertura midiática da ocupação militar na Maré. Abordamos 130 mareenses, dos quais 105 responderam que acompanharam o noticiário sobre o tema. O resultado é que 53,3% consideram a cobertura ruim, outros 38,1% consideram regular, e apenas 8,6% acharam boa (Gráfico 4):

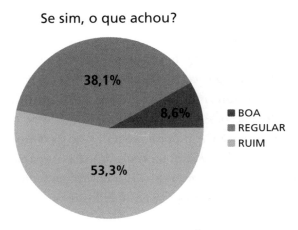

Gráfico 4: Cobertura midiática da ocupação militar na Maré.
Fonte: Elaboração própria, 2017.

Em paralelo à cobertura midiática, os moradores usaram as redes sociais para comentar a ocupação. Com a criação de uma comunidade virtual no Facebook denominada Maré Vive e a utilização de *hashtags* como #MaréVive, #OquetemnaMaré e #DedentrodaMaré, esses moradores protagonizam o papel de narradores das mazelas do Estado a partir do *front*. A rede social encarnou o espaço de disputa de versões e discursos sobre esse episódio na Maré. Um dos comentários de moradores dizia: "Mandados coletivos de busca? Traduzindo, todos que moram na favela são previamente suspeitos de serem criminosos. Vai ver se tem mandado coletivo nos condomínios de luxo, onde o tráfico corre solto?". A proximidade entre a data da ação na Maré e o dia dos cinquenta anos da ditadura militar no Brasil gerou inúmeras conexões. Parte dos moradores qualificou a ocupação militar como um estado de sítio e de exceção em plena democracia.

A comunidade virtual Maré Vive divulgou inúmeros casos de abuso de autoridade que não foram veiculados nas mídias tradicionais. Segue um desses relatos:

> Senti uma respiração forte e ofegante com um hálito quente em meu rosto. Meio sonolenta, abro os olhos e me deparo com um cão e homens de preto a minha volta. Susto, medo e revolta. Meu quarto tomado por desconhecidos da lei e perguntas que não sei responder. Todos os dias eles vêm na minha casa. Já não durmo de camisola, porque essa visita pela manhã virou rotina e tenho que estar preparada para recebê-los. Hoje já entraram duas vezes. Minha casa virou o Batalhão da Polícia Militar.

No mundo real, um profissional mais atento e preocupado com as mazelas sociais não deixaria uma comunidade virtual como essa passar despercebida. Até julho de 2017, cerca de 100 mil seguidores, entre moradores e curiosos, fizeram relatos diários da situação na Maré. Ou seja, a mídia ignora essa fonte primária e legítima, uma vez que as pessoas em questão estão no local, observando os acontecimentos de um ângulo privilegiado. Os donos da página se autodeclaram moradores envolvidos na luta pelos direitos humanos fundamentais dos cidadãos que vivem em favelas e estão dispostos a denunciar os casos de abusos ocorridos com familiares e vizinhos.

A opção midiática em cobrir a ocupação privilegiando as fontes ditas oficiais não passa despercebida pela própria comunidade. Em uma nota pública, veiculada no dia 1º de abril de 2014, a comunidade questiona a publicação de notícias que qualificam a "invasão militar" como o maior sucesso dos últimos tempos. Segundo eles, contrariamente ao que mostra o espetáculo midiático, são recorrentes as violações e os abusos.

> Policiais entrando nas casas sem mandado; com "toca ninja" e ameaçando moradores de morte; depredando bens e roubando eletrodomésticos sem nota fiscal; tratando moradores com violência verbal e apontando armas e fuzis para os seus rostos; constrangendo e agredindo crianças.[27]

Em outra nota, publicada em 11 de abril, a comunidade afirma que um Estado que utiliza tanques de guerra contra a população não busca o diálogo e não se preocupa com a manutenção de direitos. Uma das principais estratégias da página é a utilização de um discurso irônico sobre a cobertura midiática.

---

[27] Maré Vive, "Nota pública acerca da resistência popular contra a ditadura militar na Maré", 1º abr. 2014; disponível em: <http://marevive.wordpress.com/>; acesso em: 20 jul. 2014.

MARÉ VIVE E RESISTE

A comunidade virtual Maré Vive surgiu como uma tentativa de cobertura colaborativa da entrada das Forças Armadas na Maré. Organizada por jovens de diferentes favelas, a primeira reunião do grupo ocorreu dois dias antes da ocupação militar propriamente dita. Um dos administradores da página conta que tudo começou como uma brincadeira que ficou séria demais. A primeira transmissão foi programada para ser ao vivo pela página, já que ninguém disponibilizou seu perfil pessoal para fazer a cobertura. A ideia era entrevistar as pessoas para saber o que achavam da "pacificação" e provocar um debate nas redes sociais. Havia uma ansiedade enorme, tanto que um dos integrantes do grupo passou a noite inteira em claro para que a transmissão ao vivo ocorresse sem problemas pela manhã. Temendo por sua integridade física, os jovens preferiram não aparecer no vídeo. Eles apenas narraram os acontecimentos e leram o manifesto organizado contra a ocupação das Forças Armadas.

> Quando o "ao vivo" funcionou, ninguém queria botar a cara, nem eu e nem mais ninguém. E eu falei: cara, que idiotice. Mas filmamos o helicóptero e eu fiquei narrando tudo o que estava vendo e pensando. Falei várias coisas, lemos o manifesto. E a gente percebeu que as pessoas queriam saber o que estava acontecendo. Não só as pessoas de dentro, mas as pessoas de fora da Maré tinham uma curiosidade muito grande. Todo mundo queria ver uma merda acontecer, porque geralmente eles querem isso: ver tragédia. Nesse mesmo dia a gente chegou a ter um alcance bem grande, na primeira semana a gente já tinha 5 mil curtidas. E a gente continuou, mas a ideia era ser só um levante, porque cada um tinha trabalho e uma vida pra tocar, e o grupo foi diminuindo.[28]

Já no primeiro ano de funcionamento, a página tornou-se referência para os moradores pela correção das informações que eram passadas, como a ocorrência de alguma arbitrariedade cometida por militares. A manutenção da página configurou-se em um aprendizado para um dos administradores, que não tinha conhecimento prévio de como atualizar e desenvolver estratégias para mantê-la atraente e confiável. Com o tempo, eles desenvolveram uma metodologia para verificar se as informações que chegavam por inbox eram verdadeiras. O método consistia basicamente em perguntar o horário e o local do incidente para o informante e verificar se as respostas batiam com o que diziam outras pessoas da própria comunidade, e até de favelas vizinhas. Essa checagem garantiu que a

---

[28] Mareense, cria da Vila do Pinheiro, depoimento colhido em março de 2017.

página virasse fonte confiável de informações. Não por acaso, a Maré Vive foi citada por muitas pessoas na nossa abordagem quantitativa e qualitativa.

No nosso questionário quantitativo, aplicado entre janeiro e março de 2017 a 130 jovens, perguntamos se eles acompanhavam alguma página no Facebook sobre a Maré: 76,9% dos entrevistados responderam que sim, como mostra o Gráfico 5, a seguir. De um universo de cem pessoas, 78% disseram que acompanhavam a página Maré Vive. Isso não é sem razão, uma vez que as operações policiais na Maré são quase semanais – em 2016 ocorreu uma operação a cada onze dias, como demonstram os dados do Projeto de Acompanhamento Permanente, da Redes da Maré[29] – e estar atento às informações divulgadas pela Maré Vive é uma questão de vida ou morte.

Essa afirmação pode parecer exagerada para quem não convive com uma dinâmica de conflitos armados. Ocorre que as informações atualizadas a todo o momento com a ajuda dos moradores sobre os locais onde o tiroteio é mais intenso e/ou onde cessou permitem que os mareenses programem, mesmo que minimamente, percursos e horários seguros para sair de casa e/ou entrar na favela. A página só não é tão eficaz quando a pessoa já saiu de casa e foi surpreendida por uma operação policial em curso na rua, como é o caso de uma legião de adultos e crianças que saem todos os dias para trabalhar e estudar.

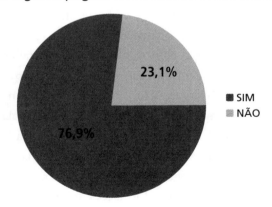

Gráfico 5: Facebook é referência para os mareenses.
Fonte: Elaboração própria, 2017.

---

[29] Disponível em: <https://www.redesdamare.org.br/media/downloads/arquivos/BoletimSegPublica.pdf>; acesso em: 30 abr. 2017.

Aqui cabe mais uma vez o relato da minha vivência, embora corresponda à vivência de muitos mareenses. Em dias de operação policial, que se iniciam por volta das 6 horas da manhã, a primeira coisa que tenho vontade de fazer ao primeiro som de tiros e rasantes de helicópteros, já que geralmente acordo em sobressalto, é abrir a janela de casa. Verificar quem está na rua e, se preciso, abrir a porta para um vizinho em apuros, como já fiz diversas vezes. Mas a experiência já demonstrou que essa atitude instintiva, espontânea e automática pode resultar em uma tragédia. Por isso, respiro, tento me acalmar e abro outra janela, a da internet, e acesso a página Maré Vive para saber exatamente quais favelas estão sendo invadidas pela polícia.

Minha preocupação imediata é com meu pai, que por recomendação médica sai todos os dias às 5 horas da manhã para caminhar no campus da UFRJ, na Ilha do Fundão, para depois retornar à nossa casa, tomar banho e ir para o trabalho. Às vezes, ele fica impedido de entrar na favela porque a operação já teve início, ou fica no fogo cruzado, no meio do tiroteio. Ele chega em casa se desviando das balas, porque em geral seu retorno coincide com o horário de início das operações. É sempre muito desgastante e angustiante. A sensação de impotência toma conta do meu corpo. Meu pai já testemunhou situações de violação e já foi alvo delas. Com a intensificação do número de operações, ele pensa em desistir das caminhadas. Uma decisão que minha mãe já tomou. Ela caminhava todos os dias às 7 horas da manhã, também por recomendação médica, próximo à Vila Olímpica da Maré, mas se viu obrigada a parar por conta das inúmeras situações de risco de morte.

Também me preocupo com minha irmã, que trabalha como auxiliar de creche em uma Escola de Educação Infantil (EDI) próxima à área de maior conflito, que é a rua Ivanildo Alves, conhecida popularmente como "divisa" e "faixa de Gaza", por marcar a fronteira entre a Nova Holanda, dominada pelo Comando Vermelho, e a Baixa do Sapateiro, dominada pelo Terceiro Comando. É nesse momento que recorro aos grupos de família e amigos no WhatsApp para saber se todos estão seguros, se conseguiram sair da favela para trabalhar, e acabo repassando as últimas informações atualizadas pela Maré Vive.

Como saio para trabalhar em geral às 8 horas, não sou surpreendida por operações policiais no meio da rua, mas encontro dificuldades para sair de casa e vivo toda a aflição diante da preocupação com os familiares que saíram mais cedo pela Maré e estão fora de casa. Como moro no segundo andar da casa da minha mãe, onde bati uma laje para residir com meu companheiro, desço sempre para a casa dela em dias de tiroteio. É certo, nesses momentos, a minha mãe iniciar uma oração em voz alta, pedindo a todos os santos para guardar os caminhos do meu pai e da minha irmã, que em geral ainda estão na rua. Em suas preces estão incluídos vizinhos, familiares, e o pedido de humanidade tanto para os policiais quanto para os varejistas de drogas. Ela sempre pede tudo isso a Deus de joelhos e aos prantos. Eu, agnóstica, acompanho nas rezas do pai-nosso e na ave-maria.

A chegada de todos à casa, depois de correr entre tiros, ver e ouvir barbaridades, é de fato um alívio. Agora a operação é na minha rua, ouço gritos, pedidos de socorro, além dos sinais sonoros de "up up" dos militares e o destravar das armas. A minha rua vira uma praça de guerra, com intenso tiroteio e até granadas. A sensação sonora é de que as balas são cravejadas nas paredes de nossa casa, e todos corremos para o banheiro, lugar mais seguro da casa. Um banheiro pequeno, de 2 metros por 1,5 metro, que abriga meus pais, minhas três irmãs, meus dois sobrinhos, a Letícia (menina de quem minha mãe toma conta), meu companheiro e eu. O choro de medo das crianças é silenciado pelo choro de impotência dos adultos. Um tiroteio que parece não ter fim, mais gritos, mais correria e, de repente, um silêncio ensurdecedor. Até a respiração é sufocada para não romper com o silêncio abrupto. O celular vibra, susto geral. Mensagem no grupo da família: "Fulano tá morto na Teixeira Ribeiro". Primeiro sinal de que a operação já chegava ao fim, mais um varejista de drogas que morava em nossa rua foi assassinado. Novos sussurros de orações. Já é hora do almoço, não tomamos café da manhã e não temos o que comer, porque não fomos comprar nada na rua, o comércio fechou. Minha mãe improvisa a comida com as sobras da geladeira, também contribuo com o restinho de frango congelado que sobrou do jantar. Quando começamos a comer, novos tiros, correria na rua e dentro de casa, abandonamos os pratos para nos abrigar no banheiro. A frigideira com o frango ficou no fogão aceso. Medo de que nossa única comida queime, que a panela não aguente e o fogo se alastre. Um pensamento egoísta em meio à situação de barbárie na rua. O instinto de sobrevivência humana é desumano.

A essa altura, novas mensagens chegam pelo Telegram. É o pessoal do meu trabalho, preocupado porque viu pela televisão a cobertura da operação policial na Maré. Um privilégio trabalhar com pessoas sensíveis ao debate da segurança pública, que sabem como isso interfere no cotidiano dos moradores. Não sou cobrada nem obrigada a trabalhar em dias assim. Um privilégio de poucos.

Como ocorre com muitos, minha prima foi despedida porque o patrão não admitia faltas, mesmo com a justificativa de um dia inteiro de operação policial com intenso tiroteio. É por isso, por temer perder seus empregos, que muitos moradores arriscam suas vidas e saem em dias de operação policial. Uma lógica desumana que serve à perpetuação do capital: são pessoas descartáveis.

Aguçamos nossa percepção auditiva em meio a uma rotina de tiroteios. De acordo com os estampidos mais ou menos graves, sabemos se mais um dia de operação está terminando, em geral por volta das 16 h. Mas sempre torno a acessar a Maré Vive, porque é de lá que vem o anúncio confirmando o fim da operação. Fim de mais um dia de favela[30]. Mais um dia perdido para os mareenses. Mais um dia em que meu corpo esmoreceu com a rigidez dos meus músculos, que teimam em não relaxar. Mais um dia em que atualizei meu grau de impotência e resistência. Mais um dia que minha família sobreviveu. Mais um dia que uma vida foi violentamente ceifada. Só mais um dia...

Os administradores da comunidade virtual Maré Vive não falam só de violência, mesmo que a página tenha sido criada justamente em uma situação de violação de direitos. A experiência diária demonstrou quanto a Maré Vive se transformou em uma ferramenta importante para a informação dos mareenses, classificada como "autoproteção comunitária". O sucesso dos posts sobre a memória e a história da Maré rivalizam com os de segurança, e um dos administradores defende que a memória "mobiliza mais que a violência".

> Existe esse sentimento de que a Maré Vive tem essa potência enorme de comunicação e de trazer pro morador aquilo que está sendo vivido. Eu, por exemplo, quando vejo um helicóptero e a rua sinistra, já entro na Maré Vive pra ver a situação das favelas vizinhas. É uma referência para as pessoas saberem se saem ou não de casa. A gente chama isso de autoproteção comunitária. Mas, mesmo que a maior quantidade de posts seja de notícias de violência, os que tão pau a pau, são os de memória. São os vídeos que a gente colocou da Nova Holanda, e os vídeos que a gente colocou do Piscinão de Ramos, coisas daqui da favela que fazem sucesso. Tipo assim: a gente colocou o vídeo do seu Manoel fazendo flexão. Pô, aquilo geral vê e gosta. É legal porque os posts da memória atingem a Maré, porque os de tiroteio

---

[30] Esse dia foi 23 de fevereiro de 2017. No mesmo dia, enquanto nós, moradores, já sabíamos da morte de um varejista de drogas, o jornal *O Dia* noticiava que a operação policial na Maré havia provocado um intenso tiroteio e cinco pessoas haviam sido baleadas. A reportagem está disponível em: <http://odia.ig.com.br/rio-de-janeiro/2017-02-23/operacao-policial-no-complexo-da-mare-provoca-intenso-tiroteio.html>; acesso em: 13 jun. 2017.

e confronto muita gente compartilha, mas é mais gente de fora. Eu considero que a memória mobiliza muito mais que a violência.[31]

Ao ser provocado sobre uma possível aproximação com outras páginas em redes sociais que falam de violência na favela, como o coletivo Papo Reto e a Voz da Comunidade, ambas envolvidas com coletivos jovens do Complexo do Alemão[32], o administrador da Maré Vive tenta se diferenciar no método e na atuação:

> Tanto o Papo Reto quanto a Maré Vive têm um discurso bem claro de defesa dos moradores. Mas o Papo Reto tem o lance mais da denúncia. Tipo: se uma pessoa levar um tiro, não vamos na casa dela. A gente pode encaminhar, ajudar e tal, mas a gente quer trabalhar com outras referências.[33]

A tentativa de diferenciação do Papo Reto, cujo membro Raull Santiago, um dos mais importantes, foi ameaçado por policiais da UPP do Complexo do Alemão, não é bem compreendida pelo público da Maré Vive. Isso porque nesta último há, de fato, uma atuação focada em mapear e atualizar a população sobre os conflitos armados na Maré, tanto de operações policiais quanto de confrontos por disputa de território do varejo de drogas. "Tem muita gente que fala: 'Pô, por que vocês não falam quem são vocês? Vocês podem ser famosos na favela'. Mas a gente não quer essa glamourização. Porque poderia ser qualquer pessoa, essa é a graça da parada. A pessoa lê e pensa: 'Pô, esse cara tá onde?'."[34]

Administrar uma página como a Maré Vive trouxe problemas concretos para a vida desses jovens. A Maré Vive tornou-se alvo de ameaças nas redes.

---

[31] Mareense, cria da Vila do Pinheiro, depoimento colhido em março de 2017.
[32] Em abril de 2016, Raull Santiago, integrante do coletivo Papo Reto, recorreu à Comissão de Defesa dos Direitos Humanos da Alerj, presidida pelo então deputado estadual Marcelo Freixo, para denunciar ameaças feitas por policiais da UPP do Complexo do Alemão. Imediatamente, a imprensa foi acionada, já que uma das estratégias de proteção aos ativistas de direitos humanos é a publicização das ameaças recebidas. Outro caso que não ganhou a necessária repercussão midiática foi a ameaça sofrida pelo rapper Fiell, feita por policiais da UPP do Santa Marta. Na época, Fiell comandava a rádio comunitária Santa Marta. Como é possível notar, a perseguição a comunicadores comunitários é uma constante na atuação das UPPs. A notícia sobre as ameaças a Raull Santiago está disponível em: <http://g1.globo.com/rio-de-janeiro/noticia/2016/04/ativista-do-alemao-relata-estar-sendo-ameacado-por-pms-de-upp-no-rio.html>; acesso em: 10 jun. 2017.
[33] Mareense, cria da Vila do Pinheiro, depoimento colhido em março de 2017.
[34] Idem.

Algumas pessoas utilizam perfis falsos, conhecidos como *fakes*, para deslegitimar o papel da página e acusá-la de "defensora de bandidos", ou ainda questioná-la sobre uma suposta omissão dos atos de violência praticados por integrantes do varejo de drogas. A situação mais grave de ameaça que eles já viveram foi a clonagem da página. Para isso, utilizaram o mesmo nome, Maré Vive, com a grafia manipulada para que a página *fake* não fosse tirada do ar pelo próprio Facebook, que impede a criação de páginas duplicadas. Uma delas suprimiu o acento agudo de "Maré" e outra optou por escrever o "Vive" em minúsculas.

Essas clonagens, além de serem articuladas para confundir o público da Maré Vive, utilizam postagens que ressaltam a eficiência das operações policiais na ação contra os criminosos nas favelas. Segundo os administradores da Maré Vive, os grupos que clonaram a página são ligados a militares, quando não são os próprios militares. Isso porque, em uma dessas páginas, exibiram a marca do Batman, figura identificada com um bando de milicianos da Zona Oeste. Além disso, são feitos *posts* com imagens que levam a marca d'água da Maré Vive expondo rostos de supostos integrantes do varejo de drogas da Maré e supostos milicianos da Praia de Ramos.

As clonagens da comunidade Maré Vive expuseram a equipe a situações de ameaças graves, tanto de militares quanto de integrantes do varejo de drogas. Em diversas postagens, a equipe foi acusada de ser "X-9", isto é, alcaguete em linguagem popular. O anonimato mantido desde a primeira postagem garantiu a segurança e a integridade física dos administradores, mas o medo de serem reconhecidos assombra os jovens comunicadores até hoje. No entanto, as ameaças nas redes sociais cessaram de maneira muito reveladora quando um dos integrantes da Maré Vive foi a uma reunião pública com o Comando do Exército, no Museu da Maré. Durante o debate sobre a segurança na Maré, o jovem acabou por tecer alguns comentários e fazer algumas considerações que chamaram a atenção de um dos militares presentes, que o abordou no fim do evento. De alguma maneira, o administrador da comunidade virtual sabia que havia sido reconhecido pelo militar.

> Quando cheguei nessa reunião, o cara que dizia que seria o comandante da UPP, o tal do Elitusalem, estava lá no Museu da Maré com o comandante do Exército. Eu cheguei lá de manhã, às 9h, mas era um evento dos crentes, da Assembleia de Deus. Aí eu falei: vou ficar quietinho. Eles [os militares] estavam falando de transição, que a polícia iria entrar e ocupar. Eu não ia falar nada, mas estava tanta puxação de saco e os crentes não estavam fazendo nenhuma crítica, que resolvi falar. Falei pra

caralho, porque estava maluco nesse dia. E o cara da igreja começou a falar coisas do tipo: "Esses esquerdopatas, que são treinados por movimento social, socialistas, essa galera de ONG, e vem aqui para desestabilizar o debate. E eu fui pro embate, falei que o Beltrame [secretário de Segurança Pública de então] era bucha, e eles ficaram bolados. Quando acabei de falar, continuou o debate, e eu fiquei lá atrás. Foi quando chegou um oficial do Exército pra falar comigo. Começou como um papo estranho, aí eu percebi que de alguma forma ele sabia quem eu era, que era da Maré Vive. Porque ele começou a fazer perguntas muito específicas e o meu discurso foi muito baseado no que eu escrevo na Maré Vive. Depois disso, eles chegaram a mandar mensagens pelo Face. Eles falaram assim: agora a gente já sabe quem são vocês, podem ficar tranquilos que a gente não vai fazer nada com vocês. E as ameaças cessaram.[35]

Depois dessa situação, os administradores da Maré Vive entraram em contato com os *hackers* via Facebook, informando-os de que haviam acionado o presidente da Comissão de Direitos Humanos da Alerj, Marcelo Freixo, e que entrariam com uma ação no Ministério Público. Na mesma ocasião, alertaram repórteres da TV Record, que buscavam novas fontes, sobre a existência do perfil falso. Uma reportagem foi ao ar expondo o perfil falso[36]. Só depois disso, os *hackers* derrubaram a página. Mas antes revelaram sua identidade institucional para os integrantes da Maré Vive.

Um perfil falso adicionou um dos administradores da página em seu perfil pessoal. E ele dizia: eu sei que você é administrador da Maré Vive, mas que podia ficar tranquilo que aquele perfil era um *fake* de trabalho. E o cara começou a dar tudo. Falou que foi realmente a polícia que hackeou a gente, que aquilo ali era um procedimento padrão do Estado. Disse que a gente tinha muito contato com a mídia e que a missão deles dentro da Maré era pegar um traficante do Pinheiro, falou o nome de um cara lá que eu não me lembro. E que sabia onde a gente morava e que a gente era trabalhador, que não tinha nada a ver, que eles erraram em fazer aquilo. Pediu desculpa, e aí no final ele falou que eles têm vários *fakes* e que eles criam páginas na internet para adicionar os bandidos, com perfil de mulher, que era assim que eles pegavam vários bandidos, marcavam encontro e aí, nesses

---

[35] Idem.
[36] A reportagem que revelou a existência de uma página *fake* da Maré Vive foi ao ar no programa *Balanço geral*, da TV Record, em fevereiro de 2015. A reportagem está disponível em: <http://noticias.r7.com/rio-de-janeiro/balanco-geral-rj/videos/pagina-falsa-em-rede-social-denuncia-acao-de-traficantes-no-complexo-da-mare-15102015; acesso em: 30 jun. 2017.

encontros, eles faziam uma espécie de Troia e pegavam bandidos. O cara contou tudo. Depois disso, pararam as ameaças.[37]

NÓS POR NÓS

Uma iniciativa desenvolvida por moradores de favelas do Rio, que trabalha de fato com denúncias, diferentemente da Maré Vive, é o aplicativo (*app*) Nós por Nós. Trata-se de um *app*, idealizado a partir dos resultados apontados pelo projeto do Fórum de Juventudes do Rio de Janeiro, chamado Cartografia Social, realizado por jovens de quinze favelas durante os megaeventos. O projeto fez um levantamento das principais violências praticadas contra a juventude moradora de favelas, sejam elas com ou sem UPP. Entre as violências mapeadas estão o assassinato, a tortura e o abuso de autoridade por parte de militares e agentes da Segurança Pública. Foram apontados ainda a prática de assédio e a violência sexual, algo até então ignorado pelos meios de comunicação comerciais e por órgãos públicos.

O aplicativo nasceu em março de 2016 a partir da ideia de utilizar as novas tecnologias, em especial as redes sociais, bem manejadas pela juventude, como ferramenta para barrar e resistir à violência praticada por agentes do poder público na área de segurança. O uso das redes sociais para fazer denúncias já acontece nas favelas, quando, de forma espontânea, os moradores sacam celulares para fotografar e filmar ações arbitrárias promovidas por policiais. Uma estratégia que pode tanto inibir a violação, uma vez que se caracteriza como uma produção de provas sobre o fato, quanto gerar ameaças contra aqueles que produzem essas provas.

A possibilidade de ter fatos narrados por aqueles que sofrem ou presenciam uma ação de violação dos direitos humanos já vem impressa na própria logomarca do aplicativo, que demarca o "lugar de fala" da juventude negra, favelada e periférica. Trata-se de um punho negro cerrado no ar. Uma imagem que historicamente representa movimentos de resistência e enfrentamento contra o *status quo*.

De acordo com um dos jovens integrantes do Fórum de Juventudes, membro do coletivo do *app* Nós por Nós e morador do Conjunto Esperança, na Maré, o celular se tornou uma ferramenta, "para o mal e para o bem", dos

---

[37] Mareense, cria da Vila do Pinheiro, depoimento colhido em março de 2017.

moradores de favelas. Mas a criação de um aplicativo como esse era uma necessidade de primeira hora.

A possibilidade de ter um aplicativo para concentrar essas denúncias de forma anônima era urgente. Por isso, concorremos a um edital público que garantiu a construção do aplicativo. Por meio dele, as pessoas encaminham as denúncias, seja por racismo, homicídio ou tortura, e nós cruzamos essas informações com o mapeamento levantado pela Cartografia Social. Utilizamos para isso a cobertura jornalística feita tanto pela mídia burguesa como pela mídia local para constatar se o caso é verídico. Se for real, acionamos os parceiros, como a Anistia Internacional, a Justiça Global, a Rede de Comunidades e Movimentos Contra a Violência e a Comissão de Direitos Humanos da Alerj. Encaminhamos tudo para a Defensoria Pública e também para o Ministério Público.[38]

Os resultados concretos da utilização do Nós por Nós, que teve mais de quinhentos *downloads* nas duas primeiras semanas após seu lançamento, foi chegar a cem dias de existência acumulando cerca de cem denúncias comprovadas, com fotos, vídeos e/ou textos. Todas foram encaminhadas sob o sigilo necessário para os órgãos competentes. Uma das intervenções mais concretas e *in loco* do coletivo do *app* ocorreu por ocasião de uma chacina em Acari, em abril de 2016, quando cinco pessoas foram mortas em uma ação das polícias federal e civil. No momento em que o Nós por Nós recebeu a denúncia, seus integrantes acionaram os órgãos públicos e de direitos humanos. Alguns foram pessoalmente à 39ª Delegacia Policial, responsável pela área de Acari, e exigiram a perícia local, algo que nunca é feito nas ações policiais realizadas em favelas, por isso a dificuldade para resolver os casos.

Outro resultado, já previsto, mas ainda assim surpreendente para o coletivo, foram as ameaças feitas por via do próprio aplicativo. Foi enviada uma foto de parte da equipe do Nós por Nós com a seguinte frase: "Vocês vão brincar de ser detetive no inferno". Na ocasião, por segurança, alguns jovens passaram uma semana reorganizando seus itinerários cotidianos e deixaram de voltar para suas casas à noite. Parte deles dormiu em casas de amigos durante esse período. Alguns integrantes do aplicativo também já sofreram até um abordagem intimidatória de agentes da Polícia Militar.

---

[38] Por questão de segurança, assim como os administradores da página Maré Vive, os integrantes do Nós Por Nós entrevistados para nossa pesquisa preferiram manter-se anônimos. Desse modo, nós os chamaremos de "Mareenses 007".

Parou um carro da polícia e perguntaram: "São vocês do aplicativo da denúncia? Vocês são malucos?". E a galera desconversou, disse que não sabia de qualquer aplicativo, os policiais insistiram nas perguntas em tom ameaçador, mas depois liberaram o pessoal. Foi um momento de muita tensão, ameaça e tortura psicológica.[39]

"O 'Nós por Nós' é uma gíria jovem utilizada em muitas favelas do Rio. Estamos na luta por uma transformação real na sociedade. Denunciamos a violência porque queremos manter a juventude viva"[40], afirma outro jovem. O alerta traz a importância de o aplicativo não se resumir à denúncia e funcionar também como ferramenta para a juventude tomar conhecimento de e ter acesso a seus direitos. Além de fornecer na própria plataforma on-line informações e telefones úteis para o registro de um caso, o coletivo oferece uma formação aplicada em oficinas realizadas em diversas favelas com o objetivo de ensinar a melhor forma de gravar e fotografar situações de abuso, com a segurança adequada, sem correr riscos, e obter um material qualificado que sirva de prova concreta em casos levados à Justiça.

A página inicial do aplicativo exibe, sob a *hashtag* #NósPorNós, uma imagem como marca d'água de uma pessoa erguendo um cartaz com a frase: "Pobreza não é caso de polícia". Uma mensagem de abertura diz o seguinte: "Denuncie a violência policial. As juventudes negras, pobres e faveladas querem viver". Nessa página, há opções como: Denuncie, Rede de Apoio, Conheça seus Direitos e Mapeamento. Ao clicar em Denuncie, abre-se uma aba intitulada #FaçasuaDenúncia, na qual o internauta deverá informar endereço, data e hora da ação arbitrária, além de identificar quem a cometeu e o que aconteceu. O aplicativo disponibiliza links para o envio de fotografias e vídeos.

O aplicativo também recebe denúncias de outros estados brasileiros. A última foi de uma chacina em Guarulhos, na Grande São Paulo, em que morreram onze pessoas. Como não houve qualquer cobertura midiática, o coletivo se viu obrigado a acessar movimentos sociais locais e outros órgãos para confirmar se a chacina havia ocorrido de fato. A resposta um tanto inconclusa foi apresentada ao Fórum de Juventudes pela extinta Secretaria Nacional dos Direitos Humanos, que confirmou o desaparecimento de onze pessoas no local e na data indicados pela denúncia, mas, como não há corpos, supostamente não houve crime.

---

[39] Mareense 007, cria do Conjunto Esperança, depoimento colhido em maio de 2016.
[40] Idem.

Diante do aumento da demanda em outros estados, o coletivo responsável pelo aplicativo pretende expandir suas fronteiras e linhas de ação. A ideia é promover uma série de encontros com mobilizadores de cada local para viabilizar estratégias que deem conta das especificidades de cada região. O coletivo está em busca de financiamento para ampliar o projeto e manter sua funcionalidade, independente do Estado e dos órgãos públicos, garantindo assim a segurança e a efetividade das denúncias apresentadas pelos usuários. A ideia do coletivo Nós por Nós é ter um instrumento acessível a todos, que subsidie a luta e a resistência para a manutenção da vida da juventude negra, considerada alvo prioritário das incursões e ações letais promovidas por agentes da Segurança Pública do Estado.

Mesmo com a decisão política de não submeter sua existência ao Estado e a suas instâncias no poder público, o Nós por Nós encaminha todas as denúncias a diversos órgãos públicos para que se inicie um processo investigativo. O aplicativo organizou uma rede de apoio com dez órgãos, entre entidades do poder público, ONGs, movimentos sociais e sociedade civil organizada. São eles: Núcleo de Defesa dos Direitos Humanos da Defensoria Pública do Estado do Rio de Janeiro (NUDEDH); Coordenadoria de Direitos Humanos do Ministério Público do Estado do Rio de Janeiro; Comissão de Defesa dos Direitos Humanos e Cidadania da Alerj; Comissão de Direitos Humanos da Ordem de Advogados do Brasil no Rio de Janeiro; Justiça Global; Instituto de Defensores de Direitos Humanos; Anistia Internacional Brasil; Fórum de Juventudes do Rio de Janeiro; Rede de Comunidades e Movimentos Contra a Violência e Grupo Tortura Nunca Mais. O *app* disponibiliza telefones, e-mails e endereços para que os usuários possam entrar em contato com o coletivo, caso necessitem.

Sob a *hashtag* #ConheçaSeusDireitos, o aplicativo apresenta aos seus usuários "o que não pode" e "como deve ser" uma abordagem policial. Há informações sobre como se configura uma revista truculenta por policiais sem identificação, com violência física ou verbal, invasão de domicílio, prisões arbitrárias de usuários de drogas, entre outras. Além disso, apresenta didaticamente diversos artigos do Código Penal que preveem a responsabilização de policiais e garantem a integridade física de civis. Todas as informações são disponibilizadas de maneira direta e objetiva, em textos acessíveis, com uma linguagem quase oral.

Os botões em que o usuário deve clicar são autoexplicativos, o que torna a navegação simples e rápida. Essas informações estão disponíveis aos usuários nas opções Rede de Apoio e #ConheçaSeusDireitos.

É importante ressaltar que a existência de um aplicativo como o Nós por Nós só é possível por conta da realidade específica vivida pelos jovens desse coletivo, moradores de favelas e bairros pobres do Rio de Janeiro. Essa vivência favelada e periférica fornece a sensibilidade necessária para tratar cada denúncia como prioridade do hoje, do agora. O depois, característico do serviço público burocratizado, pode ser tarde demais para aqueles que estão em perigo. A agilidade do aplicativo garante ações imediatas e dialoga diretamente com a juventude, que sofre, mas que também pode ser protagonista na defesa da própria vida.

MARÉ VIVE E NÓS POR NÓS

As duas iniciativas apresentadas, Maré Vive e Nós por Nós, apesar da diferença de finalidades, trabalham com a juventude a partir do acesso a redes sociais e internet, em uma comunicação em rede. A primeira busca democratizar o acesso e a produção de informação, e a segunda dá encaminhamento a essa informação enquanto denúncia. Isso demonstra que a juventude da favela está se apropriando da internet para novos usos em rede, nesse caso, redes de existência e resistência e, mais que isso, redes de sobrevivência. Estar atento a esse novo fluxo de informações, desburocratizadas e com checagem em rede é compreender que a abordagem da favela feita pelos meios de comunicação tradicionais deve se reinventar. Não cabe mais e é pouco eficiente a utilização apenas de fontes "oficiais" ou "especialistas", porque o sujeito que sofre a ação encontrou novas maneiras de falar e se fazer ouvir. Negligenciar essa realidade transformará os veículos de comunicação em meros repetidores de informação.

Desse modo, há que se rever as propostas de soluções apontadas pela pesquisa do Cesec para uma cobertura mais plural sobre as favelas e a criação de novos canais de diálogo com a população das comunidades. Para o Cesec, uma das formas de acesso mais interessantes seria a interlocução com as ONGs e entidades de direitos humanos. No entanto, é inadequada e descabida a sugestão de "promover encontros sistemáticos com suas lideranças, a exemplo do que vem fazendo até instituições mais fechadas, como a Polícia Militar"[41]. Mesmo reconhecendo que a pesquisa foi realizada antes

---

[41] Silvia Ramos e Anabela Paiva, *Mídia e violência*, cit., p. 86.

da política de pacificação das favelas, acreditamos que não é aconselhável a reprodução de qualquer estratégia já pensada e executada pela Polícia Militar para ter acesso à comunidade. Esses encontros com as forças militares são geridos de maneira autoritária e intensificam a relação conflituosa, de desconfiança e insegurança com relação aos órgãos de segurança pública e da própria imprensa.

Além disso, a análise do discurso midiático sobre a ocupação militar da Maré não deixa dúvidas sobre a tentativa de pacificação das relações sociais. A principal característica dessa iniciativa se revela na abordagem jornalística que expressa, em um primeiro momento, a ideia de que a ocupação das Forças Armadas na Maré se deu com sucesso e aceitação pela população local. Logo, as notícias que se seguem relatam a morte de um adolescente horas após a ocupação e nas redondezas do local onde foi hasteada a bandeira do Brasil. As reportagens revelam apenas a versão das forças policiais de que o menino teria sido vítima de uma guerra entre facções. Não se questionou em nenhum momento como um adolescente pôde ser assassinado em plena luz do dia, logo após a favela ser ocupada por mais de 2 mil oficiais das Forças Armadas. Isso demonstra que, além de pacificar os conflitos ali existentes, o discurso midiático forja a naturalização da perda de vidas, em um processo dito de pacificação. O efeito colateral, a morte do jovem, já está antecipadamente justificado.

Sendo assim, a construção de possibilidades de novas versões sobre os fatos deve ser uma busca prioritária de qualquer profissional de comunicação, explorando inclusive o acesso a novas tecnologias da informação. Uma iniciativa como a comunidade virtual Maré Vive é capaz de pôr em xeque os discursos cristalizados que impõem às favelas todo tipo de estereótipos e preconceitos. Não há intenção de classificá-la como um veículo de comunicação comunitária diante das características tão marcadas que qualificam um meio como o comunitário. A Maré Vive representa uma ação concreta de contrainformação que se configura, em contraste com a mídia tradicional, como contra-hegemônica, em termos gramscianos.

É importante ressaltar que a Maré Vive se qualifica como uma ferramenta de comunicação comunitária dialógica, como definiu Bakhtin, uma vez que é perpassada e afetada por incontáveis discursos, além de ser polifônica, permitindo que uma diversidade de vozes ecoe em seus *posts*, principalmente a da juventude negra e favelada. Isso a caracteriza com um potencial discursivo que rompe barreiras comunicativas e faz a disputa de narrativa e de discursos concretos na sociedade. Tal disputa é, sem dúvida, inglória, uma vez que a "opinião pública" é pouco porosa para aquilo sobre que não tem domínio. Mas, como bem expressou a Maré Vive, o universo 2.0 é um espaço onde cabem probabilidades infinitas, ainda não exploradas e experimentadas em seu máximo. É nesses espaços, seja na internet, seja nos meios físicos, como rádios, jornais e TVs comunitárias, que a favela reivindica e realiza seu direito de falar e de ser ouvida.

4
A CULTURA DE RUA COMO REEXISTÊNCIA

Só vejo sangue
Muito sangue e dor na favela
Sangra a dor
Sangra sem piedade e amor

Por ora no Alemão,
Por ora na Maré,
Por ora em qualquer favela
Por ora em qualquer miséria

Meus irmãos de cor, de raça, de luta, de fé
Fé na defesa, na autodefesa, na incerteza
Meus irmãos, a razão me abandona,
Não é morada, é ingrata, é insana

Meu coração arde, explode, agoniza
Na angústia, na impaciência, na impotência
Na resistência, na insistência, na desobediência
Não percamos a essência

Renata Souza, "Essência", outono de 2014

Cultura popular é experiência e produção. E é o que ocorre com os bailes funks, quando estes tomam as ruas do Complexo da Maré e das favelas do Rio de Janeiro em geral. Nas ruas, becos e vielas, a voz do funkeiro é amplificada sem restrições sobre o que se canta. O funk não é crime e deve ser tratado como cultura e não como caso de polícia. "O enunciado 'funk é cultura' cita e rompe com a cadeia de significantes que coloca no mesmo eixo paradigmático os termos *favela, favelado, tráfico, traficante, funkeiro, funk, coisa de bandido*."[1]

A indústria cultural incorporou o funk em sua versão *light*, o funk do bem, aquele cujas letras não são consideradas apologia ao tráfico de drogas e à pornografia, ou consideradas grotescas. Por sua vez, o Estado tem servido como principal censor da realização de bailes funks, principalmente e exclusivamente em territórios favelados.

A linguagem é o meio pelo qual a essência humana se expressa, de acordo com Walter Benjamin. Em geral, a linguagem é articulada como um meio de comunicação entre os homens, mas esta não se qualifica apenas como um sistema convencional de signos. Benjamin recorre às teorias onomatopaicas para revelar as semelhanças não sensíveis da linguagem. Tal concepção não se limita a conceber a palavra oral em seu campo reflexivo apenas, mas transborda-a para a escrita. Essa dimensão mágica da escrita e da linguagem é também semiótica. "Todos os elementos miméticos da linguagem constituem uma intenção fundada. Isto é, eles só podem vir à luz sobre um fundamento que lhes é estranho, e esse fundamento não é outro que a dimensão semiótica e comunicativa da linguagem."[2]

Desse modo, a escrita como fundamento revela nos sons da frase seu contexto significativo e semelhante: "Mas como essa semelhança não sensível está presente em todo ato de leitura, abre-se nessa camada profunda o acesso ao extraordinário duplo sentido da palavra leitura, em sua significação profana e mágica"[3]. Ao revelar essas semelhanças não sensíveis, Benjamin identifica na linguagem e na escrita um dom mimético da clarividência de outrora. E, nesse processo, a velocidade na leitura ou na escrita, imposta pelo ritmo, é a responsável por acessar o espírito.

O funk é uma linguagem que tem por base uma leitura ritmada, como se caracteriza o rap, uma fala cantada e, às vezes, declamada. Reconheço o funk como cultura e linguagem. E concordo com Adriana Lopes, que o qualifica como uma prática social historicamente situada: "Uma forma de cantar, de

---

[1] Adriana de Carvalho Lopes, *Funke-se quem quiser: no batidão negro da cidade carioca* (Rio de Janeiro, Bom Texto/Faperj, 2011), p. 87.
[2] Walter Benjamin, *Magia e técnica, arte e política: ensaios sobre literatura e história da cultura* (trad. Sérgio Paulo Rouanet, 8. ed., São Paulo, Brasiliense, 2012), p. 121.
[3] Idem.

expressar, de construir, de vivenciar e de sentir o mundo"[4]. Essa expressão da cultura popular se articula em seu nível máximo na favela, na comunidade e, no nosso caso, na Maré.

CRIMINALIZAÇÃO DO FUNK E DOS FUNKEIROS

"Soldado da Força de Pacificação da Maré afirma a jornal sueco que proibição de bailes funks é 'castigo'", anuncia a manchete do jornal *Extra* no dia 19 de junho de 2014[5]. Ocupada pelas forças militares desde abril de 2014, por conta da política de reforço da segurança da cidade para a Copa do Mundo, a Maré recebe como "castigo" o cerceamento da principal expressão cultural da favela: o funk. Nossa hipótese é a de que o Estado, principalmente com sua política de pacificação, desconhece a dinâmica comunitária. E, ao cercear o funk e estabelecer uma série de normas para regular a cultura favelada, o Estado confirma empiricamente nossa hipótese. A Maré espelha tal realidade mesmo antes da implantação definitiva de uma Unidade de Polícia Pacificadora na região. Uma política que se baseia na gestão autoritária do espaço favelado, dada a imposição do "Nada opor", um documento redigido pela Coordenadoria de Polícia Pacificadora, que busca "criar uma norma para organizar e envolver o maior número de órgãos governamentais na elaboração dos atestados de 'Nada opor' para eventos culturais em locais públicos ou privados dentro dos limites da comunidade"[6].

Uma reportagem publicada no concorrido "Segundo Caderno" do jornal *O Globo*[7], em maio de 2012, qualifica o Complexo da Maré como eixo da "cultura da periferia", mesmo antes da implantação da UPP. Essa nova classificação toma como base a atuação de ONGs que se constituíram como gestoras de equipamentos culturais "fechados", tais como o Museu da Maré, a

---

[4] Adriana de Carvalho Lopes, *Funke-se quem quiser*, cit., p. 19.
[5] Disponível em: <https://extra.globo.com/noticias/rio/soldado-da-forca-de-pacificacao-da-mare-afirma-jornal-sueco-que-proibicao-de-bailes-funk-castigo-12926309.html>; acesso em: 1º jun. 2017.
[6] Eric Vieira, "Estratégia para solução de 'Nada Opor' nas comunidades com UPPs", Boletim da Polícia Militar do Estado do Rio de Janeiro, 2013, p. 3.
[7] Luiz Fernando Vianna, "Maré Cheia: complexo de favelas atrai artistas, 'exporta' os seus e mostra vitalidade que o confirma como principal eixo da 'cultura da periferia' do Rio", *O Globo*, Segundo Caderno, 29 maio 2012, p. 1; disponível em: <https://acervo.oglobo.globo.com/consulta-ao-acervo/?navegacaoPorData=201020120529>; acesso em: 30 nov. 2016.

Lona Cultural e o Galpão de Artes. As atividades nesses espaços são amplamente divulgadas na cidade pelos meios de comunicação tradicionais, como jornais, rádios e TVs. Ao entrar para agenda cultural do Rio, as ONGs muitas vezes disponibilizam vans em diferentes bairros da Zona Sul e do Centro, por exemplo, para viabilizar a mobilidade das pessoas até os centros culturais para assistir aos espetáculos. Shows com bandas famosas, peças teatrais, espetáculos de dança e exposições das mais variadas fazem parte das inúmeras atrações oferecidas gratuitamente ou a um valor muito abaixo do ofertado pela indústria cultural.

No Rio de Janeiro, por mais que o funk tenha sido reconhecido em 2009, por força de lei, como uma expressão cultural, há tentativas de criminalizá-lo. Essa lógica é fortalecida pelo discurso articulado historicamente pelos órgãos de segurança pública e endossado pela mídia tradicional. As inúmeras manchetes de jornal da década de 1990 sobre o tema são reveladoras: "Funkeiros apedrejam ônibus e ferem 3" (*O Globo*, 10 de agosto de 1993), "Funk Carioca: de James Brown ao Comando Vermelho" (*O Dia*, 23 de março de 1994), "Funkeiros tentam estupro" (*O Dia*, 26 de agosto de 1994), "Juiz manda apurar apologia ao tráfico nos bailes funk" (*O Globo*, 11 de junho 1995), "Rap é a nova arma do Comando Vermelho" (*O Globo*, 11 de junho de 1995), "Febre Funk já matou 80" (*O Dia*, 12 de setembro de 1996). Essas narrativas discursivas impuseram o funk como o bode expiatório das mazelas da sociedade, por isso a solução imediata dos órgãos públicos é sempre apelar para sua proibição.

Mesmo na primeira década dos anos 2000, quando ganhou a Zona Sul e virou moda entre a juventude de classe média, o funk continuou sendo criminalizado pela mídia corporativa. Essa estigmatização do funk foi acompanhada, nesse período, por sua glamourização, ou seja, o que acontece quando uma prática tida como exótica é incorporada pela indústria cultural. Esse fenômeno foi muito bem explicado pelo teórico cultural e sociólogo jamaicano Stuart Hall, que viveu e atuou no Reino Unido a partir de 1951 e morreu em 2014. Para ele, as manifestações da cultura popular negra estão fadadas à mercantilização e criminalização, já que "os estereótipos e as fórmulas processam sem compaixão o material e as experiências que ela produz"[8]. De acordo com Adriana Lopes, os escândalos que relacionaram a música à gravidez de

---

[8] Stuart Hall, *Da diáspora: identidades e mediações culturais* (org. Liv Sovic, trad. Adelaine La Guardia Resende, Belo Horizonte, Ed. UFMG, 2003), p. 341.

adolescentes e ao assassinato do jornalista Tim Lopes fizeram com que a apropriação *cult* do "som de preto" gerasse a dicotomia funk do bem *versus* funk do mal, relacionando este último às composições que fazem apologia ao tráfico de drogas.

Nesse período, manchetes e subtítulos de jornais de grande circulação referendaram tal argumento: "Polícia Civil indicia 12 MCs por tráfico". No subtítulo: "Em letras de funks do mal, há promessas de destruir Caveirão, blindado da PM" (*O Dia*, 30 de setembro de 2005); "Funkeiros são acusados de exaltar tráfico" (*Folha de S.Paulo*, 4 de outubro de 2005); "Ligações perigosas: voz em funks proibidos é de MC preso" (*O Dia*, 26 de maio de 2006). Para Adriana Lopes, o discurso hegemônico sempre qualificou a favela como o lugar do perigo e da barbárie, por isso qualquer prática ligada a esse espaço é vista com desconfiança: "Esse ideário de que tudo aquilo que é da favela polui é perversamente reificado por um constante processo de estigmatização e criminalização de seus sujeitos e práticas. Assim, o funk da favela é 'festa de bandido'"[9]. E o Estado toma essa concepção como verdade absoluta, por isso proíbe de maneira autoritária o baile funk.

A cultura funk é uma cultura de rua. A rua e o funk se constituem como referência para a juventude na rotina cultural comunitária. Nos fins de semana, as ruas se tornam local de lazer. É nela que espaço público e privado se confundem, muitas vezes de maneira conflituosa. Como já exposto, festas particulares tomam as ruas, que geralmente são fechadas com enormes caixas de som, e o repertório é dominado quase que exclusivamente pelo funk.

A ocupação da Maré pelas Forças Armadas, iniciada em abril de 2014 para dar suporte à segurança durante a Copa do Mundo, discrimina e reprime tanto os bailes funks quanto as festas nas ruas. A realização de bailes funks foi terminantemente proibida, e as festas nas ruas precisavam de autorização prévia das forças de pacificação. O morador, acostumado a fazer da rua a extensão de sua casa para festas particulares e coletivas, era abordado de maneira violenta e autoritária, o que gerou diversos conflitos diretos e indiretos. Muitos deles com agressões físicas entre civis e militares, acarretando prisões arbitrárias, classificadas como abuso de autoridade.

A proibição do baile funk nas ruas da Maré, ou mesmo o confinamento do baile em quadras esportivas da favela, foi tema de reportagem publicada no

---

[9] Adriana de Carvalho Lopes, *Funke-se quem quiser*, cit., p. 64.

número 53 do jornal *Maré de Notícias* em maio de 2014[10]. Sob o título "Não deixe o funk morrer", a reportagem expressa preocupação com o fim do baile funk e mostra o posicionamento dos moradores, que, divididos entre aceitar ou não o baile, falam do volume alto das caixas de som. O som, como mostramos no Capítulo 3, é algo conflituoso na vida em comum das favelas.

Mas o que tudo isso significa de fato para os moradores da Maré, já que uma de suas principais expressões culturais é criminalizada e, muitas vezes, proibida pelo Estado? E como se estabelece o cerceamento da cultura de rua, tão característica da ocupação espacial da juventude favelada?

Ao autorizar ou desautorizar as expressões culturais na comunidade, o Estado, por meio do processo de pacificação das favelas, qualifica-se como gestor autoritário da cultura. As forças de pacificação, além de vigiar e punir, apresentam-se como agentes culturais das comunidades ocupadas. São as corporações militarizadas que gerem a cultura, como outrora fizeram na ditadura militar, deslegitimando a autonomia comunitária. A organização da cultura também é configurada pelas instituições que servem para difundir ideologias de modo geral. Zygmunt Bauman destaca que a cultura é uma entidade ou processo que estabelece a ordem; portanto, as normas providas ou instaladas por meio da cultura são coerentes e não contraditórias: "Sendo a cultura um sistema coerente de prescrições e proscrições, somente podem pertencer ao sistema as normas e artefatos culturais que sejam indispensáveis à autorreprodução do sistema"[11].

A visão pessimista de Bauman vai ao encontro da práxis das Forças Armadas brasileiras, pois, em 2014, elas impuseram uma série de exigências e regras na tentativa de organizar e regular as atividades culturais na Maré. A primeira das exigências, aliás, já inviabilizava a realização de qualquer atividade cultural, já que ordenava que o pedido de autorização ao Comando Militar fosse solicitado com quinze dias de antecedência do evento. O que revela má-fé ou, no mínimo, um desconhecimento da dinâmica comunitária, uma vez que muitas atividades culturais e festas de rua na favela são organizadas da noite para o dia ou, quando muito, com uma semana de antecedência. Diversas normas devem

---

[10] O jornal *Maré de Notícias*, uma publicação da ONG Redes da Maré, noticiou em 22 de maio de 2014 as divergências em torno da proibição, por parte das Forças Armadas, do baile funk realizado nas ruas da Maré. A reportagem está disponível em: <https://mareonline.com.br/mare-de-noticias/mare-de-noticias-53/>; acesso em: 10 jul. 2017.

[11] Zygmunt Bauman, *O mal-estar da pós-modernidade* (trad. Mauro Gama e Cláudia Martinelli Gama, Rio de Janeiro, Zahar, 1998), p. 164.

ser cumpridas para que os moradores da Maré tenham autorização para realizar atividades culturais.

Além disso, ao exigir a assinatura de um "Termo de Responsabilidade" do morador que demandou a atividade cultural, os militares delegam ao organizador a segurança do evento, a garantia de que não ocorra a hostilização contra as Forças de Pacificação, a responsabilidade de vigiar os tipos de músicas tocadas, entre outras obrigações. Caso algo saia do controle do morador, ele será responsabilizado pelos militares. O termo ainda vem acrescido dos telefones do Disque-Pacificação, para que, em caso de problemas, o demandante da autorização entre em contato com a tropa. Tudo isso é mediado pela Associação de Moradores e pelo Comando da Tropa de área.

Para o já citado Stuart Hall, o Estado se qualifica como um sistema de regulação, de regra e norma, de normatização dentro da sociedade: "O Estado condensa práticas sociais muito distintas e as transforma em controle e domínio sobre classes específicas e outros grupos sociais"[12]. No entanto, a organização da cultura, segundo Carlos Nelson Coutinho, se dá por meio do "sistema de instituições da sociedade civil cuja função dominante é a de concretizar o papel da cultura na reprodução ou na transformação da sociedade como um todo"[13].

Essa apropriação e essa militarização da regulação da cultura na Maré pelo Estado não se dão sem resistência. Mesmo com a proibição, os funkeiros insistiram em ocupar as ruas com seus "pagofunks", uma mistura de pagode com funk, e suas festas particulares, sem pedido formal de autorização às forças de pacificação. Os meios de comunicação das grandes corporações não se preocuparam em abordar esse assunto, talvez porque esse tipo de prática autoritária já se justifique automaticamente por conta do suposto combate ao varejo de drogas.

Além disso, ainda de acordo com Adriana Lopes, "a defesa da cultura funk é uma luta por significação e, por conseguinte, uma luta política contra a criminalização das favelas, seus sujeitos e suas práticas – uma batalha cultural com efeitos simbólicos e materiais"[14]. Uma vez que o funk traz à tona vozes criminalizadas e silenciadas pelas representações hegemônicas, ele se torna uma força comunicativa sem igual: a palavra se configura como uma arma. "Com

---

[12] Stuart Hall, *A identidade cultural na pós-modernidade* (trad. Tomaz Tadeu da Silva e Guaracira Lopes Louro, 11. ed., Rio de Janeiro, DP&A, 2011), p. 154.
[13] Carlos Nelson Coutinho, *Cultura e sociedade no Brasil: ensaio sobre ideias e formas* (Belo Horizonte, Oficina de Livros, 1990), p. 17.
[14] Adriana de Carvalho Lopes, *Funke-se quem quiser*, cit., p. 88.

a potência da palavra que se dança, esses jovens se comunicam, à medida que disseminam uma força por meio da qual encenam batalhas linguísticas que buscam romper com as marcas de tantas representações estigmatizantes."[15]

De acordo com MC Leonardo, cria da Rocinha e autor do "Rap das armas", negligenciar o funk enquanto cultura popular é negar a vivência da juventude favelada. E essa negação também é reflexo do preconceito linguístico, além do uso discriminatório que o mercado faz do funk e de seus cantores. Só é qualificado como cultura aquilo que o mercado absorve e a indústria cultural aplaude, como ocorre com os funkeiros que têm acesso aos programas de televisão:

> O funk é cultura porque ele é um modo de vida. Quando você fala que o funk não é cultura, como tem muitos que falam aí, você... pratica uma coisa pior do que assassinar, porque quando você assassina você mata uma coisa que está viva, quando você fala que o funk não é cultura você nega a vivência. Você trata com indiferença o modo de ser da outra pessoa e a arte não tem nada a ver com isso. Cultura é uma maneira das pessoas viverem, porém, né? A arte, e aí no caso do funk é a arte musical, por vir de um local, de um lugar, aonde boca de fumo não fecha por nada e colégio fecha por boato. A gente tem uma massa de gente que quer se comunicar, mas só tem aquele ambiente como inspiração e muitas das vezes não tem, não fala os "S" ou os "R" que deveriam falar, gera um preconceito muito grande. Toda cultura popular é sem planejamento. O moleque fala e a coisa acontece. Essa maneira de se propagar a cultura que não está ligada aos mecanismos das grandes gravadoras, causa incômodo em muita gente, e esse incômodo faz com que as pessoas não vejam isso como cultura. Esse incômodo faz com que as pessoas vejam que para ser cultura tem que estar no Faustão. Então, a Anitta é cultura porque ela não é funk. O Naldo é cultura porque ele não é funk. O funk é uma coisa feita totalmente de brincadeira por um moleque na favela, no meio dos becos, mas se está no Faustão, então é cultura. Se entrar no meio do grande mercado de venda de música, passa a ser cultura na visão de muitos. Ou seja: a cultura está ligada ao mercado e não a uma maneira de ser, algo que deveria ser totalmente ao contrário. O mercado é que deveria ver a maneira de ser dos outros.[16]

Ao não operar segundo a lógica do mercado, seja em razão de sua cadeia de produção, caracterizada pelo improviso e pelos baixos custos, seja em razão do perfil jovem de seus consumidores, o funk subverte as regras do Estado. Ao

---

[15] Ibidem, p. 90.
[16] MC Leonardo, cria da Rocinha, depoimento colhido em maio de 2017.

mesmo tempo, o funkeiro reivindica do Estado uma interferência em termos de política cultural, e não de ação policial. A tal "pacificação", que dá nome a uma ação teoricamente positiva do Estado, esconde em sua essência o significado de que o local a ser pacificado está em guerra. Isso posto, permitem-se ao poder público intervenções que suspendem os direitos dos indivíduos nas comunidades. "Em nome da 'pacificação', o Estado comete várias arbitrariedades contra a população que mora na favela, principalmente contra os sujeitos que se encaixariam no perfil sociológico dos supostos traficantes – ou seja, a grande maioria de jovens que vive em comunidades!"[17]

A tentativa de "domesticação" da favela via repressão cultural tem se revelado ineficaz, pois se observa uma insistência na realização espontânea de pagofunks, em vez de bailes funks. Mudou a nomenclatura, mas os bailes ocorrem da mesmíssima maneira: são atividades gratuitas no meio da rua, que buscam manter uma regularidade espacial e temporal. Como o baile funk, a música prioritária do pagofunk é o funk, e não há nenhuma divulgação nos meios formais de comunicação. Além das rádios comunitárias, o boca a boca se configura como a principal ferramenta de divulgação. A diferença mais sensível do pagofunk para o baile é que não há intercâmbio com outras favelas, como as características caravanas de funkeiros que frequentavam os bailes funks da Maré.

E a rua, que na favela torna-se extensão das casas, configura-se como o desordenamento físico do espaço que o Estado quer ordenar, regular e controlar. Por isso, a primeira ação da política de pacificação nesses locais é a retirada das pessoas das ruas, decretando o toque de recolher ou impedindo a realização de atividades culturais nas ruas. Mas os mareenses insistem em ocupar as ruas com suas festas. E, assim como Hall, somos otimistas ao acreditar que é na cultura popular que se encontra um ambiente fértil para se constituir o socialismo. Uma vez que a cultura popular se potencializa como um campo de batalha, a cultura resiste nas ruas.

A RUA: CULTURA DE RESISTÊNCIA

O compartilhar de um espaço e de uma rotina é definidor para o estreitamento dos vínculos em comum. Nesse sentido, o funk é uma experiência extremamente comunitária, já que muitas de suas composições revelam o cotidiano de

---

[17] Adriana de Carvalho Lopes, *Funke-se quem quiser*, cit., p. 122.

alegrias, frustrações, privações e opressões vivenciadas em comum por moradores de favelas. É nesse universo complexo, como dissemos no Capítulo 2, quando falamos sobre os donos da rua, que a rua é espaço público-privado que realiza seu vínculo comunitário em seu maior grau de organicidade. E não é sem razão, como já vimos, que há a proibição dos bailes funks realizados nas ruas da Maré. O Estado não consegue compreender que a festa nas ruas é fruto de mobilização e improviso, porque não há lugar fechado na favela que comporte a juventude favelada. MC Leonardo, presidente da Associação de Profissionais e Amigos do Funk (Apafunk), reafirma a necessidade de ocupação da rua, inclusive para gerar emprego e renda para a favela. Mas, em vez de reconhecer sua potência econômica, o poder público tenta inviabilizá-lo:

> Usar a rua é um improviso. É um improviso ter o baile funk na rua, já que não existem outros lugares com condições e tamanho adequados. Às vezes tem uma quadra polivalente, vamos supor, eu falo do Santa Marta, por exemplo: o Santa Marta tem uma quadra lá em cima, tem um campinho lá em cima, daí começa a fazer o baile funk lá, só que vai chegar um momento que não tem como colocar mais gente ali. Aí, bota na quadra, mas também não deu, então, qual o problema de o baile ser na rua? E isso gera um mercado que a gente não tem noção de quanto. Nós estamos no meio de uma crise, a gente tinha que fazer com que o Estado reconhecesse esses espaços como espaços culturais e dividir responsabilidades. Não é simplesmente não respeitar horário, não respeitar volume, não respeitar posição das caixas de som, porque de fato as posições das caixas de som fazem muita diferença no "reverbere" daquilo ali. Enfim, tem uma série de coisas que tem que fazer, mas a polícia não quer ver nada. Ela quer impedir que o baile ocorra e consegue com arbitrariedade.[18]

A geração de emprego e renda do baile funk é algo que deveria ser mais bem explorado, principalmente com relação aos bailes que ocorrem nas favelas. A resistência do funk é cultural, mas também é econômica. Uma pesquisa da Fundação Getúlio Vargas (FGV Opinião)[19], publicada em novembro de 2008, mostrou o potencial dos quatro segmentos envolvidos na produção dos

---

[18] MC Leonardo, cria da Rocinha, depoimento colhido em maio de 2017.
[19] Marcelo Simas e Elizete Ignácio (coords.), "Configurações do mercado do funk no Rio de Janeiro", Rio de Janeiro, FGV Opinião/CPDOC, 2008; disponível em: <https://cpdoc.fgv.br/sites/default/files/fgvopiniao/Configura%C3%A7%C3%B5es%20do%20mercado%20do%20funk%20no%20Rio%20de%20Janeiro%20-%20FGV%20Opini%C3%A3o.pdf>; acesso em: 5 jun. 2017.

bailes funks: MC, DJ, equipe de som e camelôs. De acordo com o estudo, os bailes funks rendem em torno 120 milhões de reais por ano, o que corresponde a 10 milhões de reais por mês. Só a bilheteria abocanha 7 milhões de reais mensalmente[20]. O mercado do funk para o MC é o mais promissor, mesmo que relativamente instável, chegando a um valor superior aos 5 milhões de reais, como revela o Gráfico 6:

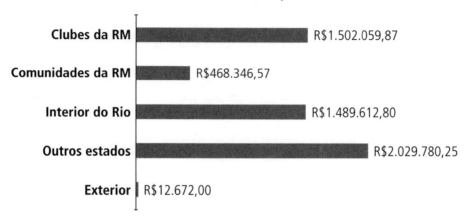

Gráfico 6: Mercado do funk para os MCs representa um total de R$ 5.502.471,50.
Fonte: FGV Opinião, 2008.

É importante destacar o mercado do funk para o MC. É ele, de fato, o responsável por ecoar em suas composições a vivência cotidiana nas ruas das favelas. Os dados revelados pelo estudo da FGV Opinião destacam que os clubes da Região Metropolitana do Rio são os locais onde os MCs se apresentam com maior frequência, já que nas comunidades o valor dos cachês está abaixo do mercado. No mundo do funk, dominado pelo trabalho informal, são os MCs os mais jovens. Em comparação aos DJs e aos donos das equipes de som, os MCs têm carreiras meteóricas, de curtíssima duração. No entanto,

---

[20] O mercado do funk chama a atenção de veículos de comunicação que abordam temas relacionados à economia. Sob o título "'Pancadão' fatura R$ 10 milhões por mês no Rio de Janeiro", a revista Época Negócios publicou em 31 de março de 2009 uma matéria sobre a pesquisa da FGV Opinião. Disponível em: <http://epocanegocios.globo.com/Revista/Epocanegocios/0,,EDG86013--16628,00-PANCADAO+FATURA+R+MILHOES+POR+MES+NO+RIO+DE+JANEIRO.html>; acesso em: 5 jun. 2017.

mesmo momentâneo, o funk se configura como um meio de subsistência e sobrevivência para essa juventude.

A pesquisa também mostrou que o principal meio de divulgação dos bailes são as rádios comunitárias. Todos os segmentos entrevistados, MCs, DJs e equipes de som, dão muita importância às rádios comunitárias, seguidas do próprio MC, da internet e dos programas de TV, como revela o Gráfico 7:

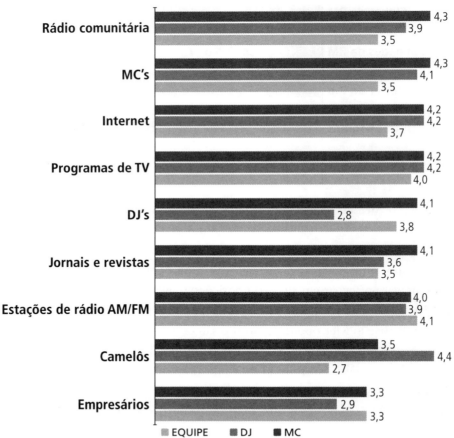

Gráfico 7: As rádios comunitárias são o meio mais importante de divulgação do funk.
Fonte: FGV Opinião, 2008.

Ao apresentar a rádio comunitária como principal meio para a divulgação do baile funk, observamos a capacidade de mobilização da juventude na comunicação comunitária. A rádio comunitária é referência, por conta do acesso mais barato, mais ágil e menos burocrático para as pessoas que vivem nas favelas. Além disso, a pesquisa revela o que já constatamos empiricamente: o público prioritário do funk é o jovem morador de favela. Um público pouco assistido pelas políticas públicas de trabalho e renda. O ponto central dessa pesquisa da FGV Opinião, a meu ver, é a revelação da existência de um mercado informal que absorve essa juventude desempregada, muito caracterizada por perspectivas limitadas de desenvolvimento e crescimento profissional, educacional e econômico.

Quando falamos em juventude, devemos nos perguntar: que juventude é essa de que tratamos neste livro? De acordo com dados divulgados em 2013 pelo IBGE[21], um quinto dos jovens brasileiros entre 15 e 29 anos não trabalhava nem estudava. Isso corresponde a cerca de 10 milhões de jovens sem expectativas. A oportunidade para essa juventude, como podemos observar, não é colocada a partir de uma iniciativa do Estado democrático de direito. Nesse contexto socioeconômico e político, a possibilidade de vislumbrar perspectivas está justamente na apropriação de bens culturais e comunicacionais que estão nas ruas. Essa juventude resiste culturalmente para sobreviver socialmente.

Como demonstramos, não se pode negligenciar o fato de o funk se apresentar como fonte de um novo sentido e perspectiva de futuro para muitos jovens favelados. Embora menos enfáticos do que o sambista favelado Bezerra da Silva, que cantou: "E se não fosse o samba/ Quem sabe hoje em dia eu seria do bicho? /Não deixou a elite me fazer marginal/ E também em seguida me jogar no lixo", muitos funkeiros também exaltam sua música como definidora de suas vidas: "Vou cantar lalalaia e vou mais adiante/ Diz pra mim o que seria de mim se não fosse o funk", cantou MC Marcinho. Isso nos revela que a resistência cultural do funk passa pela questão econômica e se encerra na própria sobrevivência da juventude favelada. Além disso, o óbvio: o funk é diversão, principalmente para os jovens negros.

---

[21] Essa geração de jovens que não estuda nem trabalha foi apelidada de "geração nem-nem" por diversos veículos tradicionais de comunicação. A reportagem que abordou esse tema foi publicada em 29 de novembro de 2013 no portal *UOL*. Disponível em: <https://noticias.uol.com.br/cotidiano/ultimas-noticias/2013/11/29/um-em-cada-cinco-jovens-de-15-a-29-anos-nao-estuda-nem-trabalha-diz-ibge.htm>; acesso em: 15 jul. 2017.

FUNK X ROCK EM MOVIMENTO

A resistência à constante proibição de realização do baile nas favelas também se estende às imposições cerceadoras da cultura favelada à própria juventude. Há um imaginário social, articulado pelos meios de comunicação tradicionais, como demonstramos no capítulo anterior, que identifica a Maré como o lugar da extrema violência, da miséria e do banditismo. Tais estereótipos são enfatizados pelo Estado, que, em vez de estar ausente na favela, como afirma o senso comum, mantém-se nela com um forte aparato policial de repressão ao varejo de drogas e, nos serviços públicos essenciais, com sua ineficiência.

> O Estado, pelos oficiais, mais precisamente os comandantes da Polícia Militar do Rio de Janeiro, tem uma comunicação com a mídia que propaga para o resto da população que baile funk é festa de traficante, é reunião de bandidos. Isso está no subconsciente das pessoas. Você fala em baile funk, as pessoas pensam em armas e gente armada. As pessoas esquecem que as armas estão lá, agora, independentemente de o baile estar acontecendo ou não. Aquele submundo existe, independe do funk, é hipocrisia [do Estado]. Estão preocupados com as armas que estão perto das crianças só quando os adolescentes estão se divertindo. É um setor [a PM] altamente autoritário e corrupto. Mas o camarada da polícia militar não nasce no Leblon. O policial militar vem da Vila Kennedy, da Cidade Alta, da Baixada, mas é comandado por oficiais que não vêm da Baixada, vêm da elite.[22]

Na favela, mesmo aqueles que não gostam de funk têm uma relação íntima com o ritmo e, pelo menos, uma história sobre o tema para contar. Enquanto pesquisadora e moradora da Maré, durante o trabalho de campo, deparei com boas lembranças e com uma realidade triste de narrar, como o episódio que vivi e registrei como nota de trabalho de campo em outubro de 2015.

O som vinha de longe, baixinho, baixinho, mas chegava aos meus ouvidos e avisava que era dia de baile funk. Eu me animava, a rua toda se animava, as meninas comentavam sobre as roupas e os sapatos novos que haviam comprado na feira da rua Teixeira Ribeiro para ir ao baile naquele sábado. E eu, finalmente, achava que a minha mãe me deixaria ir à festa, afinal era dia de apresentação do Claudinho e Buchecha. E ainda rolava a história de que teria o banho de espuma, a sensação dos bailes na década de 1990. Mas minha mãe disse não. Contrariada, aos doze anos, sentava na calçada de casa e continuava

---

[22] MC Leonardo, cria da Rocinha, depoimento colhido em maio de 2017.

seguindo a rua, sentando de calçada em calçada, seguindo aquele som, até chegar à rua Principal, onde o som vindo do Brizolão era mais forte. Sim, o som vinha de um dos Cieps da Maré, apelidado carinhosamente de Brizolão, por fazer parte de uma política educacional implantada no final da década de 1980 e início de 1990, durante o governo de Leonel Brizola no Rio de Janeiro. Era lá que acontecia o baile funk, mas tinha que pagar pela entrada e adolescentes e crianças não podiam entrar desacompanhados, ou seja, mais uma vez fui "barrada no baile".

O som agora, nos anos 2010, vem de perto, muito perto, tão perto que chega a estremecer as paredes da minha casa e o auge do seu volume é às 3 horas da manhã. É quando o baile começa a ferver e as caravanas vindas de outras partes da cidade chegam em ônibus completamente lotados e deixam a rua Teixeira Ribeiro pequena para tanta gente. Sim, atualmente, o baile é no meio da rua e não há cobrança de entrada. São jovens, adolescentes, crianças, adultos, enfim, gente de todo lugar, de todas as cores, idades e classes sociais. Sim, diversas classes sociais, a galera do asfalto adora os bailes de favela. E o baile funk da Nova Holanda é o melhor de todos, é o baile de favela mais famoso do Rio de Janeiro.

Mas, antes da festa, a rua Teixeira Ribeiro é palco, desde às 5 horas da manhã, da feira livre de sábado. A feira também é muito famosa e há feirantes e barraqueiros de todas as partes da cidade. A rua Teixeira Ribeiro abriga o maior centro comercial da favela, por isso é uma das principais e mais conhecidas portas de entrada para a Maré: chega-se pela Passarela 9 da avenida Brasil. Com geografia irregular, característica de muitas favelas, a minha rua, a São Jorge, é um dos trajetos auxiliares à Teixeira Ribeiro. Por isso, aos sábados, assisto à chegada e à saída dos feirantes e barraqueiros da feira. Por volta das 19h, acompanho o trabalho dos barraqueiros do baile funk. São caixas e mais caixas de isopor enormes de cerveja, energético, whisky e refrigerante. Além do tráfego de fritadeiras gigantescas, que sustentarão a fome de petiscos dos funkeiros.

Toda a favela se mobiliza para o baile funk, os salões de beleza e as lojas de roupas passam o sábado todo lotados. A montagem do baile é impressionante: caixas de som gigantescas são enfileiradas no meio-fio, por toda a extensão da rua, dispostas dos dois lados da rua, umas de frente para as outras. Sim, as ondas sonoras entram em atrito umas com as outras, enquanto o espaço entre elas está lotado de pessoas. O deslocamento de tanta gente se dá no aperta--aperta embalado ao ritmo do funk. Esse tráfego de gente é quase um balé sincronizado, porque é preciso caminhar seguindo a dança, ao mesmo tempo em que equilibra o corpo e a bebida.

Nos extremos da rua, ficam os palcos para as atrações do dia, que normalmente são de funkeiros com visibilidade midiática e/ou grupos de pagode já reconhecidos. A rua é enfeitada com balões gigantescos, que lembram uma festa rave, luzes coloridas e fumaça. Quando a principal atração da noite sobe ao palco, acontece uma queima intensa de fogos de artifícios de pelo menos dez minutos, um show pirotécnico comparável aos fogos do Réveillon.

Como se vê, o batidão do funk gera emprego, mas também conflitos e criminalização de promotores e frequentadores. Sobre o emprego, só na minha rua há cerca de cinco famílias que se sustentam exclusivamente do trabalho no baile. E é um trabalho perigoso, porque, sendo proibido, a repressão policial é frequente. A minha vizinha Joana, que é empregada doméstica e complementava a renda vendendo salgadinhos no baile, ficou traumatizada depois que sua fritadeira com óleo quente virou nas pernas de uma menina durante uma correria provocada pela invasão da polícia. E isso, infelizmente, é mais corriqueiro do que se imagina.

O baile do Dia das Crianças de 2015, no Parque União, também na Maré, ficou lotado por causa do feriado e da atração do grupo de pagode Os Travessos. A polícia invadiu o baile e diversas pessoas saíram feridas. Uma catadora de latinhas, que trabalhava nesse dia, foi pisoteada. Ela foi internada com a bacia e o fêmur fraturados – o fêmur teve fratura exposta. Dificilmente essas incursões desastrosas ganham o noticiário, já que muitas acontecem de forma clandestina e têm a ver com a corrupção policial. Em dias de repressão policial, também é frequente que as caixas de som e todos os equipamentos do baile sejam metralhados, como em um paredão de fuzilamento. Muitos MCs e donos de equipamentos de som são apreendidos pela polícia acusados de associação com o tráfico de drogas. A polícia pode prender a polícia?

A ocupação do Exército na Maré mostrou que a opressão na favela também é seletiva, e indicou que o gênero musical funk é o principal inimigo. Além dos argumentos já apresentados, é possível chegar a essa conclusão quando comparamos o funk ao rock. Os frequentadores dos espaços de rock na Maré têm o mesmo perfil dos funkeiros: jovens e favelados. Há estudos no campo da etnomusicologia na Maré que constatam que as Forças Armadas interferiram mais em alguns eventos do que em outros, criando barreiras ou até mesmo impedindo que alguns aconteçam. Mas, em geral, quando há confrontos armados, vários eventos são prejudicados, independente de qual os militares liberaram ou não.

De acordo com a etnomusicóloga Elza Carvalho, moradora da Vila do Pinheiro e integrante do Rock em Movimento, as operações policiais interferem não só no momento em que ocorrem os shows, mas também depois deles. É difícil trazer bandas de fora da Maré, porque as pessoas, temerosas, acabam influenciadas pelo que veem nos telejornais.

O Rock em Movimento é uma das iniciativas de jovens que reivindicam a ocupação cultural da rua. Há a realização periódica de shows organizados de forma coletiva por moradores e não moradores da Maré, uma verdadeira interlocução entre artistas locais e frequentadores da favela. Mas os roqueiros não enfrentaram os mesmos problemas que os funkeiros na época da ocupação militar. Para compreender por que o funk foi mais hostilizado do que o rock na Maré, Elza Carvalho explorou o tema em 2016, em seu trabalho de conclusão de curso na Escola de Serviço Social da Universidade Federal do Rio de Janeiro, sob o título "Rock na Maré: repressão no contexto da ocupação militar".

A estudiosa relata que, ao ser informado de que necessitaria de uma autorização prévia para realizar seus eventos, o Rock em Movimento solicitou o "Nada opor" à Associação dos Moradores do Morro do Timbau, que fez a interlocução com as Forças Armadas. Nesse documento, remetido aos cuidados do coronel Fructuoso, o responsável do evento teve de se comprometer a: "Realizar um aviso pelo sistema de som sobre a proibição de venda de drogas, utilização de armas e confusões antes, durante e depois do evento, sob pena de não mais haver a realização do evento". O que chamou a atenção de Elza Carvalho, entretanto, foi o fato de o Rock em Movimento ter conseguido a autorização com relativa tranquilidade e, durante o evento, realizado em maio de 2014 na rua em frente ao Bar do Zé Toré, não ter ocorrido nenhuma ingerência das Forças Armadas. Não houve, por exemplo, a averiguação *in loco* da atividade, que se caracteriza pela ronda de agentes militares em jipes do Exército.

> Por ser integrante de um grupo de pesquisa, o grupo Musicultura, atuante no bairro Maré desde 2004, pesquiso o contexto musical e social do local desde 2009. Por meio das pesquisas realizadas com o grupo, entrevistas e trabalho de campo, pude perceber que diversos eventos culturais focados em outros estilos receberam a mesma informação sobre a necessidade de autorização para suas realizações, além de outras exigências que o dono do bar onde ocorrem os eventos de rock não havia mencionado. O que me causou estranhamento e se tornou o foco do

presente trabalho, foi o fato de haver eventos culturais, como os de funk, que não conseguiam a expedição da mencionada autorização, as exigências eram cobradas com maior firmeza e simplesmente eram proibidos de acontecer, situação que não foi observada com os eventos de rock.[23]

Com o propósito de debater temas em voga na sociedade e, em especial, nas favelas, o Rock em Movimento realiza o Maré de Rock. Já ocorreram três edições. A primeira aconteceu em 2008, com o título "Pela vida, contra o extermínio"[24], e buscou questionar a forma como o Estado trata a população de favela. Na época, diversas chacinas estavam ocorrendo e a Maré de Rock fez eco aos discursos de "auto de resistência", como seus integrantes chamam as mensagens que desejam passar. Em 2011, abordou o "Direito à cidade, contra a criminalização da pobreza"[25], em que criticava a cidade planejada para os negócios e para os grandes espetáculos, e questionava quem estaria vivo para usufruir dela. O discurso central do encontro foi: "Ninguém mata em nosso nome". Já em 2017, o Maré de Rock promoveu o evento "Pela defesa dos nossos direitos, contra toda a forma de preconceito", articulando reflexões sobre os "golpes" cotidianos de retirada de diversos direitos adquiridos, além de tematizar os preconceitos, as discriminações e as violências sofridas por negros, pessoas LGBTQI e mulheres.

Uma das caraterísticas do Maré de Rock que chama atenção, além da temática politizada e questionadora, é a utilização da linguagem audiovisual para divulgação dos eventos. São videochamadas que apresentam, a partir de casos reais, um retrato das violações de direitos humanos ocorridas no Rio de Janeiro. Os vídeos são produzidos em geral pelos próprios integrantes do Rock em Movimento, que desenvolvem roteiros intercalando a locução de moradores de favelas, que narram episódios de violência, com imagens de manifestações, ao som de rock e MPB.

Na edição de 2017 do Maré de Rock, realizada em 11 de fevereiro, diversas bandas se encontraram na base do "amor", sem cobrar pelas apresentações, mas

---

[23] Elza Maria Cristina Laurentino de Carvalho, cria da Vila do Pinheiro, depoimento colhido em março de 2017.

[24] O festival Maré de Rock busca divulgar o evento a partir de chamadas sobre os temas que pretende debater. O vídeo da primeira edição, realizada em 2008, está disponível em: <https://www.youtube.com/watch?v=g9cEkEZena4>; acesso em: 10 jul. 2017.

[25] O festival Maré de Rock II, "Pelo direito à cidade, contra a criminalização da pobreza", está disponível em: <https://www.youtube.com/watch?v=GpIOOGlVT0U>; acesso em: 10 jul. 2017.

a estrutura e a produção foram garantidas com doações de diversos parceiros. O encontro viabilizou a elaboração coletiva de manifestos em defesa dos direitos humanos, da educação, da saúde, da favela e da cultura, que foram lidos por moradores das favelas da Maré entre as apresentações das bandas.

> Peço licença para me apresentar, mas acho que todos por aqui me conhecem. Eu sou a responsável por ter trazido todos vocês até aqui.
> Eu nasci junto com a humanidade e sua necessidade de manifestar-se e comunicar-se. Sou paleolítica, moderna, pós-moderna e contemporânea. Estou em tudo que se produz por aqui: espetáculos, rituais, escrita, gestos, comida, estou na sua roupa, no nome de seu bairro, nos muros de todas as cidades. Posso ser erudita, de massas ou popular.
> Eu sou a cultura!
> Tenho cumprido até aqui meu dever com excelência e exijo ter todos os meus direitos respeitados à risca. Quero ter o direito de ser informal, de tornar as praças, ruas e vielas novos centros com dignidade. Quero ter o direito de me mobilizar onde for necessário sem burocracias ou avisos prévios. Quero ter leis que realmente incentivem hegemonicamente as periferias e "quebradas", quero ter o direito de não me restringir a um público privilegiado. Quero transitar, gerar encontros, organizações e movimentos. A história registra que eu sou capaz de criar, reinventar e ser mutável o tempo todo. Quero ter um Estado que me respeite, quero ter uma guarda que entenda que eu sou consumida e também me manifesto como ambulante. Preciso de representantes que me representem e saibam realmente o valor que tenho onde quer que esteja. Não importa se estamos na Maré ou no Leblon. De nada adianta recriar ministério ou secretarias que não funcionem para meu bem-estar. Tô cansada de ser massacrada, invadida e dizimada. Quem aqui lembra o que fizeram com a Aldeia Maracanã? Poderia citar outros exemplos, mas meu papel também é trazer alegria, mesmo que para isso eu tenha que lutar muito! Sou complexa, sou parque e sou vila. Não tenho fronteiras. Eu sou a cultura, muito prazer!

O interessante do Maré de Rock é que a ocupação da rua em forma de protesto político leva o debate a pessoas que sequer se identificam com o gênero musical do rock. Elas simplesmente param para ouvir o que está sendo dito. Na edição de 2017, tive a oportunidade de ler um manifesto feminista elaborado por mim e outras companheiras. Após a leitura, fui ao banheiro da Dogueria, um *food truck* que ocupa uma das calçadas da Maré e vende cachorro-quente gourmetizado: o local virou *point* ao viabilizar eventos do estilo pagofunk, mas abriu uma exceção para o Maré de Rock. Uma das clientes do bar me interpelou. Elogiou a coragem por ler algo que incomodou o companheiro dela e outros homens presentes. Também reconheceu que nunca falava sobre os direitos das mulheres com o marido, porque a reação dele era sempre agressiva. Recomendei que procurasse tratar do assunto com tranquilidade, e ela disse que aquela era a primeira vez que o marido a ouvia falar sobre o tema, já que o debate na mesa de cerveja girou em torno do que havia sido lido.

O relato me trouxe a dimensão de quanto, mesmo em um ambiente possivelmente hostil, por não ser tradicionalmente aberto a intervenções políticas, as pessoas podem se mostrar porosas ao serem afetadas por um tema.

O bloco Se Benze Que Dá, em outras proporções, experimenta de carnaval em carnaval essa profusão dialógica na Maré, como notaremos no item a seguir.

VEM PRA RUA, MORADOR: SE BENZE QUE DÁ

O bloco Se Benze Que Dá (SBQD), criado em 2005 por um grupo de jovens da Maré, traz como símbolos a folha de arruda e a frase: "Vem pra rua, morador". O bloco inaugura, a partir da cultura carnavalesca, o questionamento sobre o direito de ir e vir pelas ruas dentro e fora da favela. Só para constar, a origem alemã da palavra carnaval, datada da segunda metade do século XIX, de acordo com Bakhtin, "teria a sua etimologia de *Karne* ou *Karth*, ou 'lugar santo' (isto é, a comunidade pagã, os deuses e seus servidores), e de *val* (ou *wal*) ou 'morto', 'assassinado'"[26]. Podemos reinterpretar a inserção política e cultural do bloco como algo carnal, já que reproduz em forma de samba a opressão sentida na carne pelos mareenses. Por isso, não é sem razão que o SBQD utiliza como crítica o impedimento do direito de ir e vir. A juventude mareense enfrenta cotidianamente o cerceamento do direito de caminhar livremente entre as dezesseis comunidades, por conta dos conflitos entre grupos rivais que disputam territórios para o varejo de drogas. Além disso, as operações policiais militarizadas impedem o ir e vir não só dentro da Maré, como também fora dela. Uma das frases entoadas pelo alto-falante do Caveirão, veículo blindado utilizado pelas Polícias Civil e Militar do Rio, é: "Sai da rua, morador". Nesse sentido, o "Vem pra rua, morador" se revela como um discurso direcionado a

---

[26] Mikhail Bakhtin, *A cultura popular na Idade Média e no Renascimento: o contexto de François Rabelais* (trad. Yara Frateschi Vieira, São Paulo/Brasília, HUCITEC/Editora da UnB, 1987), p. 345.

três atores sociais: os agentes militares armados, os civis armados e os mareenses desarmados. Um discurso que ultrapassa limites.

O próprio nome do bloco também expressa uma realidade de constante medo e de crença na fé para superar as barreiras físicas e imaginárias impostas pelo conflito entre as facções. É a primeira vez que, em forma de festa de rua e carnaval, o mareense enfrenta discursivamente as relações de poder dos varejistas de drogas. É preciso se benzer com a folha de arruda porque dá para viver, como aponta uma das fundadoras do SBQD e cria da Nova Holanda, Mariluci Nascimento:

> O Se Benze surgiu em 2005 para questionar o direito de ir e vir do morador favelado. Sempre foi uma questão pra gente o fato de não podermos circular livremente pelas favelas da Maré. Muitos medos circulavam no nosso imaginário. Muitas histórias faziam com que a galera tivesse medo de ir de um lado pro outro. O grupo que se reuniu era bem misturado. Tinha gente do Pré-Vestibular [da Maré], do Musicultura, do Adolescentro, da Rede Maré Jovem [todos projetos da ONG Ceasm] e reunia uma galera. Todo mundo estava, a seu jeito, de alguma forma, discutindo essas questões. Tinha também uma galera que não fazia parte de nenhum grupo, mas era daqui, e que gostava de samba, de bloco de carnaval, especificamente, da ideia de se encontrar, tomar umas cervejas juntos, e fazer circular um bloco na Maré, nosso lugar de origem. Tínhamos muitas lembranças dos blocos de rua, das folias de reis, das animações que vivíamos em nossas infâncias, e queríamos reviver isso. O nome, que surgiu de uma brincadeira depois que um grupo de amigos que voltava de um bloco desses aí pela cidade, e agradou a todos: Se benze que dá! Era preciso ter fé, mas dava pra atravessar. Tudo a ver com a gente. Imaginávamos um bloco que circulasse por todas as favelas, atravessando todas as fronteiras. Celebrando a alegria e a coragem de enfrentar essa realidade, que não era fácil de questionar. Não é fácil enfrentar a opressão do tráfico. Não é fácil dizer pras pessoas, e pra nós mesmos, que essa favela nos pertence. Deveria nos pertencer. Não é da polícia, não é do bandido, é nossa. Temos direito a ela. E isso é muito difícil, mas nós nos propusemos a isso. Decidimos que faríamos, que traríamos mais gente conosco. E faríamos isso pela festa, pelo samba, pela alegria.[27]

Nosso estudo, como se pode observar, não ignora o autoritarismo e a tirania impostos pelo poder armado dos varejistas de drogas que disputam território em busca de expandir seus lucros. Como apontamos anteriormente, os dados da pesquisa quantitativa que realizamos entre janeiro e março de 2017 com

---

[27] Mariluci, cria da Nova Holanda, depoimento colhido em abril de 2017.

130 jovens da Maré mostrou que 79,2% deles não frequentavam festas de rua que ocorriam nas comunidades vizinhas às suas, a maioria por medo. Dos que responderam sim (20,8%), as duas favelas que mais frequentavam eram Nova Holanda (67,9%) e Parque União (46,4%). Não por acaso, essas duas comunidades são as que realizam os bailes funks mais disputados e possuem os comércios mais vigorosos. Como essas favelas são dominadas pela mesma facção e são geograficamente próximas, muitos entrevistados, quando respondiam a respeito de uma, já diziam que frequentavam a outra também, por isso a porcentagem global ultrapassa os 100%.

São essas as barreiras transpostas pelos jovens do bloco Se Benze Que Dá. Os desfiles ocorrem no sábado anterior ao Carnaval e no sábado posterior à Quarta-Feira de Cinzas, ou seja, anuncia e fecha a festa na Maré. A estratégia foi pensada para garantir a presença dos batuqueiros que costumam aproveitar o feriadão para viajar, e para abarcar parte da Maré, que territorialmente é muito grande. A cada desfile, o itinerário é decidido coletivamente, e o critério para a definir e fechar o roteiro é o cruzamento entre as ruas que separam, geograficamente, uma facção do varejo de drogas de sua rival. Na época do surgimento do SBQD, havia duas fronteiras: a rua Ivanildo Alves, conhecida pelos moradores como "Divisa", porque é fronteira entre o Comando Vermelho e o Terceiro Comando, respectivamente, da Nova Holanda e da Baixa do Sapateiro; e a rua Praia de Inhaúma, que marcava o limite entre o Terceiro Comando e o Amigos dos Amigos. Mas com a junção desses dois últimos grupos por volta de 2012, tornando-se Terceiro Comando Puro, a rua Praia de Inhaúma deixou de ser fronteira.

O primeiro samba do bloco, em 2005, já convidava os mareenses a romper barreiras e decompor as divisas, porque "Se benze que dá pra passar", como podemos identificar na letra do samba abaixo:

> Vem meu irmão, vem Maré mansa
> Vem para o samba, que é de mutirão
> É a comunidade, nossa sociedade
> Todo mundo dando as mãos
> Tecendo as redes
> Pelas lajes das rimas
> Rompendo as barreiras
> Decompondo as divisas
> Acreditando no povo

Na luta do povo
Esse dia há de chegar...
Se Benze que Dá! Pra passar (ô)
Com este samba
Essa é a galera da Maré, meu amor
Só tem gente bamba[28]

"Vem pra rua, morador" é um grito político de carnaval que funciona como catarse coletiva, principalmente para os mareenses que fazem parte do Se Benze. É um grito que se contrapõe à lógica do medo e do silêncio que submete cotidianamente milhares de favelados. É o grito que fica engasgado na garganta a cada operação policial, a cada troca de tiros entre varejistas de drogas, a cada vida ceifada. É um convite à insurgência favelada, à rebeldia, à luta. É a utilização de uma linguagem cotidiana, compreensível. Aqui a linguagem se revela enquanto práxis, como prevê Bourdieu, já que está contextualizada no território e se estrutura além do ato comunicativo. Nesse sentido, a legitimidade é fundamental. "Uma língua não é somente um instrumento de comunicação, ela é também instrumento de poder. A fala, para ser levada em consideração (ou seja, para ser escutada) deve ser revestida de legitimidade."[29]

Mesmo que por apenas um dia de carnaval, mesmo que por apenas algumas horas de folia, mesmo que só até a primeira divisa, como ocorre com muitos moradores que acompanham o bloco em determinada favela, mas que, ao chegar à primeira divisa, abandonam o cortejo. Quando algum morador se encoraja a seguir o bloco depois da barreira, o feito é celebrado com festa e vira comentário geral na hora da cerveja. Esse feito dificilmente é realizado por um homem jovem; em geral quem atravessa a divisa com a folia são as mulheres com suas crias e senhorinhas mais animadas.

Os ensaios do bloco ocorrem de maneira esporádica, sem periodicidade definida, nas lajes dos componentes do bloco ou mesmo nas ruas. A cada encontro, os mestres de bateria são obrigados a ministrar oficinas de tamborim, surdo, repique. Isso acontece porque há uma grande rotatividade de integrantes, e o núcleo duro, com aproximadamente vinte pessoas, não dá conta dos instrumentos. De qualquer maneira, os ensaios costumam ser temáticos, a partir de uma situação específica que exija uma crítica social. Um deles foi

---

[28] Elizabeth, Melo e Lima são os compositores do samba.
[29] Renato Ortiz, *Mundialização e cultura* (São Paulo, Brasiliense, 2006), p. 99.

sobre a declaração do ex-governador Sérgio Cabral a jornais de grande circulação em que defendia a legalização do aborto como método para diminuir a violência urbana. Na época, Cabral afirmou: "Tem tudo a ver com violência. Você pega o número de filhos por mãe na Lagoa Rodrigo de Freitas, Tijuca, Méier e Copacabana, é padrão sueco. Agora, pega na Rocinha. É padrão Zâmbia, Gabão. Isso é uma fábrica de produzir marginal"[30]. Ao tratar as mulheres faveladas como fabricantes de criminosos, Cabral abriu caminho para as sátiras tão características da cultura popular e, assim, os integrantes do bloco denominaram o ensaio como "Os abortados de Cabral".

> Começamos a fazer ensaios abertos e temáticos. Quando o Cabral deu aquela declaração infeliz, dizendo que a favela era fábrica de produzir marginal, fizemos um ensaio chamado "Os abortados de Cabral". Os ensaios eram regados a cerveja e sopa de ervilha, que vendíamos a cinquenta centavos só pra cobrir a compra dos ingredientes. Começamos a participar de eventos de protesto, participávamos do Gritos dos Excluídos [ato organizado por movimentos sociais que ocorre todos os anos no Centro da Cidade, no dia 7 de setembro], participamos de encontro na escola do MST [Escola Florestan Fernandes], fizemos atos quando mataram nossas crianças. Enfim, seguimos na linha de levantar a bandeira do direito de ir e vir e da luta pela vida. Passamos a fazer dois desfiles por ano. Um no sábado antes e outro depois do Carnaval, porque a Maré é muito grande e não dávamos conta de circular por toda ela tocando os instrumentos num sol de rachar. Mas nossos desfiles sempre têm a premissa de circular pelo menos por uma fronteira [local onde há conflitos armados entre facções concorrentes].[31]

Em verdade, o Se Benze transformou a folia de rua em uma arena de crítica social e de protestos políticos e culturais. Cheios de confetes, serpentinas e muito *glitter* na maquiagem ousada das cabrochas de batom vermelho, os desfiles são antecedidos por oficinas de cartazes em que os integrantes se organizam para disponibilizar tintas e cartolinas coloridas. Essa estratégia garante de saída o engajamento de crianças e adolescentes na produção que anuncia o

---

[30] Em 24 de outubro de 2007, sob o título "Cabral defende aborto contra a violência no Rio de Janeiro", o portal de notícias G1 publicou uma matéria que afirmava que a tese defendida pelo governador se baseava no livro dos norte-americanos Steven Levitt e Stephen J. Dubner, *Freakonomics* (Nova York, Penguin, 2006). Nesse livro, os autores relacionam a redução da violência nos Estados Unidos à legalização do aborto; disponível em: <http://g1.globo.com/Noticias/Politica/0,,MUL155710-5601,00-CABRAL+DEFENDE+ABORTO+CONTRA+VIOLENCIA+NO+RIO+DE+JANEIRO.html>. Acesso em: 10 jun. 2017.
[31] Mariluci, cria da Nova Holanda, depoimento colhido em abril de 2017.

início do cortejo. Frases como: "Paz sem voz não é paz, é medo", "Vem pra rua, morador", "Tiro na favela é diferente do que em Copacabana?", "Pelo direito de ir e vir", fazem parte do repertório imagético do bloco de rua.

O Se Benze Que Dá busca também, por meio de suas composições, resgatar a memória local. Como já observamos, esse mecanismo aciona dispositivos que criam, recriam e fortalecem a identidade. Sob o título "Mareense no Mar", a referência ao antigo Porto de Inhaúma, à moradora mais antiga da favela, dona Orosina, às palafitas e, consequentemente, ao processo de ocupação foi o tema musical do Carnaval de 2009. Na época, a Maré havia sido murada com barreiras "acústicas" pelo poder público, em parceria com a empresa Concessionária da Linha Amarela (Lamsa). O Se Benze Que Dá, junto com outros coletivos de comunicação e cultura, inclusive a Apafunk, promoveram uma campanha intitulada "Muro da Vergonha". O passado e o presente se encontraram para falar da força do mareense, como mostra o samba a seguir:

> O mareense no mar
> Antes do chão veio habitar
> Fincou a palafita no seu jeito de morar
> Segue forte na luta
> Sem se intimidar
> Virando o jogo não se deixou murar
> Derrube os muros do seu dia a dia
> Maré sempre cheia seja noite ou dia
> Resgate os versos do seu coração
> Se Benze que Dá!
> Com essa oração (E o porto)
> Porto de Inhaúma Portal de bonança
> Que construiu tantas riquezas
> Mas que hoje é só lembrança
> Tempo rico
> De águas cristalinas
> Época de ouro da dona Orosina
> Salve Maré-cidade que com sua energia
> Constrói os caminhos da cidade cerzida
> O combustível é voz e eu sou a centelha
> A minha arruda eu trago é na orelha![32]

---

[32] Leo Melo é o compositor do samba.

Essa inserção cultural, que caracteriza a reprodução do cotidiano da Maré, fez com que o desfile de 2015 do Se Benze fosse aguardado com um misto de tensão e ansiedade. Isso porque o ano anterior havia sido marcado pelas arbitrariedades cotidianas das Forças Armadas nas ruas da Maré. A repressão a eventos públicos e privados nas ruas tornara-se a principal atividade dos agentes militares. Todas as noites, principalmente aos fins de semana, havia uma ronda de militares com jipes e, nas ruas mais estreitas, as patrulhas eram realizadas a pé. Os batuqueiros do Se Benze não se renderam: saíram pelas ruas da Maré sob a mira dos bicos dos fuzis.

Naquele ano, diferentemente dos outros, os integrantes do Se Benze decidiram fazer um itinerário que ultrapassasse uma das trincheiras erguidas pelas Forças Armadas na Maré. A trincheira estava localizada debaixo do viaduto que liga as linhas Amarela e Vermelha. Ali foi montada uma espécie de base militar ao ar livre. Além das trincheiras, o local abrigava tanques de guerra e barracas de campanha.

Ultrapassar aquela trincheira era mais do que simbólico para os mareenses. Como porta-estandarte do Se Benze, aquele era o meu oitavo desfile, o qual narro e abro caminho para uma abordagem autoetnográfica, conforme meu diário de observações autoetnográficas, no dia 22 de fevereiro de 2015.

Ao som dos agogôs, surdos, repiques, tamborins e chocalhos, nós cantávamos: "Se Benze Que Dá pra passar/ Com esse samba/ Essa é a galera da Maré, meu amor/ Só tem gente bamba/ Vem, meu irmão/ Vem, Maré mansa/ Vem nessa rede, que é de mutirão/ É a sociedade/ Nossa comunidade/ Todo mundo dando as mãos". Assim caminhamos pelas ruas da Maré no final daquela tarde, mas foi somente à noite que avistamos as primeiras trincheiras embaixo do viaduto da Linha Amarela, via que corta algumas das comunidades da Maré.

O som dos tambores chamou a atenção dos soldados, que deixaram as trincheiras escuras com armas em punho para se aproximar, quase em marcha, e observar o bloco. Já era noite e, antes de o bloco chegar embaixo do viaduto, surgiram de repente dois tanques de guerra do Exército. Dos tanques foram projetados canhões de luz muito forte sobre o cortejo. Eles tentavam nos cegar. Também dos tanques ecoaram sirenes ensurdecedoras. Eles tentavam nos silenciar.

Continuamos o caminho, mas os tanques atravessaram de forma intimidadora a frente do Se Benze. Foram minutos que pareceram uma eternidade. Eles tentavam nos parar. Nesse momento, paramos e gritamos em frente aos tanques e em um só tom: "Não, não, não/ Não quero tanque, não" e repetimos,

repetimos, repetimos, até a garganta não suportar. Um enfrentamento simbólico, cada um com as suas armas, e os tanques zarparam com suas luzes e sirenes, sem dizer uma palavra. Aquela ação já nos dizia muito. Vencemos os tanques com nossos gritos e os batuques dos nossos instrumentos.

Assim, seguimos até a trincheira localizada embaixo do viaduto e ali paramos. E sob os olhares atentos e nervosos dos inúmeros militares armados de fuzis e entrincheirados, eram mais de cem, voltamos a gritar: "Não, não, não/ Não quero tanque, não", por cerca de dez minutos. A acústica do viaduto fez os batuques do bloco ecoarem de maneira indescritível, o que aumentou, exponencialmente, a sensação de tensão e enfrentamento com a nossa principal arma, o som, o grito, a indignação de sermos submetidos ao regime militar. Enfim seguimos o nosso caminho e comemoramos como se tivéssemos vencido uma verdadeira guerra contra a militarização de nossas vidas. Não calarão a nossa voz e o nosso som, não sem resistência.

Em 2017, com o acirramento dos conflitos por disputa de território na Maré, o Se Benze Que Dá cancelou pela primeira vez seu desfile, que abre alas para o início do carnaval. O adiamento da folia deixou os batuqueiros frustrados e repensando seu papel político e cultural na favela. A autocrítica dava conta da contradição que era o cancelamento do cortejo, justamente porque o bloco nasceu, havia doze anos, para ultrapassar e enfrentar a violência física e simbólica representada pelo cerceamento do direito de ir e vir. A situação trouxe à tona uma diversidade de questionamentos, inclusive sobre o futuro do bloco no momento em que parte dos integrantes do núcleo duro já não acompanhava com regularidade as discussões que o coletivo gostaria de travar na favela e na relação com outros movimentos sociais. O episódio, no entanto, serviu para que o Se Benze buscasse se fortalecer enquanto grupo na Maré, como relata Mariluci Nascimento:

> Nesse ano de 2017 também vivemos uma experiência forte pro bloco. Nós tivemos que cancelar um desfile por causa da guerra de facções. E nós nunca cancelamos desfiles por causa dessas coisas. Porque entendemos que esse é o momento em que as fronteiras mais precisam ser atravessadas. Mas esse ano tivemos que cancelar. E isso nos causou uma dor muito forte. Lembro que mantivemos a decisão de nos encontrar nesse dia, pra juntos conversar sobre isso. E lembro que nesse encontro, que aconteceu na rua, começamos chorando pra caramba, porque nós lutamos pra isso, pra que a gente possa atravessar. Se não atravessamos, pra que continuar existindo? Enfim, eu estava muito baixo-astral. Mas aí alguém no grupo levantou a

importância de a gente refletir sobre o fato e a importância de estarmos ali, naquele dia, todos ali reunidos, mesmo assim, depois de tantos anos. E a importância de continuar lutando e acreditando na nossa bandeira [do direito de ir e vir, do "vem pra rua, morador"] lembrando que isso a gente tá carregando não só no dia do desfile, mas também em todos os outros lugares nos quais atuamos. É como se o bloco desfilasse na escola, no pré-vestibular, na comunicação comunitária, na universidade, no posto de saúde, no teatro, no jornal, no mandato, nos cineclubes, nas festas, enfim, o bloco está em todos os lugares aonde levarmos essa luta, essa bandeira, essa crença que se constrói no nosso encontro. Nas nossas dores. Nas nossas festas. Enfim, essa coisa favelada que tá dentro da gente, essa coisa que faz a gente chorar. A rua, a brincadeira, o ir e vir sem medo, sem mortes, o respeito à vida, a uma sociedade melhor que a gente constrói junto, se não nos matarem. Mas, enfim, cancelamos esse desfile. Mas fizemos o segundo desfile. Atravessando mais uma fronteira, mudamos os trajetos. E foi muito importante atravessar a fronteira. Estava tudo muito tenso, moradores com medo, bandidos nervosos, mas atravessamos. Alguns nos olhavam com alegria, outros pensando que somos loucos, e passamos pelas armas, pelas fronteiras, pela tensão, mais uma vez. Gritando: "Vem pra rua, morador!". Mais uma vez. Lutando pelo direito de ir e vir. Com muita alegria também. Com muita esperança. Juntos. Na luta.[33]

Como mostramos, o Se Benze Que Dá expressa a vivência em comum a partir de um discurso que atravessa o momento festivo próprio do carnaval. Esses discursos mobilizam uma práxis política libertadora, pautada na experiência daqueles que sentem na carne os reflexos de um *éthos* militarizado. É um movimento social mareense que deságua na crítica social sobre a criminalização do povo favelado. Nesse sentido, o bloco, enquanto cultura popular, ressignifica o lugar daqueles que foram segregados e colocados à margem de uma sociedade de direitos, daqueles que travam uma disputa simbólica e discursiva sobre a favela. Denys Cuche, citando Michel de Certeau, qualifica a cultura popular como algo "comum" das pessoas comuns, que se renova cotidianamente[34]. Assim, para cooptá-la, seria necessário dominar a inteligência e a engenhosidade dos comuns.

Há que se concordar com Mikhail Bakhtin quando ele defende que a cultura popular, ao opor-se à cultura oficial, une os elementos que a segregam e a tornam marginal. Desse modo, a praça pública é identificada como o *lócus*

---

[33] Mariluce Nascimento, cria da Nova Holanda, depoimento colhido em abril de 2017.
[34] Denys Cuche, *A noção de cultura nas ciências sociais* (Bauru, Edusc, 2002).

privilegiado do povo, onde este assume o seu direito à voz. A praça se configura como a própria linguagem, um tipo peculiar de comunicação, já que é aberta à cotidianidade. "O lugar no qual o povo assume a voz que canta – e o tempo forte que é o carnaval. [...] Grosserias, injúrias e blasfêmias revelam-se condensadoras das imagens da vida material e corporal, que libertam o grotesco e o cômico, os dois eixos expressivos da cultura popular."[35] O cortejo mareense expressa esse "tempo forte que é o carnaval".

No item que se segue, abordaremos a carnavalização de Bakhtin a partir do estudo de caso da produção do curta-metragem *Quem matou Gilberto?*. Dirigido coletivamente pelos integrantes do grupo Na Favela, organizado a partir da ocupação da Maré pelas Forças Armadas, o curta reverbera uma visão carnavalesca sobre a militarização da vida.

NA FAVELA: QUEM MATOU GILBERTO?

A rotina de vigilância atingiu de maneira incisiva a dinâmica das ruas, que, como já vimos, são ocupadas pelos moradores como espaços coletivos e privados de vivências em comum. Antes do acirramento do processo de militarização, o estar na rua representava um momento de descanso e descontração, de troca de informações e atualizações de assuntos do cotidiano. Era momento de lazer para as crianças e de festa para os adultos. Estar na rua significava estar vivo. Nesse sentido, a interferência do Exército no dia a dia da favela foi recebida com estranhamento e interpretada como uma invasão, uma vez que se impôs com uma série de regras, enquadramentos e ordenamentos. E isso resultou em diversos conflitos diretos, como narrado em meu diário de campo em julho de 2014.

Os incidentes que presenciei indicam o que há de mais autoritário na relação entre Estado e favela. Respeitando as regras militares, minha prima Fernanda foi à Associação de Moradores do Parque Maré, que fazia a mediação entre o Comando Militar e os moradores, para registrar, com a devida antecedência, o pedido de autorização para realizar a festa de um ano de seu filho José em frente à nossa casa, na rua São Jorge, no dia 13 de julho de 2014.

---

[35] Citado em Jesus Martín-Barbero, "Globalização comunicacional e transformação cultural", em Dênis de Moraes (org.), *Por uma outra comunicação: mídia, mundialização cultural e poder* (Rio de Janeiro, Record, 2003), p. 105.

Com o pedido feito com antecedência e o documento "Nada opor" em mãos, a festa do pequeno José encheu a rua de pessoas que dançavam embaladas ao som de muito funk e um pouco de música infantil. Assim, não tardou muito, os militares chegaram com cerca de vinte homens fortemente armados com fuzis no meio da festa infantil e perguntaram quem era o promotor do evento. Prontamente, minha prima se apresentou munida do documento de autorização "Nada opor". Os militares pediram que ela baixasse o som e seguiram em frente, com fuzis em punho no meio de dezenas de crianças que ocupavam a rua. Uma abordagem simbólica da agressão cotidiana praticada por agentes de segurança do Estado.

No entanto, se essa abordagem militar já pode ser percebida como arbitrária, o que ocorreu em outra festa, realizada duas semanas após o aniversário de José, foi muito mais grave. Em sua ronda noturna, ao passarem pela rua São Jorge e notarem uma festa, os soldados foram até o meu vizinho e exigiram o documento de autorização. No entanto, meu vizinho informou que não tinha o documento, pois desconhecia a necessidade de uma autorização formal, e os militares ordenaram o fim imediato da festa. Ele tentou argumentar que todos os convidados já estavam presentes, que baixaria o som e terminaria a festa mais cedo, e iniciou-se uma discussão acalorada. Já exaltados, os militares começaram a destruir os equipamentos e as caixas de som.

Os convidados reagiram em defesa do anfitrião, mas já não havia qualquer possibilidade de diálogo e a rua tornou-se uma praça de guerra. De um lado, os militares lançavam bombas de gás lacrimogêneo, spray de pimenta, e davam tiros para o alto; de outro, os moradores respondiam com garrafas, paus e pedras. Pessoas corriam desesperadas em busca de proteção nas casas vizinhas, enquanto outras se espremiam nas calçadas estreitas, procurando proteção escorados nas paredes das casas. Crianças choravam e pais saíam desesperados em busca de seus filhos pequenos. Um cenário bárbaro de pânico e horror na rua São Jorge.

Essa inabilidade no trato rotineiro com as pessoas gerou desconfiança e animosidade entre moradores e militares. Cenas como essas tornaram-se constantes, já que nem todos os moradores sabiam do pedido de autorização ou, se sabiam, recusavam-se a pedir autorização para fazer uma festa na porta de suas casas.

A truculência das Forças Armadas não ficava sem resposta. Os embates eram tão acirrados que um funk do gênero "proibidão", corrente conhecida por narrar a violência na favela de maneira muito concreta, sob o título "Periquito, o Complexo te odeia", virou hino nas principais festas da Maré. "Periquito", ou "papagaio do governo", é o apelido dado aos soldados do Exército por causa do uniforme verde.

O funk tem a seguinte letra:

> Oh, periquito, o Complexo te odeia.
> Oh, soldadinho, o Complexo te odeia.
> Na moral, te dou um papo, nós tá ficando bolado.
> Eles nem deixam nós fumar um baseado.

O "Complexo", no caso, é o Complexo do Alemão, que foi ocupado em novembro de 2010 pelas Forças Armadas. Mas o funk foi assimilado também pelo Complexo da Maré, em 2014. Nas festas da Maré, quando essa música era tocada, muitas pessoas cantavam em coro, como forma de desafiar os militares, mas também como grito de desabafo e indignação.

A percepção dos conflitos gerados pela presença ostensiva dos agentes militares serviu de inspiração para o coletivo Na Favela, que utiliza a ocupação das ruas da Maré como instalação para a realização de um cineclube de mesmo nome. Em verdade, o coletivo nasceu junto com a produção do curta-metragem *Quem matou Gilberto?*, na mesma época da invasão militar, em 2014.

Na época, os jovens solicitaram autorização para a filmagem do curta junto ao Comando de Pacificação, que havia montado sua base no Centro de Preparação de Oficiais da Reserva do Rio de Janeiro (CPOR), localizado na avenida Brasil, em um terreno que faz parte da Maré. Eles não apresentaram ao comando o roteiro original do curta, porque temiam uma possível recusa dos militares, já que o tema versava justamente sobre a truculência das Forças Armadas. Como previsto, o pedido foi negado e o argumento dos militares era que, como alguns personagens usariam fardas do Exército, eles poderiam ser confundidos como militares de verdade e, consequentemente, ser atacados pelos varejistas de drogas. Além disso, como o uso da farda é exclusivo das Forças Militares, o comando de Pacificação exigiu que a solicitação fosse feita diretamente ao Alto Comando do Exército.

As filmagens de *Quem matou Gilberto?* aconteceram na comunidade Nova Maré, mesmo sem autorização dos militares. O curta, que narra o assassinato de Gilberto por agentes do Exército, foi lançado em 28 de agosto de 2014 no canal do YouTube do Na Favela. A descrição diz o seguinte:

Uma geração inteira está sendo dizimada nas periferias de todo o Brasil para justificar o combate ao tráfico e a guerra às drogas, no Rio de Janeiro não é diferente: em abril de 2014 o Ministério da Justiça autorizou o envio de mais de 2 mil soldados para ocuparem o Complexo da Maré, uma das favelas mais violentas do estado. Este vídeo não é uma ficção. Quem matou Gilberto?[36]

O filme foi dirigido coletivamente. O câmera e editor, Josinaldo Medeiros, morador da Vila do Pinheiro, disse que o curta retrata uma violência típica das favelas militarizadas do Rio de Janeiro.

É uma história que sempre acontece nas favelas militarizadas, que têm confrontos e uma pessoa é baleada. Geralmente se cria outra história para justificar aquele ato e, geralmente, é a polícia. Às vezes não tem confronto. Eles chegam de surpresa, com uma estrutura muito forte e bélica, e acabam atingindo pessoas. É aí que surge o discurso clássico de que houve confronto e a pessoa estava ali e tomou um tiro. A gente queria fazer um filme que tratasse dessa questão, mas que não fosse um filme chato ou documentário com especialista. Queria que fosse uma coisa que atingisse as pessoas, mas com a pegada no humor. E aí a gente fez *Quem matou Gilberto?*[37]

A produção clandestina do curta-metragem, de acordo com Josinaldo Medeiros, só funcionou por conta da participação dos moradores da Nova Maré. Alguns até atuaram. Para se ter uma ideia, a mãe de Gilberto na trama é uma moradora que foi convencida a fazer o papel no momento das filmagens. Além disso, os moradores se dispuseram a servir de sentinelas para vigiar e alertar a equipe, caso houvesse aproximação de tanques do Exército ou mesmo de militares em ronda a pé. Assim, a cada sinal de passagem de militares, a equipe era avisada e recolhia todo o material de filmagem e o escondia na casa de um dos moradores. Uma produção completamente coletiva, já que os mareenses consideravam o filme uma forma de denúncia e admiraram a encenação na rua. "Muitos moradores diziam que tínhamos que mostrar mesmo o que eles [militares] fazem na favela, porque ninguém mostra. Teve gente que achou que era verdade, que tinha gente morta mesmo e começou a juntar um monte de gente pra ver."[38]

---

[36] Na Favela, *Quem matou Gilberto?* [filme], Rio de Janeiro, 2014, 3min30s. Disponível em: <https://www.youtube.com/watch?v=nWP9qAlASGs>. Acesso em: 20 jul. 2017.
[37] Josinaldo Medeiros, cria da Vila do Pinheiro, depoimento colhido em março de 2017.
[38] Idem.

No roteiro do curta, todos os personagens são caricaturais: a jornalista preconceituosa, a mãe de Gilberto descompensada, o soldado indiferente e a massa de favelados *nonsense*. A jornalista, em busca de narrar a informação sobre o assassinato de Gilberto, incomoda-se com os favelados que a tocam e os maltrata. A profissional tenta controlar a todo custo o cenário do assassinato para que as melhores imagens sejam captadas por sua câmera. A mãe de Gilberto, ao encontrar o corpo do filho, o sacode como se fosse um boneco mamulengo. Indagada pela jornalista, ela acusa os militares pela morte do filho em um relato comovente e, logo em seguida, fala de Gilberto, de quanto o amamentou, e manipula os seios como quem quase revela uma relação incestuosa. Enquanto isso, em algazarra, os moradores gritam por justiça e exibem cartazes com os dizeres "Quem matou Gilberto?" e "Neymar, me engravida".

Durante o desenrolar das cenas, os militares acompanham toda a ação com indiferença, mascando chiclete. Ao ser questionado pela jornalista, um soldado retira uma folha de caderno do bolso da farda em que está escrito à caneta: "X-9". Ao consultar o pedaço de papel, o militar relata que recebeu uma ligação anônima de uma senhora que vive na rua principal, dita o nome completo e o endereço da alcaguete e dá detalhes do portão da casa. Afirma que a morte do rapaz fora ocasionada por um tombo, após ele ter tropeçado no cadarço do sapato e batido a cabeça. A cena corta para os pés do morto, ainda de sandálias. Ao ser informado pela jornalista que o jovem havia sido alvejado com oito tiros, o militar se assusta e alerta que o local é muito perigo, já ensaiando bater em retirada.

No mesmo instante, os moradores hostilizam os soldados e os repelem lançando diversos objetos encontrados na rua. A cena final do curta-metragem é mesclada com imagens de uma situação real, ocorrida em maio de 2014, no Campo da Paty, quando moradores da Nova Holanda entraram em conflito direto com os militares: ao som de tiros, bombas de efeito moral e garrafas quebradas, os moradores também expulsam os soldados, que saem acuados em jipes do Exército, disparando tiros de fuzil a esmo.

Uma encenação que remonta uma estética da vida cotidiana na favela é, no mínimo, a compreensão que temos do curta-metragem *Quem matou Gilberto?*. Trata-se de uma obra que capta a experiência dos favelados vivenciada nas ruas a partir da articulação entre personagens dúbios, tão característicos da carnavalização de Bakhtin. As reflexões do autor sobre carnavalização e carnaval partem das obras *Problemas da poética de Dostoiévski* e *A cultura popular na*

Idade Média e no Renascimento: o contexto de François Rabelais. Nesta última, há a carnavalização do inferno: "O inferno, como símbolo da cultura oficial, [...] é transformado em alegre espetáculo, bom para ser montado em praça pública e no qual o medo é vencido pelo riso, graças à ambivalência de todas as imagens"[39].

O filme produzido pelos mareenses, nesse sentido, descortina as relações cotidianas de maneira tristemente risível. Um realismo grotesco, que articula dor e riso. O próprio grotesco, na concepção de Bakhtin, é classificado como o "inacabamento da existência".

> O termo grotesco, segundo Bakhtin, teve na origem a acepção de metamorfose "em movimento interno da própria existência". Uma pintura ornamental encontrada no século XV nas paredes subterrâneas das termas de Tito, denominada *grottesca* devido ao substantivo grota (gruta), reunia representações de formas vegetais, animais e humanas que se transformavam e se confundiam entre si. O termo grotesco passou então a exprimir a "transmutação de certas formas em outras, no eterno inacabamento da existência". Bakhtin alerta também para o fato de que "o motivo ornamental romano era apenas um fragmento (um caco) do imenso universo da imagem grotesca que existiu em todas as etapas da Antiguidade e que continuou existindo na Idade Média e no Renascimento" [...] Compatível com a vida corporal dada na sua inesgotabilidade e não sancionada por um olhar normatizador, emerge a imagem grotesca emparelhada à loucura alegre do carnaval e das festas populares da praça pública.[40]

Desse modo, com base na obra de Rabelais, Bakhtin define o realismo grotesco como:

> Herança (um pouco modificada, para dizer a verdade) da cultura cômica popular, de um tipo peculiar de imagens e, mais amplamente, de uma concepção estética da vida prática que caracteriza essa cultura e a diferencia claramente dos séculos posteriores (a partir do Classicismo).[41]

Uma das cenas mais dramáticas do curta-metragem mareense, e que lhe impõe certo grau de realidade, é quando a mãe de Gilberto encontra o filho morto e se joga sobre o corpo do jovem, sob o olhar atento de crianças

---

[39] Norma Discini, "Carnavalização", em Beth Brait (org.), *Bakhtin: outros conceitos-chave* (2. ed., São Paulo, Contexto, 2012), p. 54.
[40] Ibidem, p. 58.
[41] Citado em ibidem, p. 64.

apreensivas e curiosas. Na sequência, militares tentam retirá-la dali, enquanto seguram seus fuzis.

Diante de tais observações, não seria exagero afirmar que o curta *Quem matou Gilberto?*, ao destacar com esse realismo grotesco a cotidianidade da Maré e de outras favelas militarizadas, qualifica-se como um gênero cômico--sério. Referenciando-se nas obras de Dostoiévski, Bakhtin alerta que esse riso do realismo grotesco é reduzido, mas ainda se encontra no romance polifônico. Somente o gênero cômico-sério, com sua potência carnavalesca, é capaz de criar uma interseção entre a convergência do folclore popular e a divergência de um gênero sério como a tragédia. "Aqueles gêneros que guardam até mesmo a relação mais distante com as tradições do cômico-sério conservam mesmo em nossos dias o fermento carnavalesco que os distingue acentuadamente de outros gêneros."[42]

No roteiro original, não estava prevista a inserção das cenas reais do embate entre militares e moradores, ocorrido em maio de 2014, após a apreensão de um jovem que estava em uma festa realizada em um bar na Nova Holanda[43]. Foi a sensibilidade do editor, atento à diversidade de conflitos entre mareenses e Forças Armadas, que o levou a inserir as imagens para dar sentido ao contexto local: "Porque, sem essa cena, acho que o filme não teria a força que tem"[44].

Nesse sentido, há uma subversão: ficção se converte em realidade. Apesar de não haver uma ruptura com o "mundo oficial", o curta-metragem *Quem matou Gilberto?* se qualifica como uma visão carnavalesca de mundo. Isso porque aciona dispositivos discursivos em que o popular destrona a tirania autoritária militar.

O cineclube Na Favela exibiu o curta ainda durante a ocupação das Forças Armadas, ao ar livre, nas ruas do Parque União, Nova Maré, Baixa do Sapateiro e Morro do Timbau. O coletivo não solicitou o "Nada opor", mas os militares não intervieram durante as sessões do cineclube na rua. A exibição mais

---

[42] Ibidem, p. 77.
[43] Sob o título "Vídeo mostra militares sendo hostilizados por moradores do Complexo da Maré após prenderem rapaz", o jornal *Extra* publicou em seu portal, em 26 de maio de 2014, uma matéria que incluía um vídeo enviado por WhatsApp por um morador da Nova Holanda. Na ocasião, os moradores se revoltaram diante da apreensão de um jovem e os militares atiraram a esmo para dispersá-los. A reportagem está disponível em: < https://extra.globo.com/casos-de-policia/video-mostra-militares-sendo-hostilizados-por-moradores-do-complexo-da-mare-apos-prenderem-rapaz-12608254.html>; acesso em: 20 jul. 2017.
[44] Josinaldo Medeiros, cria da Vila do Pinheiro, depoimento colhido em março de 2017.

simbólica foi protagonizada pelos moradores da Nova Maré. Além de se verem e se reconhecerem no telão, eles puderam refletir coletivamente e de forma lúdica sobre sua realidade cotidiana. "Uma senhora me disse que era a primeira vez que ela via um filme em uma tela tão grande. Isso pode parecer pouco, mas não é. A gente não está levando cultura pra ninguém. A gente é daqui, a gente está aqui, é isso que é bacana."[45]

O coletivo Na Favela, além de se apropriar da rua tanto para a produção quanto para exibição de seus filmes, compreende o audiovisual como uma ferramenta fundamental para agregar e emancipar as pessoas. Além disso, a utilização de câmeras na favela vai sendo "desmistificada" a cada produção do coletivo, como defende Josinaldo:

> Quando a gente tá produzindo arte nesse lugar gera, às vezes, uma desconfiança, mas isso cai no primeiro papo. Porque você deixa de ser invasor, pertence àquele lugar, é um dos nossos e isso é incrível no audiovisual. O audiovisual tem um poder de emancipação imenso, de entendimento das coisas. Aos poucos, vamos desmistificando esse negócio da câmera, porque estamos na rua. Geralmente, as pessoas produzem dentro de casa ou num espaço privado, fechado, porque têm medo de que os bandidos não deixem. Mas, conforme a gente produz, mais legitimidade a gente tem pra filmar, porque as pessoas nos reconhecem na rua.[46]

Uma das percepções de Josinaldo sobre sua intervenção na Maré é a necessidade de se referenciar em grupos que já dispõem de legitimidade e povoam a memória afetiva de aproximação via cultura e comunicação comunitária junto aos moradores. É o caso do jornal comunitário *O Cidadão*, por exemplo. Por registrar há mais de vinte anos o cotidiano da Maré, a partir de reportagens e fotografias, as pessoas sempre questionam se a produção do Na Favela é destinada ao jornal.

Além disso, identificar-se como integrante do jornal já livrou um dos amigos de Josinaldo de uma situação perigosa. "Ele tinha fotografado uma galera num bar e um cara, que passou de moto, botou a arma na cara dele. E outro morador interveio, falando que ele era do *Cidadão*. E meu amigo confirmou. E o bandido questionou: 'Por que você não falou logo?'"[47]. Josinaldo contou que, após a abordagem nada amistosa, seu amigo, que não morava na Maré,

---

[45] Idem.
[46] Idem.
[47] Idem.

foi liberado. Isso demonstra que estar inserido no cotidiano da favela também lhe garante certa segurança, uma vez que os varejistas de drogas já têm "palmeados" – para usar uma expressão do dialeto da favela que significa "monitorados" – todos os grupos que atuam na Maré.

SARAU DA ROÇA E MARÉ 0800

Há um desafio, ainda sem precedentes, em manter-se na rua com atividades culturais nesse processo de militarização da vida. A situação ganhou contornos críticos com a presença autoritária das Forças Armadas na Maré. Entre os grupos que mais se insurgiram contra os militares, estão os frequentadores do Sarau da Roça. A Roça foi criada em 2010 por um grupo de mareenses que queria se estabelecer de forma autônoma, para além das relações já constituídas com algumas ONGs na Maré. O bar da Roça, situado no Morro do Timbau, apostou na revenda de produtos orgânicos produzidos por pequenos agricultores, já que um dos integrantes do sarau é geógrafo e possui uma boa relação com produtores que disponibilizam seus alimentos na feirinha agroecológica do Fundão.

Desse modo, buscou-se criar um ambiente comunitário em que, além de se vender produtos de boa qualidade a um valor justo, fosse gerada sociabilidade por meio da realização de cineclubes e saraus, e mesmo uma renda complementar. A inauguração de um novo espaço, em 2012, fez com que as atividades na rua se tornassem mais frequentes.

A ideia da Roça é praticar uma economia justa, muito próxima da Economia Solidária, em que se inviabiliza a exploração da força de trabalho na cadeia produtiva, desde a produção até a chegada ao consumidor. Foi assim, a partir desse preceito, que foi criada uma pequena fábrica de cerveja artesanal, a Caetés, a primeira a ser produzida na Maré. A partir daí, o grupo se dedicou à experiência da autogestão e passou a compartilhar esse conhecimento, já que a produção de cerveja é muito fechada. Tudo isso foi possível graças à interlocução com o Fórum Popular de Apoio Mútuo, um coletivo que reuniu diversas favelas durante os megaeventos na cidade, principalmente no contexto das manifestações de 2013. Buscava-se unificar as atividades.

O Sarau da Roça nasceu, então, fundamentado na difusão e troca de conhecimento. Uma vez ao mês, aos sábados, na rua em frente ao bar da Roça, um microfone é deixado aberto ao público, para que se cantem com as bandas convidadas, recitem poesia e, se quiserem, também há lugar para o desabafo.

São oferecidas comida, bebida e diversão até que a última pessoa se despeça, o que acontece geralmente às 7 horas da manhã de domingo. Durante o sarau, há oficinas de produção de cerveja, porque compartilhar é a base fundante da Roça. O perfil dos frequentadores é bem diversificado, há mareenses, mas também muitas pessoas de fora da Maré. Talvez esse seja o espaço que mais congregue pessoas com referências anarquistas.

Antes da chegada das Forças Armadas, essa era a rotina do Sarau da Roça. No entanto, a calmaria foi quebrada bruscamente quando o grupo organizou um evento questionando a Copa do Mundo. Já na chamada do encontro, intitulado "Copa pra quem?", lia-se: "A Copa vai passar, a nossa resistência não!". O evento ocorreu em 21 de junho de 2014. Como de costume, a Roça não solicitou o "Nada opor" para a realização do evento. O encontro foi divulgado nas redes sociais, mas a prioridade foi a distribuição e colagem de cartazes nas principais ruas do Morro do Timbau.

A noite do "Copa pra quem?" prometia filmes, caldos, música e muita cerveja artesanal. A ideia dos organizadores, em verdade, era exibir filmes que denunciavam a ação das Forças Armadas na Maré, principalmente os que já haviam viralizado nas redes sociais. No entanto, às 15h, um jipe do Exército com quatro soldados chegou ao local. Ao interpelar Geandra Nobre, que limpava a Roça antes da chegada dos frequentadores, um dos militares arrancou um cartaz da parede e, mostrando-o a ela, exigiu explicações sobre o evento.

Geandra Nobre, moradora do Morro do Timbau e uma das fundadoras da Roça, nos conta com detalhes como foi a abordagem militar:

> Um dos soldados já veio dizendo: "Boa tarde, senhora. A gente viu uma divulgação de atividade aqui. A gente queria saber que atividade é essa". Eu fingi que não entendi e disse: "O quê, moço?". Ele arrancou um cartaz da parede e falou: "Essa atividade aqui. Eu quero saber que horas vai começar, que horas vai acabar, porque a senhora sabe que o Exército está presente. E se a senhora precisar de segurança, nós estaremos aqui". E eu disse que não precisava, que era só uma festinha. E eles foram embora. Daqui a pouco, desce o presidente da associação de moradores, que na época era o Osmar, roxo de raiva e gritando: "Da Roça, o Batalhão me ligou dizendo que vocês vão fazer uma atividade. Que atividade é essa? Eu fiquei sem saber o que falar pra eles, porque eu não sei o que está acontecendo na minha favela. Eles começaram a me esculachar". E eu falei a mesma coisa que disse pros soldados.[48]

---

[48] Geandra Nobre, cria do Kinder Ovo, depoimento colhido em março de 2017.

O pior ainda estava por vir. Por volta das 19h, dois carros grandes que costumam fazer os deslocamentos das tropas estacionaram em frente à Roça. Saltaram dele cerca de trinta militares que, posicionando-se um ao lado do outro, formaram um paredão. O responsável pela guarnição foi até Geandra, avisou que faria a segurança do evento e que a atividade deveria terminar às 22h. A mareense sentiu-se oprimida e percebeu que não havia qualquer abertura para argumentar, por isso preferiu não questionar. Além de estar sozinha no bar naquele momento, pensou no prejuízo que seria enfrentá-los, pondo em risco a continuidade do Sarau da Roça. Assim, desmobilizou toda a programação do evento, avisando todos ao pé do ouvido sobre a mudança de estratégia e exibindo apenas os filmes sobre as manifestações que haviam ocorrido fora da favela.

O Sarau da Roça seguiu sua agenda de atividades naquele ano, mas as divulgações dos encontros eram feitas de maneira mais discreta, para não chamar a atenção dos militares. Em uma dessas atividades, o sarau começou com a exibição de um filme no cineclube e, por diversas vezes, foi interrompido pela passagem dos jipes do Exército. Os mareenses removiam as cadeiras do meio da rua para deixar passar os soldados e, logo em seguida, tinham de se levantar novamente para dar passagem aos mesmos soldados. Essa ida e vinda dos militares aconteceu, pelo menos, três vezes seguidas. Enquanto isso, os organizadores usavam o microfone para pedir que as pessoas não respondessem à provocação.

Naquela noite, a atração principal era a banda Los Chivitos, formada por jovens de diversas favelas da Maré. E os soldados voltaram a interromper o evento, argumentando que havia uma denúncia de som alto e por isso a atividade tinha de acabar imediatamente. Esse tipo de abordagem virou rotina e, em um dos saraus, Geandra rompeu o silêncio e criticou a postura dos militares, que, no mesmo momento, responderam de forma ainda mais agressiva e houve uma discussão generalizada. Depois desse episódio, a Roça recebia a visita dos agentes das Forças Armadas todos os dias, e a mareense passou a ser perseguida, inclusive com uma estratégia de assédio sexual para que as pessoas achassem que ela estaria tendo um caso com um dos militares. Ela enfrentou o sentimento de ameaça constante por ser mulher.

> Em um dos saraus, quando os convidados foram embora, a gente continuou aqui e a rua estava vazia. Na ocupação, a rua fica sempre vazia, todo mundo tinha medo de ficar na rua de madrugada, à noite. É um negócio que não tem vida, tem um

> silêncio, uma ditadura que te impõe um silêncio. A gente estava na Roça, porque eu sempre gosto de tomar a minha última cerveja, relaxada, depois de lavar a louça. Então, um jipe do Exército ficou subindo e descendo a rua. Em um dado momento, um dos militares que estava com capuz me mandou um beijinho estalado e fez um movimento que indicava que depois a gente se encontraria. Um dos meninos do tráfico estava na rua. E eu disse: "Você viu, né?". E ele disse: "Vi. Sai daqui. Fecha a loja. Vai embora!". Ele [o militar] fez uma violência física comigo, era como se quase infringisse meu corpo. Mandar beijinho daquele jeito pra mim é mostrar que ele é o homem. E também criar uma situação para as pessoas pensarem que a gente estava "ficando". E foi uma ameaça do tipo: "Depois a gente se encontra". Me encontrar pra quê? Me revistar e passar a mão em mim, violentar meu corpo? Então foi uma ameaça, porque eu sou mulher.[49]

A Roça continuou realizando os saraus, mas os organizadores redobraram os cuidados depois desses episódios. Durante os encontros, o microfone aberto também passou a ser motivo de tensão, já que qualquer pessoa poderia pegá-lo e aproveitar para hostilizar os militares. E a situação de tensão é generalizada: além dos soldados, há as operações policiais e o domínio dos varejistas de drogas, mas a Roça preconiza o espaço da rua como um espaço de todos. Sendo assim, a ocupação da rua precisa obedecer a determinados acordos para que haja uma sociabilidade fluída e menos conflitiva. E essa dinâmica é levada a sério no Sarau da Roça.

> Você precisa de acordos para usar a rua. O bar ao lado da Roça tem um som muito potente. E, no sarau, a gente sempre tem música ao vivo, poesia, filme e, na hora do filme, não tem como competir com o som do vizinho. A gente vai lá e pede para baixar um pouquinho e ele [o vizinho] baixa. Ele podia dizer que não, mas um precisa garantir o espaço do outro. Uma vez a gente precisou fechar a rua toda, porque tinha uma apresentação de teatro e encheu de gente. Só que o Morro do Timbau é muito pequeno, tem duas ruas principais, e a outra rua também estava fechada para uma festa. Os donos da festa sugeriram que a gente abrisse a nossa parte da rua, mas não tinha como, porque a rua já estava cheia. Então resolvermos deixar tudo fechado. E desviamos os carros para a avenida Brasil, ou estacionavam no pé do morro até a gente terminar o sarau e eles terminarem a festa. São os acordos que precisamos fazer, porque todo mundo faz coisas na rua.[50]

---

[49] Idem.
[50] Idem.

Esses acordos são salutares, mas é importante estabelecer áreas de escoamento para demandas urgentes, por exemplo, quando há casos de pessoas que precisam de atendimento em uma emergência médica. Muitos moradores utilizam como estratégia para o fechamento da rua, a utilização de pula-pulas e piscinas enormes. Isso inviabiliza a passagem de carros. Por isso, esses acordos precisam ser reestabelecidos diariamente, a partir da vivência em comum. A rua, quando se transforma em espaço cultural, é de responsabilidade de todos. "A gente vê que essas coisas cotidianas pequenininhas passam desapercebidas, mas é experiência cultural. A rua é cultura. Espaço de sociabilidade, de socialização. É ruim quando você perde isso. É o mínimo."[51]

A rua também é espaço de solidariedade. Uma iniciativa que chama a atenção é a ocupação da rua pela feirinha de trocas Maré 0800. A primeira edição, que ocorreu em 2016 na rua Teixeira Ribeiro, na Nova Holanda, reuniu cerca de cem pessoas que passaram o dia trocando roupas, sapatos, livros e outros objetos. Cerca de duas semanas antes da ação, houve divulgação nas redes sociais sobre o recolhimento de doações em diferentes pontos dentro da favela e também fora dela, como nos bairros da Lapa e Laranjeiras. A iniciativa, que também contou com uma intervenção e articulação prévias de jovens mareenses nas ruas, por vezes é confundida como uma proposta de políticos e igrejas da região. Como conta Gizele Martins, cria da Baixa do Sapateiro e uma das idealizadoras da Maré 0800, "a ideia é circular em cada favela para que essa seja uma prática comum. A prática da troca e da doação de algo de que não se precisa. É a ideia da solidariedade. De pensar que não precisamos acumular coisas"[52].

Dentre os objetos mais cobiçados pelos moradores estão as roupas, sapatos, bolsas e livros. Segundo Gizele, a novidade das últimas edições é a doação de livros didáticos e literários, além das rodas de leitura que também são feitas durante a feira. Para essas atividades, que são realizadas uma vez por mês em alguma favela da Maré, há o apoio de moradores, estudantes, professores e pessoas de fora da favela. Os livros e os brinquedos são os mais procurados pelas crianças.

A Maré 0800, além de trabalhar com princípios que regem a prática da doação e do desapego, também busca estabelecer uma nova abordagem de

---
[51] Idem.
[52] Gizele Martins, cria da Baixa do Sapateiro, depoimento colhido em abril de 2017.

comunicação comunitária. Isso ocorre quase que espontaneamente, já que a cada objeto doado ou trocado, os integrantes se valem das conversas aleatórias com os mareenses para identificar personagens e fontes de informações, além de conseguir novos contatos, como relata Gizele Martins, que adquiriu experiência com jornalismo popular a partir da sua atuação no jornal comunitário *O Cidadão*. Trata-se "da produção de uma comunicação comunitária oral, pois na hora da troca de objetos batemos um papo rápido sobre política, cultura, sobre vida na favela. Numa conversa rápida, conseguimos abrir um diálogo com os moradores sobre a cidade"[53].

Em verdade, a Maré 0800 faz uma mistura geral de solidariedade, comunicação comunitária, cultura popular e ocupação da rua. Esses elementos, mesmo isolados, já se qualificariam como resistência, mas, unidos, liberam uma potência intransigente à militarização da vida cotidiana nas favelas. É nesse sentido que ocupar as ruas desafia aqueles que querem tirar as pessoas das ruas pela imposição das armas e do medo. Os processos que viabilizam a rotina de ocupação das ruas são garantidos pela legitimidade e pelo fortalecimento mútuo dos moradores das favelas, e isso é possível por meio do compartilhamento da vivência em comum. Só o fato de se manter na rua aciona diversos dispositivos que reafirmam, mesmo que inconscientemente, que estar na rua é preciso para a sobrevivência comunitária. Como mostra a idealizadora da Maré 0800:

> A militarização interfere no dia a dia da favela, é a chamada militarização da vida. As forças armadas afastam a gente do convívio comum da favela. É uma proibição silenciada de que não podemos usar tais espaços como a rua. Durante a invasão do Exército na Maré, fomos impedidos de produzir comunicação comunitária, por exemplo, o celular virou uma arma. Ter comunicador na favela virou uma ameaça por causa das grandes atrocidades, violações causadas pelo Exército naquela época. O Exército saiu da favela, mas ainda sofremos com a consequência dessa entrada e saída. Eu era comunicadora comunitária de dois meios comunitários, tive que me retirar dos dois por causa de ameaças. É daí que nasce a Maré 0800, é a forma que encontrei junto a outros moradores para não depender de outras formas políticas como ONGs, não depender das salas, não depender e sofrer a censura. Somos livres para fazermos nas ruas, mas é óbvio que não é em qualquer rua que podemos realizar atividades como essas na Maré. Um sonho seria fazer uma atividade dessa

---

[53] Idem.

de doações, com brincadeiras, na rua em que eu morava, rua 17 de Fevereiro, local que sofre há décadas com a militarização das armas do tráfico e da polícia. Tudo resultado da militarização do Estado, aquele que faz surgir o conflito inventado entre tráfico e polícia. Por isso, ocupar a rua é pura resistência, principalmente quando a gente fala, pensa, reflete sobre o momento que as favelas do Rio estão passando atualmente. Com as UPPs, a vida na favela piorou, é difícil circular em algumas delas, a troca de traficantes entre elas cresceu, a desconfiança deles [em relação] aos moradores das favelas também aumentou. Os tiros e o medo têm afastado os moradores das ruas. Mas a gente ocupa as ruas das favelas sem pedir qualquer tipo de autorização, a gente simplesmente ocupa o que já é nosso.[54]

Ao centrar-se no mareense enquanto um sujeito solidário, para além da acumulação e do consumo que caracterizam o capitalismo, a Maré 0800 apresenta uma mercadoria que não tem valor monetário. Ela cria relações sociais pautadas nas pessoas, na dinâmica de ajuda mútua. Isso põe em xeque uma suposta "ética do consumo", como descreve Renato Ortiz:

> Uma ética do consumo não deriva apenas de necessidades econômicas. É preciso que ela se ajuste às relações determinadas pela sociedade envolvente e, simultaneamente, seja compartilhada pelos seus membros. Com o advento da sociedade urbano-industrial, a noção de pessoa já não mais se encontra centrada na tradição. Os laços de solidariedade se rompem. O anonimato das grandes cidades e do capitalismo corporativo pulveriza as relações sociais existentes, deixando os indivíduos "soltos" na malha social. A sociedade deve portanto inventar novas instâncias para a integração das pessoas. [...] uma dessas instâncias é a publicidade, pois cumpre o papel de elaborar o desejo do consumidor atomizado, conferindo-lhe uma certa estabilidade social.[55]

Dessa maneira, as relações comunitárias são fortalecidas e disseminadas na atuação local dos próprios mareenses. Experimenta-se um estar no mundo ao compartilhar dificuldades e situação reais, a partir da invenção de mecanismos para superar as limitações cotidianas. E a aposta na ocupação da rua se realiza como principal estratégia para barrar o avanço da opressão militarizada. Tanto o Sarau da Roça quanto a Maré 0800 se organizam por meio de acordos engendrados a partir da existência em comum.

---

[54] Idem.
[55] Renato Ortiz, *Mundialização e cultura*, cit., p. 119.

5
FAVELA: LUGAR DO COMUM

> Eu só quero é ser feliz
> Andar tranquilamente
> Na favela onde eu nasci
> E poder me orgulhar
> E ter a consciência
> Que o pobre tem seu lugar
>
> *MCs Cidinho e Doca*

"A arte imita a vida", frase atribuída ao filósofo grego Aristóteles que se tornou um clichê, ganha um novo sentido quando articulamos as iniciativas culturais apresentadas aqui enquanto estudo de caso, tais como o funk, o Rock em Movimento, o bloco Se Benze Que Dá, o Na Favela, o Sarau da Roça e a feirinha Maré 0800. Como demonstramos, fazer arte na rua, seja pela música, cinema, poesia ou literatura, dinamiza o potencial mobilizador e questionador da cultura popular nas ruas da Maré. A disputa simbólica e discursiva é acionada a partir dos conflitos inerentes à própria ocupação da rua. Estar na rua significa resistir ao poder hegemônico. Mais que isso, é buscar uma nova forma de existir, de reexistir em comunidade. Como já demonstramos, essa juventude resiste culturalmente para sobreviver socialmente.

O que chama a atenção nessas iniciativas, e aqui incluímos o aplicativo Nós por Nós e a comunidade virtual Maré Vive, já reconhecidos em nosso estudo por viabilizar informação como estratégia contra-hegemônica, é o fato de esses jovens se constituírem em coletivos de maneira autônoma, sem qualquer ligação de subordinação com entidades burocraticamente estabelecidas. Na contramão do *boom* das organizações não governamentais no contexto de neoliberalismo do início da década de 1990, esses coletivos se fortalecem atualmente por meio de redes de vivências e compartilhamentos comunitários em e a partir de seus territórios.

Apesar de muitos desses sujeitos coletivos terem adquirido conhecimento, além de expertise técnica e política, em projetos sociais viabilizados por ONGs da Maré, eles não criaram relações de dependência. Inclusive, por conta da frequência nos pré-vestibulares comunitários das ONGs da Maré, muitos entraram para universidades e tiveram acesso ao nível superior de ensino. Ainda assim, estar submetido a relações específicas com as ONGs é factível, já que essas entidades possuem equipamentos e espaços físicos que viabilizam ações sobre as quais se fundam as experiências analisadas aqui.

Há, nesse sentido, uma "luta dos agenciamentos coletivos, no *front* dos desejos, exercendo uma análise permanente, uma subversão de todos os poderes, em todos os níveis"[1]. O desejo de mudança desses jovens mareenses cresce ancorado em uma série de lutas por sobrevivência que, ao criticar os poderes estabelecidos, qualificam-se como coletivos político-culturais. Uma análise precipitada poderia incorrer no equívoco de considerar esse tipo de ação sectária e exageradamente pragmática, mas há práticas na experiência concreta que coadunam preceitos ideológicos muito próximos ao marxismo.

O perfil desses articuladores comunitários se caracteriza por uma heterogeneidade educacional e social, de gênero, raça e sexualidade. No entanto, é importante ressaltar o papel protagonizado pelas mulheres nos casos analisados. Das cinco iniciativas culturais abordadas, quatro delas têm como porta-vozes mulheres jovens, como se pode notar pelas entrevistas realizadas. Não por acaso, muitas das discussões coletivas são pautadas também a partir de temas relacionados ao machismo e ao sexismo. É perceptível o engajamento nas causas feministas, principalmente no bloco Se Benze Que Dá, que exibe cartazes em seus cortejos que dizem: "Meu corpo, minhas regras", "Não é não". Isso é algo de suma importância, uma vez que as mulheres negras e pobres são o maior alvo dos ataques machistas e sexistas que deságuam no feminicídio.

Cabe aqui realçar o fato de que a militarização da favela se reflete de maneira muito contundente na vida das mulheres. São elas que protagonizam as organizações populares de familiares de vítimas da violência, principalmente das violações cometidas pelo braço armado do Estado nas favelas. Podemos citar, entre outras, as organizações "Mães da Maré", "Mães de Manguinhos", "Mães de Acari", "Mães do Borel" e "Mães de Maio". No evento do Maré de

---

[1] Félix Guattari, *Revolução molecular: pulsações políticas do desejo* (3. ed., Porto Alegre, Brasiliense, 1985), p. 21.

Rock realizado em fevereiro de 2017, as "Mães da Maré" e as "Mães de Maio" dividiram o palco com o rock para falar de suas dores e lutas. É delas que surge a energia da fórmula que transforma o luto em luta. No cotidiano da favela, também são elas que, sob esse machismo patriarcal, assumem a responsabilidade prioritária do cuidado das crianças, arriscam suas vidas nos tiroteios, tanto nas operações policiais como nos conflitos entre varejistas de drogas, para salvar seus filhos nas ruas e nas escolas. São elas as únicas que possuem força e legitimidade para implorar pela vida de seus filhos, quando estes estão sob o poder de grupos civis armados, à beira de uma execução sumária.

A experimentação dessa realidade tão massacrante faz com que essa juventude recorra à cultura popular para estimular reflexões sobre as desigualdades sociais de maneira lúdica e lenta, mas gradual e constante. Ao organizar a cultura, alicerçando-se nas relações sociais e cotidianas, os integrantes das iniciativas abordadas aqui se qualificam como "intelectuais orgânicos", como os definiu Gramsci[2]. Cabe ressaltar que o "intelectual orgânico" age na formulação política de estratégias que podem manter a hegemonia dos poderosos ou dizimá-la em uma prática contra-hegemônica. No caso dos mareenses, essa organicidade está comprometida com a mudança política e social, consequentemente, contra-hegemônica.

Há um processo de "revolução molecular", como conceituou Félix Guattari, na intervenção cultural desses intelectuais orgânicos.

> Construir sua própria vida, construir algo de vivo, não somente com os próximos, com as crianças – seja numa escola ou não –, com amigos, com militantes, mas também consigo mesmo, para modificar, por exemplo, sua própria relação com o corpo, com a percepção das coisas: isso não seria, como diriam alguns, desviar-se das causas revolucionárias mais fundamentais e mais urgentes? Toda questão está em saber de que revolução se trata. Trata-se, sim ou não, de acabar com *todas* as relações de alienação – não somente as que pesam sobre os trabalhadores, mas também as que pesam sobre as mulheres, as crianças, as minorias sexuais etc., as que pesam sobre sensibilidades atípicas, as que pesam sobre o amor aos sons, às cores, às ideias... Uma revolução, em qualquer domínio que seja, passa por uma libertação prévia de uma energia de desejo. E, manifestamente, só uma reação em cadeia, atravessando as estratificações existentes, poderá catalisar um processo

---

[2] Antonio Gramsci, *Os intelectuais e a organização da cultura* (Rio de Janeiro, Civilização Brasileira, 1982).

irreversível de questionamento das formações de poder às quais está acorrentada a sociedade atual.[3]

O desejo de liberdade, em verdade, é o fator de engajamento dos organizadores da cultura popular mareense. Ao se contrapor a uma gestão militarizada da cultura e da vida comunitária, essa juventude toma para si a responsabilidade de fortalecer os laços comunitários sem, obviamente, reduzir o desejo de liberdade a uma categoria subjetiva individual. Isso significa ter o domínio de seu próprio destino e não o subjugar à violência cotidiana que imprime terror na favela. Diante disso, a disputa pela ocupação da rua é uma tarefa fundante de resistência comunitária. Uma das perguntas da presente tese questiona: "Será que na Maré existe o espírito comunitário?". Como demonstrado, observa-se que a vinculação comunitária na Maré se dá por meio da sobrevivência comum. Muniz Sodré[4] defende que a ética se configura como um comprometimento comunitário pela continuidade da vida que incide, justamente, na partilha de uma tarefa em comum. É isso que garante empenho, responsabilidade e obrigação para com o outro. É nesse sentido que o lugar comum da Maré atualiza o espírito comunitário, que se sustenta enquanto práxis comum, já que há um reconhecimento real e cotidiano da necessária luta pela manutenção da vida.

A felicidade é subversiva quando se configura como práxis coletiva. E, mesmo que haja diferentes entendimentos do que seja a real felicidade, a busca por esse bem intangível alimenta a existência humana. Quando ainda jovens, nos idos da década de 1990, os favelados MCs Cidinho e Doca cantarolavam nas ruas e nos bailes funks o "Rap da felicidade", reivindicavam esse bem imaterial a partir do direito de andar tranquilamente na favela onde nasceram. Essa juventude experimentou a felicidade de viver de maneira tranquila na comunidade e, quando sentiu que esta se encontrava sob ameaça, expressou seu clamor em forma de música, por meio da cultura funk. Isso ocorreu porque, como demonstramos em nosso estudo, é justamente na década de 1990 que se inicia o processo de militarização das favelas. Vide a ocupação das Forças Armadas no Rio de Janeiro durante a Eco-92 quando, pela primeira vez, uma ação militarizada buscou garantir a segurança de um

---

[3] Félix Guattari, *Revolução molecular*, cit., p. 67.
[4] Muniz Sodré, *Antropológica do espelho: uma teoria da comunicação linear e em rede* (Petrópolis, Vozes, 2002).

megaevento que reuniu os principais chefes de Estado do mundo, cerceando as favelas com soldados e tanques de guerra. Cabe registrar aqui um pouco de minha memória sobre esse episódio.

Na época da Eco-92, eu tinha dez anos de idade. Lembro-me muito bem. Estava na terceira série primária e estudava na Escola Municipal Clotilde Guimarães, localizada na Passarela 10 da avenida Brasil. Havia conseguido a vaga aos sete anos, porque meus dois irmãos mais velhos, Wellington e Luciano, já estudavam na Clotilde e isso garantia a matrícula dos outros membros da família. O que facilitou para os meus pais, porque eu ia e voltava da escola acompanhada dos meus irmãos. E assim segui até meus quinze anos, buscando sempre conciliar os horários, até eles terminarem o ginasial. Essa era uma rotina importante, porque atravessar as ruas paralelas à avenida Brasil sempre foi motivo de preocupação por causa do volume de carros, que passavam em alta velocidade, da falta de sinalização, além da própria travessia da passarela, que sempre esteve em péssimo estado de conservação. Aliás, recentemente parte dessa passarela caiu.

Minha mãe dizia aos meus irmãos: "Não largue a mão dela. Só atravesse se tiver certeza de que não vem carro". Mas, naquele ano de 1992, essa rotina mudou. Na saída e na entrada da favela havia barricadas, soldados armados e tanques de guerra. Eu assistia àquilo tudo muito assustada, tinha medo de que os soldados me matassem, que pegassem meus irmãos. Isso porque, ao contrário do que imaginaria o senso comum, eu não estava acostumada a ver armas tão de perto.

É importante registrar que a ostentação do poder bélico do varejo de drogas na Maré, principalmente na Nova Holanda, onde vivo, é algo muito recente, que se intensificou nas duas últimas décadas, acompanhando exatamente a militarização da segurança pública. Não se viam armas nas esquinas onde havia venda de drogas e, se acaso os varejistas estivessem armados, eles escondiam as armas para que os moradores não as vissem. Ao contrário do que acontece hoje em dia, em que se estabeleceu a exibição e a ostentação de armas como uma tática do poder bélico e de opressão, tanto do varejo de drogas quanto da polícia. Foi na época da Eco-92 que assisti, ao retornar da escola, a amigos meus sendo colocados na parede e revistados, além de terem suas mochilas vasculhadas. Fiquei muito nervosa, porque achei que meus irmãos e eu seríamos revistados e presos, mas os soldados nos deixaram passar. E no caminho fomos avisando todo mundo, para que a informação do que estava acontecendo chegasse aos pais de nossos amigos. Compartilho da mesma preocupação de Carolina Maria de Jesus quando fala de seu irmão:

> Meu irmão, que andava ora aqui, ora ali, apareceu. Que dó eu sentia daqueles jovens pobres. Não podiam ficar na cidade porque a polícia os perseguia. Os homens pobres olhavam os policiais como os gatos olham os cães. Mas isto é insciência, porque o homem que é policial também é pobre, e sabe as dificuldades que o pobre encontra para viver. A colmeia do pobre produz o mel amarume.[5]

Apesar de discordar da autora, quando diz que o problema estaria na "colmeia do pobre", o mérito de Carolina Maria de Jesus é exprimir, a partir da narrativa do seu cotidiano, o histórico sentimento de medo e desconfiança que o favelado experimenta diante da polícia. Não à toa, na Eco-92, meus pais passaram a me levar à escola, porque temiam que os soldados investissem contra meus irmãos, já que eles correspondiam ao perfil procurado: jovens, negros, entrando e saindo da favela. Toda a rotina da família foi afetada. Meu pai precisou reorganizar seus horários de entrada e saída do trabalho, e minha mãe foi encontrando soluções dia a dia, já que não podia sair de casa, por conta do cuidado exclusivo com a minha avó, adoentada e acamada. O clima de tensão e medo tomou conta da favela toda. Não podíamos brincar na rua e minha mãe brigava toda vez que abríamos as janelas de casa. Quando o Exército foi embora, teve festa na favela e na minha casa.

Isso quer dizer que os primeiros a sentir os reflexos de um *éthos* militarizado foram a juventude favelada. Como procuramos expor ao longo deste livro, são esses jovens as vítimas prioritárias da política de segurança militarizada do Estado. E a consequência imediata é a criminalização da pobreza, com a juventude negra sendo tratada como "suspeita" por viver e existir nas favelas. O "Rap da felicidade" ilustra e ecoa a voz desses jovens, que, além de cobrar competência das autoridades diante do aumento da violência e do desrespeito para com os favelados, ainda refletem sobre as desigualdades sociais, como podemos notar na letra do rap abaixo:

> Minha cara autoridade, eu já não sei o que fazer
> Com tanta violência eu sinto medo de viver
> Pois moro na favela e sou muito desrespeitado

---

[5] Carolina Maria de Jesus, *Diário de Bitita* (Rio de Janeiro, Nova Fronteira, 1986), p. 9.

A tristeza e alegria que caminham lado a lado
Eu faço uma oração para uma santa protetora
Mas sou interrompido a tiros de metralhadora
Enquanto os ricos moram numa casa grande e bela
O pobre é humilhado, esculachado na favela
Já não aguento mais essa onda de violência
Só peço, autoridades, um pouco mais de competência[6]

O senso comum questionará que felicidade é essa que se busca em uma favela caracterizada socialmente por "carências" de políticas públicas e "excesso" de violência? O senso comum é compreendido como um sistema cultural por Clifford Geertz. O autor o considera um fenômeno presumido e não analisado, e o compara a um subúrbio antigo da cultura da humanidade. Caracterizado como irregular e disforme, ainda assim ultrapassa os "labirintos de ruelas e pequenas praças de uma forma menos casual de habitar – o senso comum mostra muito claramente o impulso que serve de base para a construção dos subúrbios: um desejo de tornar o mundo diferente"[7]. Desse modo, quando uma expectativa comum é frustrada, o homem comum confronta-se com anormalidades e cria ideias que lhe servem para qualquer situação, numa tentativa de reservar lugares comuns e confiáveis, mesmo que aparentemente corresponda ao contrário. Por isso, no caso da felicidade na favela, é preciso nos afastarmos do senso comum, mas sem ignorá-lo. Porque, para o senso comum, alavancado pela opinião pública, pode parecer mais confortável a própria extinção da favela para resolver problemas de ordem social.

Sendo assim, apelaremos para o bom senso. É importante, de qualquer modo, evitarmos o autoritarismo e o sentido de verdade inconteste que podem transparecer no argumento de bom senso. Por isso, entendemos que o bom senso se exprime a partir da experiência cotidiana. Geertz atribui a esse sistema cultural os seguintes substantivos: natural, prático, leve, não metódico, acessível. O "natural" no sentido da natureza das coisas; a "praticidade" relativa não à utilidade, mas como algo equilibrado e prudente; a "leveza" como simplicidade e sobriedade; a "não metodicidade" enquanto elemento menos acadêmico e mais pautado na sabedoria popular; a "acessibilidade", relativa à experiência,

---

[6] Cidinho e Doca, "Rap da felicidade", 1995.
[7] Clifford Geertz, *O saber local: novos ensaios em antropologia interpretativa* (trad. Vera Joscelyne, 13. ed., Petrópolis, Vozes, 2013), p. 81.

é antiespecialista e acessa o mundo de forma familiar. "Para viver nesse semissubúrbio que se chama bom senso, onde todas as casas são *sans façon*, precisamos unicamente – como se dizia em outras épocas – estar em juízo perfeito e ter uma consciência prática."[8]

É nesse sentido que consideramos desumana a especulação de que as pessoas que vivem nas favelas estariam fadadas à depressão e destinadas à infelicidade. Ao contrário, a busca pela felicidade na própria favela é fundamentada na sobrevivência comum. Há uma crença em dias melhores, na possibilidade de mudança real e concreta. As adversidades resultantes da negligência do Estado com a vida favelada, como evidenciamos, funcionam como combustível para a resistência local. É isso que dá sentido a essas vidas negligenciadas. Desse modo, os arranjos e acordos de sociabilidade são essenciais para o compartilhamento da vida em comum. E a alegria encontra morada nos espaços de partilha populares, como nos bailes de ontem e de hoje. A escritora Carolina Maria de Jesus registrou suas memórias sobre a alegria potencializada pela expectativa do baile de outrora:

> O que me preocupava era o dia de sábado. Que agitação! Homens e mulheres preparando-se para irem ao baile. Será que o baile é indispensável na vida dos homens? Pedia a minha mãe para levar-me ao baile. Queria ver o que era o baile, que deixava os negros ansiosos. Falavam no baile mais de cem vezes ao dia. Baile... deve ser uma coisa muito boa, porque os que falavam sobre ele sorriam.[9]

É possível encontrar o baile funk da Nova Holanda nos escritos de Carolina Maria de Jesus, quando ela narra sua infância em uma favela de Minas Gerais, no livro *Diário de Bitita*. O baile da Nova Holanda, como já demonstramos, também ocorre aos sábados, agita homens e mulheres, deixa os negros ansiosos e faz as pessoas sorrirem. Por isso, sobre o questionamento da autora: "Será que o baile é indispensável na vida dos homens?", este livro tem a obrigação de responder com um "sim". O baile é a festa que aciona dispositivos que garantem um encontro íntimo e o reconhecimento de vivências em comum. A proibição dos bailes funks pelas UPPs e pelas Forças Armadas, como revelamos, tem a ver com a tentativa de castração desse vínculo comunitário potencializado pela ocupação cultural da rua. A tentativa de regulação da vida cultural

---

[8] Ibidem, p. 95.
[9] Carolina Maria de Jesus, *Diário de Bitita*, cit., p. 9.

na favela confirma nossa hipótese de que o Estado, com a sua política de "pacificação", desconhece a dinâmica comunitária.

Desse modo, vale ressaltar que a apropriação da rua com as festas comunitárias, como buscamos evidenciar, é decisiva na partilha do sensível, um sistema de proeminências sensíveis que revela a existência de um *comum*. "A partilha do sensível faz ver quem pode tomar parte no comum em função daquilo que faz, do tempo e do espaço em que essa atividade se exerce."[10] É nesse sentido que, levando em consideração os estudos de casos comunicacionais e culturais abordados, entendemos a juventude, que resiste à militarização a partir do desejo de liberdade, como promotora da partilha do sensível na Maré. Isso porque, ao protagonizar a organização da cultura de rua, esses jovens intelectuais orgânicos articulam a visibilidade do espaço comum. Como demonstramos, a luta pela sobrevivência é inventariada por uma base política e estética da realidade, que se diferencia da "estetização da política" aventada por Walter Benjamin. É preciso compreender, como diz Jacques Rancière, que a fabricação do sensível viabiliza "um recorte dos tempos e dos espaços, do visível e do invisível, da palavra e do ruído, que define ao mesmo tempo o lugar e o que está em jogo na política como forma de experiência"[11].

As experiências comunitárias pautadas na apropriação da rua, como o funk, o grupo Rock em Movimento, o bloco Se Benze Que Dá, o cineclube Na Favela, o Sarau da Roça e a feirinha Maré 0800, revelam o compromisso de uma juventude negra e favelada com a mudança de paradigmas, com uma revolução molecular[12] atenta às relações sociais que subvertem os poderes estabelecidos a partir do desejo de liberdade. Tudo isso por meio da festa, do estar junto, do fortalecimento dos laços de solidariedade, da carnavalização da própria realidade, da resistência cotidiana pela sobrevivência. Tais elementos nos fazem confirmar a tese de que há um espírito comunitário na Maré.

É sob esse aspecto que iniciativas comunicativas como a Maré Vive e o Nós por Nós também se qualificam como instrumentos contra-hegemônicos, em uma perspectiva gramsciana. Além disso, viabilizam uma comunicação dialógica e polifônica, como previu Bakhtin, que reverbera na disputa discursiva sobre a militarização da favela. Todas essas experiências são protagonizadas por

---

[10] Jacques Rancière, *Partilha do sensível: estética e política* (trad. Mônica Costa Netto, São Paulo, EXO Experimental/Ed. 34, 2005), p. 16.
[11] Ibidem, p. 16.
[12] Félix Guattari, *Revolução molecular*, cit.

uma juventude antenada na luta política pela defesa da vida. E que tem a possibilidade de se referenciar na identidade e na memória mareense, como buscamos revelar, para desencadear processos de resistência. Principalmente em um contexto de estetização e mercantilização da favela, sem investimento em transformações estruturais que viabilizem uma mudança na realidade concreta dos favelados.

Sendo assim, concluímos que a experiência comunitária na Maré, a partir do fortalecimento de sua memória e identidade mareenses, além da inserção política, comunicacional e cultural de seus jovens, configura-se como potência capaz de articular e concretizar a luta pelo "direito à favela". Mais do que uma reivindicação ao "direito à cidade", proposta por Henri Lefebvre para orientar uma nova "sociedade urbana", o "direito à favela" encarna como pressuposto fundamental uma nova práxis política e social de garantia do "direito à vida". Para concretizar tal projeto é necessária a intersecção entre teoria e prática, entre casa e rua, alicerçada na, para e pela favela. Enfim, uma práxis coletiva para nossa felicidade subversiva e revolucionária.

MEMORIAL MARIELLE FRANCO

Não, nós nos negamos a acreditar
que um corpo tombe vazio
e se desfaça no espaço
feito poeira ou fumaça
adentrando-se no nada dos nadas
nadificando-se

Por isso, na solidão desse banzo antigo
rememorador de todas e de todos,
os que de nós já se foram
é no espaço de nossa dor
que desenhamos
a sua luz-mulher – Marielle Franco –
E as pontas de sua estrela
enfeitarão os dias
que ainda nos aguardam
e cruzarão com as pontas
das pontas de outras estrelas,
habitantes que nos guiam,
iluminando-nos e nos fortalecendo
na constelação de nossas saudades

Conceição Evaristo

O pré-vestibular comunitário do Centro de Estudos e Ações Solidárias da Maré (Ceasm), no Morro do Timbau, foi o local do meu primeiro encontro com Marielle, em 1999. Mas foi só em 2000 que nos conhecemos melhor – quando fui trabalhar como recenseadora no censo da Maré, realizado pelos moradores com a assessoria do IBGE e do Ipea. Na mesma ocasião, entrei para a equipe do jornal comunitário *O Cidadão*, também do Ceasm, onde a Mari já trabalhava como secretária. Quando passei no vestibular, em 2003, ela já estudava Ciências Sociais na PUC-Rio e foi ela a responsável por me encorajar, por telefone, a continuar na sala de espera do vice-reitor, da mesma PUC-Rio, para conseguir 100% de bolsa de estudos, enquanto um funcionário insistia em me dizer, pessoalmente, que o vice-reitor se encontrava de férias. Era o último dia de matrícula e eu provavelmente perderia a vaga. O desespero crescia a cada negativa do funcionário, que insistia que o vice-reitor não estava no local. Minha mãe me acompanhava nesse dia, saímos de casa bem cedo, só com o dinheiro da passagem do ônibus, e nem sequer havíamos tomado café da manhã. Eu me lembro bem do misto de sentimento de angústia e humilhação que tomava conta do meu corpo, da minha alma. Só tinha vontade de sair daquele lugar e desistir. Liguei para a Marielle desesperada e, chorando, com os últimos créditos do celular, disse que iria embora. Ela me fez prometer que não sairia daquela sala enquanto não falasse com o vice-reitor, e me garantiu que ele estava na PUC. Os créditos do celular acabaram e não consegui mais falar com ela, mas obedeci e aguardei até que a sala de espera se esvaziasse. Fui a última a ser atendida, e lá estava o vice-reitor com outros professores analisando as minhas notas e a minha colocação no vestibular. Durante a entrevista, o vice-reitor fez questão de dizer que a PUC não poderia deixar de ter uma aluna promissora como eu. Depois do curso de jornalismo, ainda fiz publicidade na PUC-Rio. E continuei na vida acadêmica com a conclusão do mestrado e do doutorado na UFRJ. Em agosto de 2020, concluí o pós-doutorado na UFF. Valeu, Mari. Gratidão eterna, negona, minha irmã, companheira de luta e vida. Obrigada por não me deixar desistir!

Marielle sabia da importância do estudo acadêmico para a superação das desigualdades sociais. Mas sempre soubemos que as urgências políticas e cotidianas nos dominavam, então, mesmo que procurássemos estudar e nos apropriar do conhecimento para utilizá-lo como ferramenta de transformação, em alguns momentos precisávamos fazer escolhas, pisar no freio para atender a uma necessidade que se impunha. Foi assim que, pouco depois de voltar do meu doutorado-sanduíche em Barcelona, na Espanha, ela me convidou para coordenar sua campanha para vereadora. Eu já estava com algumas viagens agendadas, uma delas para participar da consolidação de uma rede internacional da qual faço parte sobre vozes marginalizadas pelo mundo. Ainda assim, tranquei o doutorado, às vésperas da defesa de tese na UFRJ, para me dedicar por inteiro à sua eleição. Essa era nossa urgência política naquele momento: eleger uma mulher, negra, favelada, lésbica para a Câmara Municipal do Rio de Janeiro.

Já como parlamentar, Mari me dizia que não queria se burocratizar, virar uma "política profissional", pelo simples fato de que estar na Câmara poderia ser algo passageiro. Por isso, no início de 2018, logo após o retorno do recesso parlamentar, combinamos de escrever muitos artigos juntas sobre segurança pública com o desafio de apontar para o debate de gênero. Estávamos planejando consolidar sua trajetória enquanto intelectual orgânica. Utilizaríamos sua perspectiva de vereadora, já que ela estava naquele espaço de poder dominado por homens brancos, machistas, racistas e classistas.

Infelizmente, não tivemos tempo de escrever juntas todos os textos que desejávamos. Mas aproveito a publicação deste meu primeiro livro, após essa perda irreparável de uma amiga, de uma companheira de luta cotidiana e uma referência para a política nacional e internacional, para prestar uma singela homenagem à sua memória. Incluo aqui o artigo que escrevemos juntas para o relatório da Comissão de Cidadania e Defesa dos Direitos Humanos da Assembleia Legislativa do Rio de Janeiro, publicado em dezembro de 2014, a qual coordenou durante o tempo que trabalhamos juntas, por mais de dez anos, no mandato do deputado estadual Marcelo Freixo. Dali, saímos juntas: Marielle para ocupar o cargo de vereadora do Rio de Janeiro e eu, a seu convite, para chefiar seu gabinete na Câmara Municipal. Uma experiência que ressignificou a luta e deu outro sentido à vida. Além do relatório, também incluo neste memorial seis artigos que escrevi depois do assassinato de nossa negona. Seguimos por Marielle e por todas e todos nós.

MARÉ: PACIFICAÇÃO E/OU DOMESTICAÇÃO MILITARIZADA?[1]

O conjunto de favelas da Maré, localizado na Zona Norte do Rio de Janeiro, foi ocupado em abril de 2014 por forças militares de pacificação como estratégia da segurança pública para a realização da Copa do Mundo. Uma engenhosa operação envolveu mais de 2 mil oficiais do Exército, da Marinha e da Força Aérea, além das polícias civil e militar. O local, que tem uma população de cerca de 130 mil habitantes, de acordo com o Censo do IBGE de 2010, entrelaça as principais vias da cidade como a avenida Brasil e as linhas Amarela e Vermelha, que leva ao aeroporto internacional. É inegável que há um imaginário social, articulado principalmente pelos meios de comunicação tradicionais, que o identifica como um lugar de extrema violência, miséria e banditismo. Tais estereótipos são enfatizados pelo Estado, que, em vez de estar ausente da Maré, como advogaria o senso comum, se mantém na favela com forte aparato militar de repressão ao varejo de drogas e, nos serviços públicos, se destaca por sua precariedade.

Há uma militarização da vida na favela que remonta aos tempos de ditadura militar. Não por acaso, no ano em que o golpe militar completa cinquenta anos, mais de oitenta civis, até a publicação deste artigo, foram autuados em flagrante ou receberam mandados de prisão sob acusação de crimes militares na Maré. O número representa 20% do total de presos desde abril, muitos foram detidos por desacato, desobediência e lesão corporal, crimes praticados contra militares em serviço. A Maré está sob regime de Garantia da Lei e da Ordem (GLO), medida constitucional que permite aos militares atuarem como força de segurança pública. Cabe ressaltar que a prisão de civil por crime militar na Maré é prevista no Artigo 9º (que trata de crimes militares em tempo de paz) do Decreto-Lei 1.001 de 21 de outubro de 1969, assinado pelo general

---

[1] Escrito em coautoria com Marielle Franco e publicado originalmente no relatório da Comissão de Cidadania e Defesa dos Direitos Humanos da Assembleia Legislativa do Rio de Janeiro, em dezembro de 2014.

Artur Costa e Silva, considerado o presidente da fase mais dura do regime militar, sucedido pelo general Emílio Garrastazu Médici.

É nesse contexto que os moradores das favelas que compõem a Maré convivem rotineiramente com as arbitrariedades de um Estado militarizado e as imposições dos grupos civis armados que disputam o território para a expansão do varejo de drogas. Tal realidade impõe-se como um futuro de incertezas, já que, no presente, os moradores são reféns cativos tanto do Estado militarizado quanto dos civis armados.

PACIFICAÇÃO MILITARIZADA

O processo de militarização é galgado pela política pública de segurança estadual, em nome da "guerra às drogas", e pela apropriação de armas de fogo por parte de grupos civis que controlam inúmeras favelas. Isso significa que qualquer elucidação deve apostar em uma dupla avaliação. A militarização na favela é uma questão central, que se agudiza com a instalação de Unidades de Polícia Pacificadora. Tendo em vista que a ocupação territorial, além de inserir mais armas no cotidiano comunitário, não visa necessariamente ao combate ao tráfico de armas. Mesmo pressupondo uma suposta diminuição da força armada desses grupos criminosos, já que o poderio bélico antes ostentado é reprimido pela presença de policiais nas comunidades, observa-se que as armas estão nas mãos dos policiais. Uma política de segurança, que já presume o uso da força e da repressão, não deveria disputar o imaginário social por meio da ostentação de seu poder bélico.

Esse cenário pôde ser mais bem observado pela sociedade no ano de 2013, quando eclodiram nas principais cidades brasileiras inúmeras manifestações populares. As ruas foram ocupadas por milhões de pessoas que reivindicavam mudanças políticas e estruturais. E em resposta às demandas sociais, um enorme esquema de repressão e truculência policial foi posto em prática, mesmo em atos considerados pacíficos, como foram as manifestações dos professores. Naquele momento, democratizou-se no Brasil a violência policial, antes experimentada apenas pelos favelados. A partir daí, os principais atos de rua estampavam frases como "A polícia que reprime na avenida é a mesma que mata na favela", ou mesmo "No centro da cidade, a bala é de borracha, nas favelas a bala é de verdade". Para o antropólogo Paulo Jorge Ribeiro, registrado em documentos oficiais da OAB-RJ, a ação policial nas manifestações de rua comprova que a exceção está sendo naturalizada:

A classe média se acha, em geral, imune a essas exceções, e muitas vezes as vê como louváveis. O problema é quando a borda da exceção toca em nós, aí é que enxergamos o perigo. Quando a polícia agride as camadas médias nas manifestações de rua, isso é um pedaço dessa borda. A diferença é que nas manifestações são usadas balas de borracha e gás de pimenta, na favela são balas de AR-15. A diferença é, literalmente, letal. Nas favelas, como diria o filósofo italiano Giorgio Agamben, a polícia é a instituição soberana, ela tem o direito de morte e de vida sobre as pessoas. Discutir essa soberania é um dos grandes desafios do mundo contemporâneo, em especial do Rio de Janeiro, onde historicamente a polícia não consegue se compor dentro de seu papel cidadão.

Mesmo considerando as inúmeras violações e arbitrariedades cometidas durante as manifestações democráticas, com uso descontrolado de munição não letal e altos índices de lesões, a favela ainda é o principal espaço de expressão de uma atuação violenta e repressiva. No ano de 2014, o passado "bate à nossa porta", pois se rememoram os cinquenta anos da ditadura imposta ao Brasil com o golpe militar de 1964. O passado ainda se faz presente na maior comenda militar do Brasil, a "Medalha de Bronze do Pacificador", que foi entregue a oficiais que se destacavam no combate aos subversivos que questionavam o regime. Nas favelas cariocas, a presença é assustadora: um tanque blindado chamado de "Pacificador", popularmente conhecido como "Caveirão", é utilizado nas incursões da Coordenadoria de Recursos Especiais da Polícia Civil (Core). Músicos da banda de rock Passarela 10, da Maré, no ano de 2006, já o qualificaram em um dos seus refrãos como: "Não pacifica a dor/ Passa, e fica a dor".

Assim, de maneira lúdica, algumas iniciativas culturais e comunicacionais, como o bloco de carnaval Se Benze Que Dá e o jornal *O Cidadão*, utilizam sua arte e comunicação comunitária para questionar as políticas públicas destinadas de maneira e unilateral na Maré. Vale destacar, nesse momento, algumas iniciativas coletivas e/ou institucionais que buscam impulsionar a organização popular e as resistências às arbitrariedades do Estado.

MARÉ DE DIREITOS

O bloco Se Benze Que Dá (SBQD) é fruto de algumas ações políticas realizadas por jovens da Maré. Lançado em 2005, o bloco sempre abordou a relação desigual entre a favela e a cidade, além de interferir em sua realidade social ao reivindicar o direito de ir e vir dos moradores. Ao ultrapassar as barreiras físicas, simbólicas e sociais impostas tanto pelas facções armadas quanto pelas operações policiais, o SBQD se consolidou como um bloco de luta política, cultural e educacional na Maré. Um dos motores de seus questionamentos se deu na ocasião do assassinato da moradora e estudante da Faculdade de Economia da UERJ, Jaqueline, durante uma operação policial na Baixa do Sapateiro. No carnaval de 2005, o SBQD fez o seu primeiro desfile já tematizando a criminalização da pobreza e dos movimentos sociais, e arregimentou moradores de todas as comunidades da Maré, além de simpatizantes de fora da favela. O seu principal grito, já naquele instante, entoava: "Vem pra rua, morador". Uma alusão crítica à recomendação dada por alto-falantes do veículo blindado ao adentrar a favela: "Sai da rua, morador".

É sabido que a tentativa de criminalização da pobreza e dos movimentos sociais sempre foi a estratégia dos agentes estatais para calar as críticas sobre a gestão das políticas públicas. Esse processo se torna recorrente, principalmente em entidades que atuam dentro de favelas, como as Organizações da Sociedade Civil (Oscip) e as associações de moradores, que são acusadas de se associar ao tráfico de drogas. Esse ostracismo político encontrado na maioria das associações de moradores estaria atrelado a uma mudança de demanda desses espaços. Se outrora as demandas eram por serviços de água, saneamento e luz, no contexto atual, as associações de moradores têm muito a contribuir no debate sobre segurança pública cidadã e direitos humanos. Sendo assim, nos últimos três anos, uma conferência livre sobre segurança pública e o projeto "Maré que queremos" reuniram uma rede de instituições com participação ativa das dezesseis associações de moradores da localidade.

A partir do acúmulo desses encontros, as organizações Redes de Desenvolvimento da Maré, Observatório de Favelas e Anistia Internacional lançaram a campanha "Somos Maré e temos Direitos".

A campanha saiu das mãos dos moradores e adentrou becos, ruas e vielas da Maré, em 2013, com orientações sobre como agir em caso de abordagem policial. O objetivo era garantir o direito dos moradores à segurança, preveni-los contra abusos e ações desrespeitosas por parte das forças policiais, uma vez que estes são funcionários públicos e devem estar a serviço da população. Por fim, também orientava os moradores, nos casos de violações, a acionar a Corregedoria da Polícia Militar e a Comissão de Defesa dos Direitos Humanos e Cidadania da Assembleia Legislativa do Rio de Janeiro. Tudo com a participação dos moradores e das associações, que inclusive se reuniram com o Conselho de Segurança, o Comando Operações Especiais (COE) e em audiências com a Secretaria Estadual de Segurança, para reivindicar uma atuação diferenciada das forças de segurança na Maré.

No entanto, essa iniciativa não previa a ocupação das forças militares de pacificação. No ano de descomemoração dos cinquenta anos do golpe militar, soldados e tanques se apropriaram da Maré em um espetáculo midiático digno de um desfile militar de 7 de Setembro. Para dar segurança aos jogos da Copa do Mundo, mais de 130 mil habitantes foram colocados sob regime de Garantia da Lei e da Ordem. O inimigo do Estado de ontem era o subversivo comunista, hoje são os favelados. Isso é sinal da perpetuação da criminalização da pobreza e da supressão do direito de ter direito.

DOMESTICAÇÃO COMUNITÁRIA

"Soldado da Força de Pacificação da Maré afirma a jornal sueco que proibição de bailes funk é 'castigo'", anuncia a manchete do jornal *Extra* no dia 19 de junho de 2014. Ao cercear uma das principais expressões culturais da favela, a política de pacificação do Rio de Janeiro demonstra o quanto ignora a dinâmica comunitária, mesmo antes da implantação definitiva de uma Unidade de Polícia Pacificadora (UPP) na Maré. Essa política se baseia na gestão autoritária do espaço favelado, dada a imposição do "Nada opor". Um documento redigido pela Coordenadoria de Polícia Pacificadora, que busca "criar uma norma para organizar e envolver o maior número de órgãos governamentais na elaboração dos atestados de 'Nada opor' para eventos culturais em locais públicos ou privados dentro dos limites da comunidade".

Desse modo, as forças de pacificação militarizada, além de vigiar e punir, como prevê Michel Foucault, qualificam-se como agentes culturais. São as corporações militares que se encarregam de gerenciar a cultura, como outrora fez a ditadura militar, ao deslegitimar e achacar a autonomia comunitária. A organização da cultura não pode ser confundida com o autoritarismo, como nos lembra Carlos Nelson Coutinho, que a define como "sistema de instituições da sociedade civil cuja função dominante é a de concretizar o papel da cultura na reprodução ou na transformação da sociedade como um todo".

Percebe-se empiricamente que as ruas da Maré se revelam como o espaço privilegiado do ser comunitário e cultural. João do Rio foi enfático ao caracterizar a alma das ruas cariocas, porque reconhecia sua configuração como o espaço das trocas reais e simbólicas. Nas ruas da comunidade há uma linguagem muito específica, manifestada pela reprodução insistente das composições de funk, que muitos qualificam como gíria, mas os Racionais MC's insistem em lembrar: "Gíria, não; dialeto". Assim, nota-se que a rua e o funk se consolidam como referência na rotina cultural da favela. Tanto que, aos fins de semana, a rua torna-se local de lazer, é nela que os espaços público e privado se confundem para o desespero do Estado ordenador e impositor de regras rígidas e sem diálogo.

Na Maré, assim como em outras favelas do Rio, as festas particulares tomam as ruas, que geralmente são fechadas com enormes caixas de som, e o repertório é dominado quase que exclusivamente pelo funk. Entretanto, sua ocupação pelas Forças Armadas recrimina essa prática dos bailes funks e das festas particulares. A realização de bailes funks foi expressamente proibida, e as festas particulares devem ser precedidas de autorização das forças de pacificação, que estavam previstas para se retirarem após as eleições, mas o prazo estendeu-se para o final de dezembro de 2014. Enquanto isso, a rotina de arbitrariedades cometidas pelo Exército cresce incessantemente. Morador que faz da rua a extensão de sua casa para festas particulares é abordado de maneira violenta e autoritária, o que gera conflito direto, com agressões corporais dos dois lados e até prisões por abuso de autoridade.

Por mais que o funk tenha sido reconhecido por força de lei, em 2009, por conta de um projeto de Marcelo Freixo, como uma expressão cultural, a abordagem truculenta revela a velha prática de criminalização do funk e dos funkeiros que residem em favelas. Trata-se de um discurso articulado historicamente pelos órgãos de segurança pública e endossado pela mídia tradicional. As inúmeras manchetes de jornais da década de 1990 são reveladoras: "Funkeiros apedrejam ônibus e ferem 3" (*O Globo*, 10/8/1993), "Funk Carioca: de James Brown ao Comando Vermelho" (*O Dia*, 23/3/1994), "Funkeiros tentam estupro" (*O Dia*, 26/8/1994), "Juiz manda apurar apologia ao tráfico nos bailes funk" (*O Globo*, 11/6/1995), "Rap é a nova arma do Comando Vermelho" (*O Globo*, 11/6/1995), "Febre Funk já matou 80" (*O Dia*, 12/9/1996). Essas narrativas discursivas impuseram o funk como bode expiatório das mazelas da sociedade, por isso a solução imediata dos órgãos públicos sempre apelou para sua proibição.

Não há como negar que o funk é uma experiência extremamente comunitária, já que muitas de suas composições revelam o cotidiano de alegrias, frustações, privações e opressões vivenciadas em comum por moradores de favelas. A nossa aposta é que, nesse universo complexo, a rua pode se configurar como o espaço em que esse vínculo comunitário se realiza em seu maior grau de organicidade. E não é à toa que há a proibição do baile funk realizado nas ruas da Maré. A rua, que vem do latim "ruga", que na favela se torna extensão das casas das pessoas, se configura como o desordenamento físico do espaço que o Estado quer ordenar. Por isso, a primeira ação da política de pacificação nesses locais é a retirada das pessoas das ruas, decretando toques de recolher e/ou impondo regras para a realização de festas, onde a socialização interpessoal se realiza de maneira plena. Mas, mesmo diante das adversidades, as pessoas continuam ocupando as ruas das favelas da Maré com encontros festivos. E, assim como Stuart Hall, somos otimistas ao acreditar que é na cultura popular que se encontra um ambiente fértil para se constituir o ser social orgânico. Uma vez que a cultura popular se potencializa como um campo de batalha entre a resistência e o próprio consentimento à cultura dos poderosos. A cultura disputa novas narrativas e discursos.

É sabido, entretanto, que a fabricação do discurso, de acordo com Michel Foucault, obedece a uma série de procedimentos com o objetivo de limitar seus poderes e perigos, essa produção é controlada, selecionada, organizada e redistribuída. Desse modo, em nossa sociedade, há mecanismos de exclusão que se revelam na interdição do direito de dizer tudo. É descabido falar sobre tudo, mas esse direito é facultado a alguns privilegiados, os sujeitos de fala. Na contramão daqueles que detêm o monopólio dos meios de fala e/ou comunicação de massa, identificamos o funk como uma linguagem autônoma, com base em uma leitura ritmada, independente dos meios tradicionais de produção, divulgação e comunicação. Mas, para além de reconhecê-lo como cultura e linguagem, concordamos com Adriana Lopes, que o qualifica como uma prática social historicamente situada. "Uma forma de cantar, de expressar, de construir, de vivenciar e de sentir o mundo" a partir do seu lugar de fala. O funk é cultura e reafirmamos que a militarização da vida comunitária tende a domesticar a autonomia cultural das favelas. O constante estado de exceção nas favelas não pode ser naturalizado. Maré vive, resiste e insiste.

QUANTOS MAIS VÃO PRECISAR MORRER PARA ESSA GUERRA ACABAR?[1]

Completaram-se dois meses da bárbara execução de Marielle e a pergunta "Quantos mais vão precisar morrer para essa guerra acabar?", publicada pela vereadora nas redes sociais e reproduzida em todo o mundo, persiste. Essa frase traz a reflexão rápida de uma mulher que passou a vida contextualizando a realidade do Rio de Janeiro a partir do questionamento da ideia de "guerra às drogas" como justificativa da letalidade embutida na política de segurança pública. Por isso, é importante lançarmos luz sobre de que "guerra" Marielle se refere para que não se legitime a falácia, que ela sempre criticou, de que o Rio estaria submetido a uma "guerra".

Enquanto socióloga, mestre em Administração Pública e estudiosa do tema, a vereadora utilizou por diversas vezes a tribuna da Câmara Municipal – cabe observar seus vídeos nas redes sociais – para refutar a ideia de "guerra". Nessas ocasiões, ao criticar a letalidade policial, denunciava, munida de dados e também de conhecimento de causa, que os alvos cotidianos e prioritários da polícia são jovens negros da favela e da periferia. Além disso, há os problemas gerados à população que vive nos locais submetidos por horas a fio a operações policiais sem qualquer resultado concreto. E uma de suas principais críticas era a de que a favela não é um problema de polícia e sim de política.

Há uma tentativa discursiva de desvirtuar o que está de fato por trás das denúncias que Marielle levantava. Além do racismo, machismo, feminicídio, lesbofobia, transfobia, ela falava do grau de letalidade da política de segurança pública no Rio de Janeiro. Não é à toa que a execução sumária de Marielle é utilizada pela elite política para justificar a necessidade de uma intervenção federal. Algo que, até a véspera de seu assassinato, ela criticava e apresentava argumentos para tal. A segurança, para ela, precisava ser pensada a partir de

---

[1] Publicado originalmente no jornal *El País*, em 17 de maio de 2018.

um conjunto de políticas públicas estruturantes e não de polícia, armas e tanques militares.

O Observatório da Intervenção, coordenado por Silvia Ramos, revelou com base no número de trocas de tiros, levantado pelo laboratório Fogo Cruzado, um aumento significativo de tiroteios nos dois meses após a intervenção federal. Além de contabilizar um número maior de pessoas mortas em chacinas, em comparação com o mesmo período do ano passado. Há ainda uma caixa-preta que impede a transparência sobre os valores gastos pelos cofres públicos com a intervenção, além dos objetivos e estratégias empregadas para um possível retorno social na segurança pública.

Isso só ratifica a percepção de que um governo equivocado que investe em políticas retrógradas se pauta por uma estratégia de marketing por meio das Forças Armadas. E submete toda a população do Rio de Janeiro, principalmente a das favelas, ao seu laboratório de experimentos pré-eleitorais. Temer já anunciou a sua intenção de candidatura, mesmo com altos índices de rejeição, e o próprio interventor, general Walter Braga Netto, afirmou que "o Rio é o laboratório para o Brasil".

Marielle era relatora da Comissão Representativa da Câmara Municipal do Rio, cujo objetivo é fiscalizar a intervenção federal. Usar a bárbara execução sumária de que foi vítima para legitimar a intervenção de Temer é de um oportunismo político vergonhoso e expõe a fragilidade dessa iniciativa, que já "deu água". Está em curso um processo de militarização da segurança pública, que se expressa concretamente na vida das pessoas que vivem nas favelas e periferias do Rio de Janeiro. É preciso reafirmar: militarização, não em nosso nome.

A GENTE PRECISA SOBREVIVER A 2018[1]

"A gente precisa sobreviver a 2018", me dizia Marielle quando falávamos das urgências das decisões políticas eleitorais e estas pareciam se sobrepor à vida cotidiana. E, naquele ano, às vésperas de um processo eleitoral incerto, Marielle foi vítima de um bárbaro crime político que a eternizou para a humanidade, mas eu só queria que ela sobrevivesse! Sim, quando cheguei àquela cena de horrores, questionei o porquê de não a terem levado ao hospital junto com o Anderson. Eu queria ter uma esperança, um fio de possibilidade de que ela pudesse sobreviver. Sobreviver mais uma vez, afinal não foram poucas as vezes que a Mari havia sobrevivido aos tiroteios, seja no asfalto ou na favela durante a vida toda. Mas todos diziam que era impossível, que os tiros foram destinados a ela, para acabar com a vida dela.

Naquele momento, nada fazia sentido. Era tudo muito surreal, inacreditável. Mais uma de nós, mais uma de nós? Passados exatos quarenta dias da execução sumária de Marielle, minha ficha caiu com um encontro entre a mãe de Marielle, Marinete, e outras mães de vítimas de violência atendidas pela própria Marielle durante o período em que coordenou a Comissão de Defesa de Direitos Humanos e Cidadania da Alerj. A força dessas mulheres, a maioria negras e faveladas, demonstra que o amor é maior que a dor. E não há outra opção: o luto vai ser transformado em luta. Essa é a saga das mulheres negras que têm a vida marcada pela violência (do Estado?). A luta pela sobrevivência justifica a existência de Marielle. E a luta contra as desigualdades sociais custou a vida de Marielle.

Como crias da Maré, em 2000, nos conhecemos quando fui trabalhar como recenseadora no censo da Maré e entrei para o jornal *O Cidadão*, da ONG Ceasm, onde Mari trabalhou como secretária. Quando passei no vestibular, em 2003, ela já estudava na PUC-Rio e foi ela a responsável por articular

---

[1] Publicado originalmente no jornal *O Globo*, em 27 de abril de 2018.

minha bolsa de 100% nessa universidade. Só cresciam nossa amizade, companheirismo e militância quando trabalhamos juntas durante dez anos na equipe do Marcelo Freixo. A seu lado na vitoriosa campanha eleitoral de 2016, assumi a chefia de seu gabinete na Câmara dos Vereadores do Rio de Janeiro em 2017. Minha história com a Mari é só mais uma entre muitas, de pessoas que não estão no campo da utopia, estão trabalhando para a mudança da realidade concreta. E a Mari era do pé no chão, do realizável, do possível. Quem conheceu Marielle de perto, ou mesmo na sua expressão política, já sabia que ela gerava uma explosão de sentimentos, ninguém conseguia ficar indiferente à sua existência. Sempre foi assim. No dialeto da favela, alguns a chamariam de "marrenta", "boladona", "chapa-quente"; no asfalto, "encrenqueira", "destemida", "esquerdista". No final das contas, todos sabiam que Marielle era corajosa.

São quinze anos, para termos um parâmetro temporal, só de movimentos em que estive com Marielle, desde a chacina do Borel, com o movimento Posso Me Identificar?, em 2003, e a Campanha Internacional Contra o Caveirão, em 2006, até os atos que fizemos na Maré contra a violência policial, incluindo o assassinato de crianças como Renan da Costa, de três anos, em outubro de 2006, Matheus Rodrigues, de oito anos, em dezembro de 2008, e Felipe Correa, de dezessete anos, em abril de 2009. Marielle estava lá, acolhendo todas essas famílias. Famílias que precisavam sobreviver, mais uma vez. Nas manifestações para dar visibilidade aos pedidos de justiça, em que encontramos o protagonismo das mães, quando os corpos dessas mulheres vacilavam, Mari se colocava sempre ao lado delas, e segurava nas mãos dessas mães, negras, faveladas, despedaçadas.

Não é à toa que muitas dessas mulheres encontram em Marielle uma referência e, no quadragésimo dia de sua execução sumária, algumas delas abraçaram e beijaram emocionadas sua mãe, Marinete. É muito difícil acolher alguém e se manter presente na dor. Mas com a Mari aprendemos que essas mulheres se movem pelo amor. Essas mães jamais terão seus filhos de volta. Mas ganharam uma nova filha por quem lutar. É por Marielle. Mas é por nós. Por todos nós. Não vamos recuar.

O LEGADO DE MARIELLE É A DEMOCRACIA[1]

A execução sumária de Marielle é o retrato mais bárbaro do ataque ao Estado democrático de direito. Há sete meses me questionam: "Você não se sente ameaçada, não tem medo de morrer?". Respondo prontamente: "Quando a democracia está em risco, todos estamos ameaçados, qualquer um de nós pode morrer". E é nesse quadro, de ameaça autoritária, que no Rio de Janeiro se dá a vitória política e eleitoral de quatro mulheres negras de origem popular, ligadas diretamente a Marielle: Talíria Petrone, Dani Monteiro, Mônica Francisco e eu, Renata Souza. O Parlamento brasileiro não será o mesmo, porque não estaremos sozinhas.

O ódio organizado avança sobre nossos corpos e nossos símbolos. Assassinaram Marielle e ainda atacam o que ela representa: a resistência da mulher, negra, favelada e lésbica, que ousa estar em lugares historicamente negados para esse perfil. Não é à toa que o recado foi dado a nós, defensores da democracia: "Vai ser bala no ano que vem", disse um senhor eleito para a Alerj, que se articula com bases neofascistas. Uma linguagem figurada? Pode até ser. O fato é que a resistência ao neofascismo será alavancada por nós – mulheres negras, crias de Marielle.

Há que se lembrar, entretanto, que o assassinato da nossa Mari também se configura como feminicídio. E que o número de casos de mulheres negras assassinadas aumentou 54% entre 2003 e 2013, de acordo com o Mapa da Violência de 2015. Aqui, os gatilhos são óbvios: o machismo e o racismo. Essa dupla distorção social é exaltada quando o candidato a presidente Jair Bolsonaro faz ilações de que só uma determinada mulher não merece ser estuprada, quando justifica que mulher deve receber menos que o homem porque engravida ou quando vota contra os direitos trabalhistas de empregadas domésticas. As mulheres, em especial as negras, são vítimas da negligência de políticas

---

[1] Publicado originalmente no jornal *O Globo*, em 22 de outubro de 2018.

públicas. São elas que chegam a receber 44% menos que os homens brancos, como constatou, no final de 2017, uma pesquisa do IBGE.

A nossa chegada ao Parlamento marca a luta intransigente contra as discriminações com relação a gênero, raça e classe. Não é natural que os filhos dessas mesmas mulheres negras sejam mortos no Brasil: sete de cada dez homicídios são de jovens negros, como demonstrou o Atlas da Violência de 2017. É preciso avançar em políticas que garantam a igualdade de oportunidades e salários entre mulheres e homens, além da população LGBTQI. Vivemos no país que mais mata pessoas travestis e transexuais do mundo, de acordo com dados do Grupo Gay Bahia, e temos um candidato a presidente declaradamente homofóbico. A prioridade das políticas públicas deve ser a manutenção da vida e da dignidade humana.

Quem tem a audácia de impor quem deve viver ou morrer na nossa sociedade, de subjugar a vida do outro, não pode presidir o Brasil. Os saudosos da ditadura militar, do autoritarismo e do fascismo precisam voltar aos seus esgotos. Sair das sombras para destilar irracionalidade e ameaçar a democracia com arma em punho não será aceito por quem ama o Brasil. O maior legado de Marielle é a democracia, e é por ela que lutaremos.

OS NOVE MESES SEM MARIELLE FRANCO E O DIREITO À VIDA[1]

Na mesma semana em que celebramos os setenta anos da Declaração Universal dos Direitos Humanos, outras duas datas nos fazem refletir sobre a aplicação dos trinta artigos que compõem o documento: a execução da vereadora Marielle Franco, que hoje completa nove meses, e os cinquenta anos do AI-5, o ato que institucionalizou a ditadura. As duas datas trazem à tona o Artigo 3º da Declaração Universal dos Direitos Humanos: "Todo indivíduo tem direito à vida, à liberdade e à segurança pessoal".

Tiraram a liberdade de uma mulher negra, cria da Maré, feminista e defensora dos Direitos Humanos, mas não conseguiram calar sua voz. Sua voz era, e ainda é, a voz de quem nunca foi ouvida nos espaços de poder. Assassinar uma vereadora do Rio, a quinta mais votada da cidade, expôs mundialmente a fragilidade da democracia brasileira. Para muitos, Marielle representava o diferente, um corpo negro, uma voz negra que bradava em espaços que por décadas nunca foram considerados para pessoas como nós — negras, mulheres e faveladas. Expor o caráter racista, sexista e classista das instituições pode incomodar. Mas não pode, e nem vai, nos calar.

Outra página infeliz da nossa história política, para citar o poeta, foram os cinquenta anos do AI-5 completados ontem (13). Com o ato, o presidente Costa e Silva fechou ainda mais a ditadura militar. Entre as consequências mais graves estavam a censura prévia de obras de arte e dos meios de comunicação, além do fechamento do Congresso Nacional e das Assembleias Legislativas. Nunca foi tão importante lembrar esta data. O discurso conservador avança e temos um presidente eleito que exalta figuras como coronel Ustra – ex-comandante do DOI-Codi e torturador condenado pela Justiça.

---

[1] Publicado originalmente no *Jornal do Brasil*, em 14 de dezembro de 2018.

Quando não temos nossos direitos à vida e à segurança pessoal garantidos, perdemos nossa liberdade. Eu quero saber quem matou Marielle, todos querem saber. Esse direito não pode nos ser negado. Não podemos esconder da sociedade a violência da repressão política. Por sinal, era isso que acontecia durante o AI-5. Nós éramos censurados, nossa liberdade cerceada e nossos direitos democráticos retirados. Vamos exigir justiça! Vamos lutar pela democracia! É nosso direito saber quem mandou matar Marielle Franco.

NÃO QUEREMOS VINGANÇA[1]

Mari,

    Lembro com carinho de quando nossa história começa, lá em 1999, há quase vinte anos, quando nos esbarramos pela primeira vez no pré-vestibular comunitário da Maré. Mas só trabalhando no jornal *O Cidadão*, mais ou menos um ano depois, é que viramos parceiras de luta. Pois é, duas mulheres faveladas, se metendo a conhecer a Escola Florestan Fernandes e desbravando a Floresta da Tijuca com o Leon para entender melhor a sociedade e as briófitas. Você passou no vestibular e eu só passei no ano seguinte na PUC-Rio. Que emoção, quantos desafios. Mas a realidade de privações era mais dura quando mexiam com os nossos. Fazer atos na favela para reivindicar o direito à vida passou a ser rotina. Lembra dos nossos meninos Renan e Matheus? Espero que tenha dado um abraço bem forte neles e tenha acolhido o Marcus Vinicius. Meninos que deixaram suas famílias cedo demais. Depois veio tanta coisa: mandato do Freixo, Comissão de Direitos Humanos, sua campanha... E aqui estamos em 2018.

    Não faz dois meses que o Brasil elegeu Bolsonaro presidente, Mari. Não, não é brincadeira. Com 55,13% dos votos, ele derrotou o candidato do PT, Fernando Haddad, no segundo turno. Você deve estar se perguntando: "E o Lula?". O Lula está preso. E as surpresas não acabam por aí. Sérgio Moro foi anunciado como ministro da Justiça.

    Sim, o Moro prendeu Lula, impedindo o mais bem colocado nas pesquisas de ser candidato, e agora vai assumir um ministério. E sabe de uma coisa, Mari, o juiz está longe de ser o pior ministro. Um dos indicados diz que vai banir Paulo Freire da Educação, o outro chama a ONU de comunista. Consegue imaginar isso? Como você sempre disse: "A vida é dura, bebê!".

---

[1] Publicado originalmente no site *Capitu: um outro olhar*, em 21 de dezembro de 2018.

Não queria falar disso agora, Mari, mas a pior notícia de 2018 – a maior dor que senti na vida – foi seu assassinato. Parece meio estranho estar aqui, escrevendo uma carta endereçada a você, sabendo que sua matéria se foi. Posso confessar uma coisa? Penso em você diariamente. E, de alguma maneira, conversamos. Te tiraram de nós e estamos aqui há quase nove meses esperando o resultado das investigações e nada. Mas não descansaremos. Os poderosos que mandaram apertar aquele gatilho vão ser achados e responsabilizados. Não queremos vingança, mas justiça. Apenas isso.

Não é "mimimi", as notícias boas andam realmente raras. Mas aqui no Rio de Janeiro fizemos algo inédito, que te encheria de orgulho. Mônica Francisco, Dani Monteiro e eu – isso mesmo, três negonas vindas da sua mandata – fomos eleitas deputadas estaduais, e nossa Talíria Petrone foi eleita deputada federal. Ela vai estar lá em Brasília, junto com Marcelo Freixo, Luiza Erundina, Áurea Carolina e mais seis companheir@s do PSOL. Essas pequenas vitórias são essenciais para nos dar fôlego, Mari. 2019 promete exigir muito da gente.

Mari, você sabe o tamanho de nossa responsabilidade, enquanto mulheres, negras e periféricas, em ocupar esses espaços de poder. Você nos representou, e representa muito bem, você é respeitada e lembrada pelo trabalho que fez para superar as desigualdades raciais, sociais e econômicas. Nossa eleição, assim como será nossa mandata, é carregada de muita responsabilidade. Ela representa um grito que estava retraído na garganta da sociedade, não apenas por mais representatividade, mas também por mais presença de trabalhos concretos e qualificados no que diz respeito às políticas públicas. Nossos votos representam milhares de pessoas que decidiram não se render ao ódio, ao medo e à barbárie como método político. Negona, você não está aqui como gostaríamos – viva, sorridente e cheia de gás para a luta. Mas, de várias formas, sua presença está por todos os lados. Seu rosto estampa blusas, está grafitado nas paredes, virou tatuagem. Na verdade, Mari, você virou o símbolo e é uma chama viva no peito dos que lutam pela democracia e pelos direitos humanos. Você sempre foi e continua gigante, mulher! E, agora, é semente de um mundo novo. Seguimos por você, por nós, e pelos outros.

Obrigado por tudo, principalmente por nos trazer luz em tempos de trevas!
Saudades infinitas.
Com amor,
Rê.

FEMINICÍDIO POLÍTICO: UM ESTUDO SOBRE A VIDA E A MORTE DE MARIELLES[1]

A chegada das mulheres à "linha de frente" da política brasileira se dá a passos lentos, ainda que o país tenha elegido sua primeira presidenta, Dilma Rousseff, em 2010. A dominação social e histórica do patriarcado sobre o corpo, as vontades e os desejos das mulheres gestou uma política infecunda para os propósitos de equidade de gênero no poder. Assim, pretendemos neste texto desvendar e articular os processos de luta política das mulheres, em especial das mulheres negras, para chegar ao poder, assim como estabelecer parâmetros empíricos e teóricos para a compreensão da política de visibilidade e/ou invisibilidade social e midiática, que tanto pode proteger quanto vulnerabilizar a própria existência dessas mulheres. Por isso, proponho a formulação e a conceituação de "feminicídio político"* para caracterizar, categorizar, denominar e classificar a execução sumária, em 14 de março de 2018, da vereadora Marielle Franco: uma mulher, favelada, feminista, negra, LGBTQI, em ascensão política, que ousou desafiar os podres poderes aliados às máfias no Rio de Janeiro. Para tanto, utilizo como método científico a autoetnografia, uma vez que sou mulher, negra, feminista e cria da favela da Maré, e por cerca de vinte anos trilhei minha trajetória política ao lado de Marielle Franco. Além disso, capturo a rotina e o cotidiano político a partir da minha vivência, do meu conhecimento empírico, como a mulher de esquerda mais votada no estado para o cargo de deputada estadual, com 63.937 votos, e como a primeira

---

[1] Texto adaptado de versão publicada na revista *Cadernos de Gênero e Diversidade*, v. 6, n. 2, abr.-jun. 2020, p. 119-33.

* O feminicídio político, conceito sociopolítico cunhado pela autora, foi utilizado pelo ministro Rogério Schietti durante a votação do Superior Tribunal de Justiça (STJ) sobre a transferência para a esfera federal da investigação dos mandantes do assassinato da vereadora Marielle Franco e de seu motorista Anderson Gomes, em 2018. Por unanimidade, o STJ votou em maio de 2020 pela não federalização do caso, mantendo as investigações com a Polícia Civil e o Ministério Público do Rio de Janeiro. (N. E.)

mulher negra a presidir a Comissão de Defesa dos Direitos Humanos e Cidadania da Assembleia Legislativa do Estado do Rio de Janeiro (Alerj).

GÊNERO E POLÍTICA

A República brasileira, proclamada em 15 de novembro de 1889, tinha contornos democráticos, mas as mulheres continuaram alienadas de seus direitos políticos, entre eles o direito de votar e ser votada. Apenas em 1932, com a instituição do sufrágio universal, as mulheres puderam participar do processo político e escolher seus representantes. Durante mais de quarenta anos elas foram apartadas das principais discussões políticas do país, e isso deixou marcas profundas em sua construção enquanto "sujeitas políticas". De acordo com o estudo do IBGE *Estatística de gênero: indicadores sociais das mulheres no Brasil*[2], em termos de representatividade feminina no Parlamento, o Brasil ocupava em dezembro de 2017 a 152ª posição entre 190 países, com apenas 10,5% de mulheres parlamentares – ainda que, por força de lei, desde 1997 os partidos tenham de reservar 30% do orçamento e do horário eleitoral para as mulheres –, ficando atrás de países como Ruanda (61,3%), Bolívia (53,1%), Senegal (41,8%) e Equador (38%)[3]. Segundo a ONU Mulheres, entre os 33 países da América Latina e Caribe, o Brasil amargava a 32ª posição no que diz respeito à paridade de gênero na política[4].

Esse cenário mostra que em pleno século XXI as mulheres ainda enfrentam dificuldade para se inserir na política institucional, seja porque a sociedade se construiu com base no patriarcalismo e no machismo, relegando as mulheres ao cuidado exclusivo do lar e da família, seja porque a inserção das mulheres no mercado de trabalho as transformou quase em um apêndice dos homens. Há, além disso, é claro, o sexismo cotidiano que impede que elas sejam reconhecidas como sujeitos políticos plenos e acaba por engajá-las na política apenas como objetos, em momentos táticos. Isso é muito experimentado por

---

[2] Instituto Brasileiro de Geografia e Estatística, *Estatística de gênero: indicadores sociais das mulheres no Brasil* (Rio de Janeiro, IBGE, 2018). Disponível em: <https://biblioteca.ibge.gov.br/visualizacao/livros/liv101551_informativo.pdf>. Acesso em: 10 ago. 2019.
[3] Ibidem, p. 9.
[4] ONU Mulheres, "Brasil é 'lanterna' em ranking latino-americano sobre paridade de gênero na política", *ONU Mulheres Brasil*, 24 ago. 2017. Disponível em: <http://www.onumulheres.org.br/noticias/brasil-e-lanterna-em-ranking-latino-americano-sobre-paridade-de-genero-na-politica/>. Acesso em: 21 out. 2020.

feministas dentro de seus partidos; contudo, graças a elas, a ocupação feminina da política entrou na ordem do dia e sua posição subserviente vem sendo questionada.

Há outro fator histórico importante para a compreensão desse processo de ocupação da política por feministas negras, sem por óbvio deixarmos de lado a fundamental luta dos movimentos feminista e negro. A sociedade burguesa, fundada no patriarcado branco, permite pequenas fissuras em seu sistema para acomodar e controlar melhor suas vítimas. Essas fissuras funcionam como uma espécie de "pacificação dos conflitos", ou seja, quando o indivíduo apartado consegue furar as barreiras e ocupar espaços de poder, isso de alguma forma legitima o próprio poder e age para que as tensões sociais sejam neutralizadas.

O objetivo da pesquisa de pós-doutorado da qual se originou este artigo era desvendar os mecanismos engendrados na sociedade de classes para impor desafios quase intransponíveis às mulheres e assim impedi-las de ocupar espaços de decisão e poder. Pretendíamos, dessa forma, avaliar como a política de invisibilidade e/ou visibilidade social e midiática é capaz de atuar tanto para desvelar o protagonismo das mulheres na política quanto para submetê-las a uma espécie de política de "segunda classe". Isso porque as mulheres são acionadas geralmente quando o debate político corresponde às pautas "identitárias", como questões de gênero e raça. Ainda que esses temas sejam fundamentais, existem outros, relativos a políticas econômicas e financeiras, ou a políticas de caráter estruturante, como saúde, trabalho, renda, educação e segurança pública, cuja formação discursiva e política dificilmente tem participação feminina.

Buscávamos avaliar também quanto a invisibilidade pode vulnerabilizar as mulheres que se encontram à frente de processos políticos. Para tanto, objetivamos denominar, caracterizar e classificar o conceito de "feminicídio político", pelo qual pretendemos compreender os elementos políticos e sociais que transformaram a vereadora Marielle Franco, defensora intransigente dos direitos humanos, em um corpo "matável" na política brasileira. Nesse sentido, ainda que nosso estudo de caso seja a execução sumária de Marielle, não negligenciaremos outras mulheres que também tombaram na luta em favor da dignidade humana, como a irmã Dorothy Stang, que desafiou latifundiários no Pará. É importante notar que o Brasil é o país que mais mata defensores e defensoras de direitos humanos no mundo. Em 2016, de acordo com a Anistia Internacional, 66 ativistas foram assassinados no país.

CONTRA O EPISTEMICÍDIO, A AUTOETNOGRAFIA

"Erguer a voz" é a marca da transição da mulher negra de objeto para sujeito. Eu, particularmente, ignorava essa expressão até conhecer *Erguer a voz: pensar como feminista, pensar como negra*, livro de bell hooks recém-publicado no Brasil[5]. Meu despertar para essa temática ocorreu em 2018, durante o processo eleitoral, em especial a partir do meu primeiro pronunciamento público como candidata, quando afirmei: "As mulheres negras estão deixando de ser objeto da política para se tornar sujeitos da política, não sujeitas à política. E nosso primeiro obstáculo é o pragmatismo político". Na época, analistas políticos mais experimentados disseram, sem nenhum pudor: "Vocês, mulheres negras, são a mesma coisa". "Mulher, negra, da favela disputa o mesmo voto da pauta identitária", repetiam convictos, negligenciando muitas vezes a luta de classes contida em nossas bandeiras e reproduzindo o machismo, o racismo e o classismo característicos da nossa sociedade. Mas eis que nós, feministas negras, erguemos a voz e a cabeça – como fizeram nossas ancestrais Anastácia, Dandara e Aqualtune – em um tempo de política de medo e barbárie, quando é urgente e necessário formular, conceituar e classificar teórica e empiricamente o "feminicídio político" que vitimou Marielle Franco.

É importante notar que em 1934, na primeira eleição em que as mulheres puderam votar e ser votadas, foi eleita deputada federal por São Paulo a médica Carlota Pereira de Queiroz. Ela não surgiu do movimento feminista, mas participou da Revolução Constitucionalista de 1932 e foi autora do projeto de criação de serviços sociais. Em 1936, a feminista Bertha Lutz, suplente de Cândido Pessoa, assumiu o mandato de deputada federal após a morte do

---

[5] bell hooks, *Erguer a voz: pensar como feminista, pensar como negra* (trad. Cátia Bocaiuva Maringolo, São Paulo, Elefante, 2019). A formulação de uma teoria feminista negra na política é fundamental para a base teórica da nossa pesquisa. Entretanto, além de hooks, farei esse debate teórico sobre as mulheres e o racismo estrutural na sociedade de classes a partir do pensamento de Sueli Carneiro, *Escritos de uma vida* (São Paulo, Pólen, 2019); Heleieth Saffioti, *A mulher na sociedade de classes* (3. ed., São Paulo, Expressão Popular, 2013); Judith Butler, *Problemas de gênero: feminismo e subversão da identidade* (trad. Renato Aguiar, 17. ed., Rio de Janeiro, Civilização Brasileira, 2019) e *Corpos em aliança e a política das ruas: notas para uma teoria performativa de assembleia* (trad. Fernanda Siqueira Miguens, 3. ed., Rio de Janeiro, Civilização Brasileira, 2019); Angela Davis, *Mulheres, raça e classe* (trad. Heci Regina Candiani, São Paulo, Boitempo, 2016); Ana Maria Gonçalves, *Um defeito de cor* (17. ed., Rio de Janeiro, Record, 2018); Grada Kilomba, *Memórias de plantação: episódios de racismo cotidiano* (trad. Jess Oliveira, Rio de Janeiro, Cobogó, 2019); Silvio Luiz de Almeida, *Racismo estrutural* (São Paulo, Pólen, 2019); Muniz Sodré, *O terreiro e a cidade: a forma social negro-brasileira* (3. ed., Rio de Janeiro, Mauad X, 2019); Stuart Hall, *Da diáspora*, cit; entre outros.

titular. E a jornalista Antonieta de Barros foi a primeira mulher negra eleita deputada estadual no Brasil, além de ter sido fundadora e diretora do jornal *A Semana* entre 1922 e 1927. Os eixos de sua campanha eleitoral, em 1934, traziam como elementos fundamentais a democratização do acesso à educação, a valorização da cultura negra e a emancipação da mulher. Ainda assim, a ocupação das mulheres na política estagnou: de 1934 a 2014, as mulheres representavam apenas 10% do Congresso Nacional.

Esse cenário é mais dramático quando nos referimos às mulheres negras. De acordo com Sueli Carneiro, a relação entre mulheres negras e poder se configura como um "ensaio sobre a ausência"[6]. Não há investimentos políticos e partidários para a ocupação dos espaços de poder por essas mulheres. E quando há exceções, a mídia aposta em geral em uma visibilidade baseada em estereótipos e racismo, colocando essas mulheres *ad aeternum* no "não lugar". Não podemos deixar de citar o exemplo de Benedita da Silva, que se tornou governadora do Rio de Janeiro em 2002. Carneiro chama a atenção para as manchetes da época: "Mulher negra ex-favelada assume pela primeira vez o governo do Rio de Janeiro"; "Primeira governadora negra se muda com o marido para o palácio construído no século passado pela família Guinle, a mais tradicional representante da elite carioca". Para Carneiro, "Benedita aparecia como 'fora de lugar'".

> Mais expressivas ainda foram as reações em relação à montagem de sua equipe de governo. Diziam as manchetes: "Governadora coloca sete negros no primeiro escalão". Outra alardeava: "Priorização da escolha pela raça". Na verdade, eram apenas 7 pessoas negras nomeadas por Benedita num conjunto de 36 secretários, mas ainda assim esses 7 foram considerados demais. As reações foram imediatas. Um dos leitores do jornal *O Globo* exigiu explicações sobre o critério cor negra da pele adotado pela governadora para a escolha de seu secretariado e acrescentou: "Certamente, se alguém afirmasse ter feito semelhante escolha priorizando a cor branca da pele, já teria sofrido toda sorte de retaliações". O racismo é assim, cruel.[7]

Esses exemplos ilustram o racismo entranhado nos espaços de visibilidade, em especial no midiático, em uma sociedade do espetáculo, conforme definição de Guy Debord[8]. Como Michel Foucault, defendemos que o

---

[6] Sueli Carneiro, *Escritos de uma vida*, cit.
[7] Ibidem, p. 279.
[8] Guy Debord, *A sociedade do espetáculo*, cit.

discurso é poder e que há uma fabricação na ordem discursiva caracterizada pelo direito de fala concedido a alguns e negado a muitos outros. É sabido que o discurso hegemônico da mídia contribui para a manutenção do poder daqueles que herdaram o direito de fala. Estamos de acordo com a reflexão de que "o discurso não é simplesmente aquilo que traduz as lutas ou os sistemas de dominação, mas aquilo por que, pelo que se luta, o poder do qual queremos nos apoderar"[9].

É importante notar que o racismo faz parte de uma estrutura gestada na sociedade. Sendo assim, o conceito de racismo estrutural nos apresenta elementos fundamentais para que reconheçamos o racismo não como algo isolado e individual, mas como sintoma de uma estrutura de poder. "As instituições são apenas a materialização de uma estrutura social ou de um modo de socialização que tem o racismo como um de seus componentes orgânicos. [...] As instituições são racistas porque a sociedade é racista."[10]

A revisão bibliográfica é um instrumento fundamental do nosso estudo, porque aposta na descolonização da produção intelectual e teórica do pensamento crítico. Para tanto, investimos nas formulações de mulheres negras e, em especial, de feministas negras. Nosso estudo é dedicado a desarticular o epistemicídio. A filósofa Sueli Carneiro define o epistemicídio como a invisibilização e a negação dos negros enquanto sujeitos do conhecimento[11]. Desde a omissão da diáspora africana até a imposição do embranquecimento, há deslegitimação da contribuição dos negros na nossa cultura, um apagamento orquestrado pela supremacia branca.

Desse modo, definimos como aporte metodológico de nossa pesquisa o estudo autoetnográfico. É de suma importância reconhecer seu caráter científico e crítico para a produção de conhecimento, uma vez que se trata de um gênero da etnografia e um método de pesquisa qualitativa. As bases empíricas da pesquisa são minhas inquietações e experiências concretas enquanto mulher negra na linha de frente da política brasileira. O exercício de autorreflexão, em

---

[9] Michel Foucault, *A ordem do discurso: aula inaugural no Collège de France, pronunciada em 2 de dezembro de 1970* (trad. Laura Fraga de Almeida Sampaio, 22. ed., São Paulo, Loyola, 2012), p. 10.

[10] Silvio Luiz de Almeida, *Racismo estrutural*, cit., p. 47.

[11] Sueli Carneiro, *A construção do outro como não-ser como fundamento do ser* (tese de doutorado em educação, São Paulo, Faculdade de Educação da Universidade de São Paulo, 2005); disponível em: <https://negrasoulblog.files.wordpress.com/2016/04/a-construc3a7c3a3o-do-outro-como-nc3a3o-ser-como-fundamento-do-ser-sueli-carneiro-tese1.pdf>; acesso em: 10 ago. 2019.

caráter propriamente de pesquisa-ação, nos impõe um desafio epistemológico, intelectual e teórico. No entanto, os desenvolvimentos de nossa pesquisa em termos de memória, testemunho e ação direta podem potencializar novas miradas do processo investigativo e procedimentos analíticos. Uma forma de documentar, de maneira inédita, as experiências políticas e sociais de uma parlamentar negra no exercício de seu mandato.

A autoetnografia é caracterizada por um "modelo triádico"[12] que, por óbvio, se sustenta sobre três orientações:

> A primeira seria uma orientação metodológica – cuja base é etnográfica e analítica; a segunda, por uma orientação cultural – cuja base é a interpretação: a) dos fatores vividos (a partir da memória); b) do aspecto relacional entre o pesquisador e os sujeitos (e objetos) da pesquisa; e c) dos fenômenos sociais investigados; e por último, a orientação do conteúdo – cuja base é a autobiografia aliada a um caráter reflexivo.[13]

Essas três orientações compõem o "equilíbrio triádico da etnografia". Elas possibilitam uma reflexão crítica que transita entre "o pessoal e o político, o sujeito e o social, o micro e o macro"[14].

OCUPAR A POLÍTICA

Para as mulheres negras na política, "erguer a voz e a cabeça" não é só um ato de resistência, de coragem, mas é também o comprometimento com a luta contra as desigualdades de gênero, raça e classe. Em todos os ritos nas casas legislativas, há olhares e expressões corporais ameaçadores: nosso corpo negro é tratado como um invasor que deve ser anulado. Tanto que nossas ações no fazer político sofrem represálias extremas. Quando denunciei o governador do Rio de Janeiro, Wilson Witzel, homem branco e ex-juiz, à Organização das Nações Unidas (ONU) e à Organização dos Estados Americanos (OEA) por utilizar helicópteros como plataforma de tiro para *snipers*, dando ordens expressas de "mirar e atirar na cabecinha" durante operações policiais em

---

[12] Heewon Chang, *Autoethnography as Method* (Walnut Creek, Left Coast, 2008), citado em Silvio Matheus Alves Santos, "O método da autoetnografia na pesquisa sociológica: atores, perspectiva e desafios", *PLURAL – Revista do Programa de Pós Graduação em Sociologia da USP*, v. 24, n. 1, 2017, p. 214-41; disponível em: <http://www.revistas.usp.br/plural/article/download/113972/133158/>; acesso em: 10 ago. 2019.

[13] Silvio Matheus Alves Santos, "O método da autoetnografia na pesquisa sociológica", cit., p. 218.

[14] Ibidem, p. 221.

favelas, fui perseguida e ameaçada de cassação. É simbólico que o mesmo indivíduo que participou da ação de quebra da placa da Marielle* tenha tido a arrogância de ordenar a seus correligionários que cassassem e interrompessem meu mandato de deputada estadual, ignorando a autonomia dos poderes e o Estado democrático de direito. Em 131 anos de história da República, foi a primeira vez que um governador ordenou publicamente que uma parlamentar fosse cassada. Só não foi novidade, no entanto, que uma represália política severa e punitivista recaísse sobre a base da pirâmide social: mulher, negra e pobre.

Vencer dentro do partido a disputa de pretensa eficiência de certo pragmatismo político às avessas, ainda que relevante, está longe de ser o passo mais difícil. No Rio de Janeiro, provamos o equívoco dessas análises e elegemos quatro feministas negras: Talíria Petrone para a Câmara dos Deputados, Mônica Francisco, Dani Monteiro e eu para a Assembleia Legislativa do Rio de Janeiro. Mas o cotidiano nesses espaços dominados pela elite branca política e econômica revela quanto os herdeiros da casa-grande não suportam nossa cara preta, a cara de povo. Afinal, só toleravam a presença de mulheres negras de cabeça baixa, viradas para as panelas ou lavando o banheiro.

Na Alerj, o machismo e o racismo perpassam as ações cotidianas, seja nas tentativas de impedir Dani e Mônica de usarem o elevador exclusivo para os deputados, seja nas tentativas de desqualificar nossos discursos no plenário. Eu, por exemplo, ao enfrentar incisiva e assertivamente os detratores dos direitos humanos, sou tachada de "metida", "cheia de marra" e "nariz em pé". A fala destemida, ousada e afiada é considerada insolente pela branquitude que sempre submeteu as mulheres negras ao violento silêncio. Muitos desses homens brancos não sabem a diferença entre "nariz em pé" e "cabeça erguida", como mostrou o próprio deputado que quebrou a placa da Marielle e a expôs como troféu em seu gabinete – hoje denunciado por práticas incompatíveis com a atividade parlamentar. Mas esse é o motivo por que, em cada pronunciamento no púlpito do Parlamento, nossa primeira atitude é erguer a voz e a cabeça.

Por isso, quando dizemos que ocupamos o Parlamento, não é à toa que usamos a palavra "ocupar". Esse será nosso instrumento e nossa ferramenta para

---

* Em outubro de 2018, Rodrigo Amorim, candidato ao cargo de deputado estadual pelo Partido Social Liberal (PSL), quebrou uma placa que homenageava Marielle Franco ao lado de Daniel Silveira, candidato a deputado federal pelo PSL, e Wilson Wtizel, candidato a governador pelo Partido Social Cristão (PSC), durante ato de campanha de Witzel em Petrópolis. (N. E.)

fortalecer as lutas sociais. "Ocupar" deixa nítido como esse espaço é refratário a nós e como devemos estar atentas ao processo de burocratização que tenta nos adequar para limitar nossas lutas. Não podemos ceder à lógica do cafezinho, das conversas de corredor e das negociatas. Se, por um lado, ser parlamentar exige acordos com adversários, respeito às diferenças e concessões, por outro, quando se pretende transformadora, a parlamentar não pode nunca ceder ao "toma lá, dá cá" e às supostas benesses com as quais pretendem nos aniquilar.

Para concretizar a luta por uma sociedade que não se desumanize por causa das desigualdades sociais, é necessária a interseção entre teoria e prática, entre o Parlamento e a rua, alicerçada na luta para e pelos nossos: mulheres, povo preto, pobre, trabalhador, LGBTQI. Se é importantíssimo estar nos espaços de poder, e certamente o é, só venceremos o racismo, o sexismo e o autoritarismo com o poder das ruas, do povo. E, em tempo de feminicídios políticos, como o de Marielle Franco, "erguer a voz e a cabeça", para uma feminista negra, é um ato de sobrevivência, mas é também um exercício de cura para a liberdade humana, a felicidade subversiva e a esperança revolucionária.

Desse modo, é urgente fundamentar um novo conceito a partir da execução sumária de Marielle Franco: o feminicídio político. É relevante o empreendimento desse esforço de categorização de "feminicídio político", uma vez que, no jargão jurídico, aquilo que não se denomina não existe. E o assassinato de lideranças femininas à frente da política é algo real em nossa sociedade, mas pouco visibilizado e problematizado na mídia. O patriarcado deixou um legado de invisibilização das mulheres em vida e na morte. E não seria diferente com aquelas que ousaram e ousam estar na linha de frente da política, seja ela institucional ou não. O feminicídio político traz consigo uma das faces mais cruéis da vulnerabilidade da mulher na vida política.

Ainda que nossa pretensão não seja elaborar um estudo jurídico como método, é importante tecer algumas considerações sobre a caracterização do próprio feminicídio, que somente se tornou um debate nacional quando foi reconhecido por lei como crime em 2015. Segundo as diretrizes nacionais para investigar, processar e julgar com perspectiva de gênero as mortes violentas de mulheres[15], feminicídios são mortes violentas de mulheres motivadas pelo

---

[15] Ministério das Mulheres, da Igualdade Racial, da Juventude e dos Direitos Humanos, *Diretrizes nacionais para investigar, processar e julgar com perspectiva de gênero as mortes violentas de mulheres* (Brasília, Secretaria de Políticas para as Mulheres, 2016); disponível em: <http://www.onumulheres.org.br/wp-content/uploads/2016/04/diretrizes_feminicidio.pdf>; acesso em: 10 ago. 2019.

gênero, ou seja, pela "condição" de mulher. No Brasil, treze mulheres são assassinadas todos os dias, e a maioria dessas mulheres é negra, segundo o *Atlas da Violência de 2019*[16]. O estudo aponta que houve um crescimento de 20,7% de feminicídios entre 2007 e 2017. Em uma década, o índice de assassinatos de mulheres negras aumentou 60%, enquanto o de mulheres não negras aumentou 1,7%. Nesse sentido, o assassinato de Marielle Franco pode ser incluído nos índices de feminicídio negro no país. Sem dúvida, o machismo e o racismo são gatilhos letais para as mulheres negras.

ERGUENDO A VOZ E A CABEÇA

A conceituação de feminicídio político parte da observação inquietante do papel da mulher na política e do contexto no qual ocorre a execução sumária de uma mulher preta, favelada, LGBTQI, em plena ascensão política no Parlamento brasileiro. Marielle foi eleita por 46.502 pessoas que compreenderam que toda a sua luta contra as desigualdades sociais, em especial as de gênero, raça e classe, é necessária para que a humanidade não se desumanize. Em um mapeamento prévio, observamos que fazia sentido interromper a escalada política de Marielle, porque ela ameaçava os podres poderes aliados às máfias do Rio de Janeiro. Essa mesma lógica custou a vida da juíza Patrícia Acioli, que decretou a prisão de milicianos de São Gonçalo em 2011, e da irmã Dorothy Stang, que denunciou latifundiários no Pará em 2005.

Uma das perguntas inquietantes que nos fazemos é: um Parlamento com mulheres negras deixará de ser machista, racista e sexista? Nosso estudo nos leva a crer que a simples presença de mulheres negras no poder não acaba com o machismo e o racismo, mas pode pôr em xeque a misoginia e o preconceito racial ao possibilitar o reconhecimento da existência, da humanidade dessas mulheres. Por si só, a ocupação física do Parlamento por mulheres negras visibiliza essas tensões – porque a lógica desumanizadora machista e racista também está na capacidade de camuflar e "pacificar" os conflitos, papel feito com excelência pela suposta democracia racial difundida no Brasil.

---

[16] Instituto de Pesquisa Econômica Aplicada e Fórum Brasileiro de Segurança Pública, *Atlas da violência 2019* (Rio de Janeiro/São Paulo, Ipea/FBSP, 2019); disponível em: <http://www.ipea.gov.br/portal/images/stories/PDFs/relatorio_institucional/190605_atlas_da_violencia_2019.pdf>; acesso em: 10 ago. 2019.

É importante considerar também que as feministas negras têm um papel central no reencantamento da luta política no país. A despolitização da política é uma estratégia articulada há tempos pelos grupos de extrema direita que chegaram ao poder em 2019, repactuando sua relação com a elite econômica privatista brasileira. Assim, a execução sumária de Marielle Franco reorientou os movimentos de mulheres, organizados ou não, para a ocupação dos espaços de poder, pois Marielle se tornou símbolo e ícone mundial da luta das mulheres contra as desigualdades, em especial as de gênero, raça e classe.

Concluímos que, ao "erguer a voz", ao passar de objeto a sujeito, como diz bell hooks, Marielle Franco desafiou os poderes políticos e econômicos dos homens da elite branca brasileira. Portanto, a formulação do conceito de feminicídio político, que trafega entre a práxis e a teoria para qualificar, caracterizar e denominar o que de fato representa para a sociedade a execução sumária de Marielle Franco, é fundamental. É questão de vida, de renascimento histórico, político e epistemológico de uma mulher preta.

REFERÊNCIAS BIBLIOGRÁFICAS

ABRAMO, Pedro (org.). *Favela e mercado informal:* a nova porta de entrada dos pobres nas cidades brasileiras. Porto Alegre, Finep, 2009. Coleção Habitare/Finep.

ADORNO, Theodor; HORKHEIMER, Max. *Dialética do esclarecimento.* Rio de Janeiro, Zahar, 1985.

AGAMBEN, Giorgio. *A comunidade que vem.* Lisboa, Presença, 1993.

_____. *Altíssima pobreza:* regras monásticas e formas de vida. Trad. Selvino J. Assmann. São Paulo, Boitempo, 2014.

ALENCAR, Chico. *A rua, a nação e o sonho:* uma reflexão para as novas gerações. Rio de Janeiro, Mar de Ideias, 2013.

ALMEIDA, Silvio Luiz de. *Racismo estrutural.* São Paulo, Pólen, 2019.

ANISTIA INTERNACIONAL. *Informe 2010* – O estado dos direitos humanos no mundo. Londres, Amnesty International, 2010.

_____. *Informe 2011* – O estado dos direitos humanos no mundo. Londres, Amnesty International, 2011.

ANTUNES, Thiago. Único padre exorcista do Rio é da Maré. *O Dia*, Rio de Janeiro, 19 abr. 2014. Disponível em: <https://odia.ig.com.br/noticia/rio-de-janeiro/2014-04-07/unico-padre-exorcista-do-rio-e-da-mare.html>. Acesso em: 10 set. 2020.

ARANTES, Otacília; VAINER, Carlos; MARICATO, Ermínia. *A cidade do pensamento único:* desmanchando consensos. 5. ed., Petrópolis, Vozes, 2009.

ARBEX JÚNIOR, José. Uma outra comunicação é possível (e necessária). In: MORAES, Dênis (org.). *Por uma outra comunicação:* mídia, mundialização cultural e poder. Rio de Janeiro, Record, 2003.

ARTICULAÇÃO NACIONAL DOS COMITÊS POPULARES DA COPA. *Megaeventos e violações dos direitos humanos no Brasil.* Rio de Janeiro, Ancop, 2014. Disponível em: <https://comitepopulario.files.wordpress.com/2014/11/ancop_dossie2014_web.pdf>. Acesso em: 3 ago. 2014.

BAKHTIN, Mikhail. *A cultura popular na Idade Média e no Renascimento*: o contexto de François Rabelais. Trad. Yara Frateschi Vieira. São Paulo/Brasília, Hucitec/Editora da UnB, 1987.

_____. *Marxismo e filosofia da linguagem.* Trad. Michel Lahud, Yara Frateschi Vieira, Lúcia Teixeira Wisnik e Carlos Henrique D. Chagas Cruz. 6. ed., São Paulo, Hucitec, 1992.

_____. *Estética da criação verbal.* Trad. Paulo Bezerra. 5. ed., São Paulo, WMF Martins Fontes, 2010.

BAUMAN, Zygmunt. *O mal-estar da pós-modernidade.* Trad. Mauro Gama e Cláudia Martinelli Gama. Rio de Janeiro, Zahar, 1998.

_____. *Globalização, as consequências humanas.* Trad. Marcus Penchel. Rio de Janeiro, Zahar, 1999.

_____. *Comunidade:* a busca por segurança no mundo atual. Trad. Plínio Dentzien. Rio de Janeiro, Zahar, 2003.

_____. *Identidade:* entrevista a Benedetto Vecchi. Trad. Carlos Alberto Medeiros. Rio de Janeiro, Zahar, 2005.

BENJAMIN, Cid. *Hélio Luz:* um xerife de esquerda. Rio de Janeiro, Contraponto, 1998.

BENJAMIN, Walter. *Magia e técnica, arte e política:* ensaios sobre literatura e história da cultura. Trad. Sérgio Paulo Rouanet. 8. ed., São Paulo, Brasiliense, 2012.

BOBBIO, Norberto. *Estado, governo e sociedade.* Trad. Marco Aurélio Nogueira. São Paulo, Paz & Terra, 2000.

BORGES, Camila. Complexo da Maré terá um militar para cada 55 moradores. *O Dia*, Rio de Janeiro, 25 mar. 2014. Disponível em: <http://odia.ig.com.br/noticia/rio-de-janeiro/2014-03-25/complexo-da-mare-tera-um-militar-para-cada-55-moradores.html>. Acesso em: 15 jun. 2014.

BOTELHO, Maurilio Lima. Crise urbana no Rio de Janeiro: favelização e empreendedorismo dos pobres. In: BRITO, Felipe; ROCHA, Pedro (orgs.). *Até o último homem:* visões cariocas da administração armada da vida social. São Paulo, Boitempo, 2013.

BOURDIEU, Pierre. *A distinção:* crítica social do julgamento. Trad. Daniela Kern. Porto Alegre/ São Paulo, Zouk/Edusp, 2008.

BRAGANÇA DE MIRANDA, José A. A cultura como problema. *Revista de Comunicação e Linguagens*, Lisboa, n. 28, 2000.

BRAIT, Beth. Análise e teoria do discurso. In: _____ (org.). *Bakhtin:* outros conceitos-chave. 2. ed., São Paulo, Contexto, 2014.

BRIGHENTI, Andrea. Visibility: A Category for the Social Sciences. *Current Sociology*, v. 55, n. 3, 2007. p. 323-42.

BUCCI, Eugênio. A imprensa e o dever da liberdade: a responsabilidade social do jornalismo em nossos dias. In: CANELA, Guilherme et al. (orgs.). *Políticas públicas sociais e os desafios para o jornalismo*. São Paulo, Cortez, 2008.

BUTLER, Judith. *Corpos em aliança e a política das ruas:* notas para uma teoria performativa de assembleia. Trad. Fernanda Siqueira Miguens. 3. ed., Rio de Janeiro, Civilização Brasileira, 2019.

_____. *Problemas de gênero:* feminismo e subversão da identidade. Trad. Renato Aguiar. 17. ed., Rio de Janeiro, Civilização Brasileira, 2019.

CAIAFA, Janice. *Aventura das cidades:* ensaios e etnografias. Rio de Janeiro, Ed. FGV, 2007.

CAMPOS, Andrelino. *Do quilombo à favela:* a produção do "espaço criminalizado" no Rio de Janeiro. Rio de Janeiro, Bertrand Brasil, 2011.

CANCLINI, Néstor Garcia. *Culturas híbridas:* estratégias para entrar e sair da modernidade. Trad. Heloísa Pezza Cintrão, Ana Regina Lessa e Gênese Andrade. 4. ed., São Paulo, Edusp, 2013.

CANO, Ignácio; DUARTE, Thaís (orgs.). *No sapatinho:* a evolução das milícias no Rio de Janeiro (2008-2011). Rio de Janeiro, Fundação Heinrich Böll, 2012.

CARNEIRO, Sueli. *A construção do outro como não-ser como fundamento do ser.* Tese de doutorado em educação, São Paulo, Faculdade de Educação da Universidade de São Paulo, 2005. Disponível em: <https://negrasoulblog.files.wordpress.com/2016/04/a-construc3a7c3a3o-do-outro-como-nc3a3o-ser-como-fundamento-do-ser-sueli-carneiro-tese1.pdf>. Acesso em: 10 ago. 2019.

_____. *Escritos de uma vida.* São Paulo, Pólen, 2019.

CENTRO DE ESTUDOS E AÇÕES SOLIDÁRIAS DA MARÉ. *Censo Maré 2000*: Quem somos, quantos somos, o que fazemos? Rio de Janeiro, Ceasm, 2000.

COIMBRA, Cecília. *Operação Rio:* o mito das classes perigosas. Rio de Janeiro/Niterói, Oficina do Autor/Intertexto, 2001.

COLLINS, Patricia Hill. *Pensamento feminista negro:* conhecimento, consciência e a política do empoderamento. Trad. Jamille Pinheiro Dias. São Paulo, Boitempo, 2019.

CONFEDERAÇÃO NACIONAL DO TRANSPORTE. 117ª Pesquisa CNT/MDA, 8 fev. 2014.

COSTA, Bernardo. Ocupação no Complexo da Maré é concluída em apenas 15 minutos. *Extra*, Rio de Janeiro, 30 mar. 2013. Disponível em: <http://extra.globo.com/casos-de-policia/ocupacao-no-complexo-da-mare-concluida-em-apenas-15-minutos-12033951.html>. Acesso em: 15 jul. 2014.

COUTINHO, Carlos Nelson. *Cultura e sociedade no Brasil:* ensaio sobre ideias e formas. Belo Horizonte, Oficina de Livros, 1990.

_____. *Gramsci:* um estudo sobre seu pensamento político. Rio de Janeiro, Campus, 1992.

CUCHE, Denys. *A noção de cultura nas ciências sociais.* Bauru, Edusc, 2002.

DA MATTA, Roberto. *A casa & a rua:* espaço, cidadania, mulher e morte no Brasil. 4. ed., Rio de Janeiro, Rocco, 1997.

DANTAS, Marcos. O que "gentrificar" quer dizer. *Correio do Brasil*, Rio de Janeiro, 29 out. 2013. Disponível em: <https://arquivo.correiodobrasil.com.br/o-que-gentrificar-quer-dizer/>. Acesso em: 2 nov. 2013.

DAVIS, Angela. *Mulheres, Raça e Classe.* Trad. Heci Regina Candiani. São Paulo, Boitempo, 2016.

_____. *Estarão as prisões obsoletas?* Trad. Marina Vargas. Rio de Janeiro, Difel, 2018.

_____. *Uma autobiografia.* Trad. Heci Regina Candiani. São Paulo, Boitempo, 2019.

DAVIS, Mike. *Planeta favela.* Trad. Beatriz Medina. São Paulo, Boitempo, 2006.

DE CERTAU, Michel. *A invenção do cotidiano:* artes de fazer. Trad. Ephraim Ferreira Alves. Petrópolis, Vozes, 2008.

DEBORD, Guy. *A sociedade do espetáculo.* Trad. Estela dos Santos Abreu. Rio de Janeiro, Contraponto, 1997.

DISCINI, Norma. Carnavalização. In: BRAIT, Beth (org.). *Bakhtin:* outros conceitos-chaves. 2. ed., São Paulo, Contexto, 2012.

ECO, Umberto. Cultura de massa e níveis de cultura. In: _____. *Apocalípticos e integrados.* Trad. Pérola de Carvalho. São Paulo, Perspectiva, 1970.

ELHAJJI, Mohammed. Comunicação, cultura e conflitos: uma abordagem conceitual. In: PAIVA, Raquel; BARBALHO, Alexandre (orgs.). *Comunicação e cultura das minorias.* São Paulo, Paulus, 2005.

ESPOSITO, Roberto. *Communitas:* origine et destin de la communauté. Trad. Nadine Le Lirzin. Paris, PUF, 2000.

_____. Niilismo e comunidade. In: PAIVA, Raquel (org.). *O retorno da comunidade:* os novos caminhos do social. Rio de Janeiro, Mauad X, 2007.

FANON, Frantz. *Pele negra, máscaras brancas.* Trad. Renato da Silveira. Salvador, Edufba, 2008.

FONTES, Virgínia. Intelectuais e mídia: quem dita a pauta? In: COUTINHO, Eduardo Granja (org.). *Comunicação e contra-hegemonia:* processos culturais e comunicacionais de contestação, pressão e resistência. Rio de Janeiro, Ed. UFRJ, 2008.

FOUCAULT, Michel. *Microfísica do poder.* Trad. Roberto Machado. Rio de Janeiro, Graal, 1979.

_____. *Vigiar e punir.* Trad. Raquel Ramalhete. Petrópolis, Vozes, 2007.

_____. *A ordem do discurso:* aula inaugural no Collège de France, pronunciada em 2 de dezembro de 1970. Trad. Laura Fraga de Almeida Sampaio. 22. ed., São Paulo, Loyola, 2012.

FREIRE FILHO, J. *Reinvenções da resistência juvenil:* os estudos culturais e as micropolíticas do cotidiano. Rio de Janeiro, Mauad X, 2007.

FREIXO, Marcelo. Desmilitarização: há que se ter vontade política. *Le Monde Diplomatique*, São Paulo, 1º nov. 2013. Disponível em: <https://diplomatique.org.br/desmilitarizacao-ha-que-se-ter-vontade-politica-do-estado/>. Acesso em: 5 jan. 2014.

GEERTZ, Clifford. *O saber local:* novos ensaios em antropologia interpretativa. Trad. Vera Joscelyne. 13. ed., Petrópolis, Vozes, 2013.

GIANNOTTI, Vito. *Comunicação para a disputa de hegemonia*. São Paulo, Fundação Perseu Abramo, 2014.

GONÇALVES, Ana Maria. *Um defeito de cor*. 17. ed., Rio de Janeiro, Record, 2018.

GRAMSCI, Antonio. *Os intelectuais e a organização da cultura*. Trad. Carlos Nelson Coutinho. 4. ed., Rio de Janeiro, Civilização Brasileira, 1982.

_____. *Cadernos do cárcere*. Trad. Carlos Nelson Coutinho. 6. ed., Rio de Janeiro, Civilização Brasileira, 2011.

GUATTARI, Félix. *Revolução molecular:* pulsações políticas do desejo. 3. ed., Porto Alegre, Brasiliense, 1985.

HABERMAS, Jünger. *Discurso filosófico da modernidade*. Trad. Luiz Sérgio Repa e Rodnei Nascimento. São Paulo, Martins Fontes, 2002.

HALL, Stuart. *Da diáspora:* identidades e mediações culturais. Org. Liv Sovic. Trad. Adelaine La Guardia Resende. Belo Horizonte, Ed. UFMG, 2003.

_____. *A identidade cultural na pós-modernidade*. Trad. Tomaz Tadeu da Silva e Guaracira Lopes Louro. 11. ed., Rio de Janeiro, DP&A, 2011.

HARVEY, David. *Espaços de esperança*. Trad. Adail Ubirajara Sobral e Maria Stela Gonçalves. São Paulo, Loyola, 2004.

HERSCHMANN, Micael. *O funk e o hip-hop invadem a cena*. Rio de Janeiro, Ed. UFRJ, 2000.

HOOKS, bell. *O feminismo é para todo mundo:* políticas arrebatadoras. Trad. Ana Luiza Libânio. Rio de Janeiro, Rosa dos Tempos, 2018.

_____. *Erguer a voz*: pensar como feminista, pensar como negra. Trad. Cátia Bocaiuva Maringolo. São Paulo, Elefante, 2019.

_____. *Olhares negros:* raça e representação. Trad. Stephanie Borges. São Paulo, Elefante, 2019.

HUCK. Luciano. Apresentação. In: MEIRELLES, Renato; ATHAYDE, Celso (orgs.). *Um país chamado favela:* a maior pesquisa já feita sobre a favela brasileira. São Paulo, Gente, 2014.

IASI, Mauro Luís. *Ensaios sobre consciência e emancipação*. São Paulo, Expressão Popular, 2007.

INSTITUTO BRASILEIRO DE GEOGRAFIA E ESTATÍSTICA. *Censo Demográfico de 2010*. Rio de Janeiro, IBGE, 2010.

_____. *Estatística de gênero:* indicadores sociais das mulheres no Brasil. Rio de Janeiro, IBGE, 2018. Disponível em <https://biblioteca.ibge.gov.br/visualizacao/livros/liv101551_informativo.pdf>. Acesso em: 10 ago. 2019.

INSTITUTO DE PESQUISA ECONÔMICA APLICADA; FÓRUM BRASILEIRO DE SEGURANÇA PÚBLICA. *Atlas da violência 2019*. Rio de Janeiro/São Paulo, Ipea/FBSP, 2019. Disponível em: <http://www.ipea.gov.br/portal/images/stories/PDFs/relatorio_institucional/190605_atlas_da_violencia_2019.pdf>. Acesso em: 10 ago. 2019.

JACOBS, Jane. *Morte e vida de grandes cidades*. Trad. Carlos S. Mendes Rosa. São Paulo, Martins Fontes, 2011.

JESUS, Carolina Maria de. *Diário de Bitita*. Rio de Janeiro, Nova Fronteira, 1986.

KELLNER, Douglas. *A cultura da mídia*. Bauru, Edusc, 2001.

KILOMBA, Grada. *Memórias de plantação*: episódios de racismo cotidiano. Trad. Jess Oliveira. Rio de Janeiro, Cobogó, 2019.

LIMA, Venício. Mídia, rebeldia urbana e crise de representação. In: MARICATO, Ermínia et al. *Cidades rebeldes:* Passe Livre e as manifestações que tomaram as ruas do Brasil. São Paulo, Boitempo/Carta Maior, 2013.

LOPES, Adriana de Carvalho. *Funke-se quem quiser:* no batidão negro da cidade carioca. Rio de Janeiro, Bom Texto/Faperj, 2011.

MACHEL, Samora. *Fazer da escola uma base para o povo tomar o poder.* Maputo, Departamento do Trabalho Ideológico da Frelimo, 1979. Coleção Estudos e Orientações 6.

MARÉ VIVE. *Nota pública acerca da resistência popular contra a ditadura militar na Maré.* Maré Vive, abr. 2014. Disponível em: <http://marevive.wordpress.com/>. Acesso em: 20 jul. 2014.

MARICATO, Ermínia. *Metrópole na periferia do capitalismo:* ilegalidade, desigualdade e violência. São Paulo, Hucitec, 1995.

_____ et al. *Cidades rebeldes:* Passe Livre e as manifestações que tomaram as ruas do Brasil. São Paulo, Boitempo/Carta Maior, 2013.

MARTÍN-BARBERO, Jesus. *Dos meios às mediações:* comunicação, cultura e hegemonia. Rio de Janeiro, Ed. UFRJ, 2001.

_____. Globalização comunicacional e transformação cultural. In: MORAES, Dênis (org.). *Por uma outra comunicação:* mídia, mundialização cultural e poder. Rio de Janeiro, Record, 2003.

MARX, Karl; ENGELS, Friedrich. *A ideologia alemã* (I – Feuerbach.). Trad. José Carlos Bruni e Marco Aurélio Nogueira. São Paulo, Hucitec, 1987.

MATTELART, Armand; MATTELART, Michèle. *História das teorias da comunicação.* Trad. Luiz Paulo Rouanet. São Paulo, Loyola, 1999.

MCLUHAN, Marshal. *Os meios de comunicação como extensões do homem.* Trad. Décio Pignatari. São Paulo, Cultrix, 1969.

MEIRELLES, Renato; ATHAYDE, Celso. *Um país chamado favela:* a maior pesquisa já feita sobre a favela brasileira. São Paulo, Gente, 2014.

MELO, Hildete Pereira de; THOMÉ, Débora. *Mulheres e poder:* histórias, ideias e indicadores. Rio de Janeiro, FGV Editora, 2018.

MINISTÉRIO DAS MULHERES, DA IGUALDADE RACIAL, DA JUVENTUDE E DOS DIREITOS HUMANOS. *Diretrizes nacionais para investigar, processar e julgar com perspectiva de gênero as mortes violentas de mulheres.* Brasília, Secretaria de Políticas para as Mulheres, 2016. Disponível em: <https://assets-dossies-ipg-v2.nyc3.digitaloceanspaces.com/sites/4/2016/11/Diretrizes-Nacionais-Feminicidio_documentonaintegra.pdf>. Acesso em: 10 ago. 2019.

MORAN, José Manuel. *Leitura dos meios de comunicação.* São Paulo, Pancast, 1993.

MORAES, Dênis. Comunicação alternativa em rede e difusão contra-hegemônica. In: COUTINHO, Eduardo Granja (org.). *Comunicação e contra-hegemonia:* processos culturais e comunicacionais de contestação, pressão e resistência. Rio de Janeiro, Ed. UFRJ, 2008.

_____. *Vozes abertas da América Latina:* Estado, políticas públicas e democratização da comunicação. Rio de Janeiro, Faperj/Mauad X, 2011.

NANCY, Jean-Luc. *La comunidad inoperante.* Trad. Juan Manuel Garrido. Santiago do Chile, LOM, 2000.

NÓBREGA JÚNIOR, Edson Diniz; BELFORD, Marcelo Castro; RIBEIRO, Paula. *Memória e identidade dos moradores de Nova Holanda.* Rio de Janeiro, Redes da Maré, 2012.

ONU MULHERES. Brasil é "lanterna" em ranking latino-americano sobre paridade de gênero na política. *ONU Mulheres Brasil,* 24 ago. 2017. Disponível em: <http://www.onumulheres.org.br/noticias/brasil-e-lanterna-em-ranking-latino-americano-sobre-paridade-de-genero-na-politica/>. Acesso em: 21 out. 2020.

ORTIZ, Renato. *Mundialização e cultura*. São Paulo, Brasiliense, 2006.

PAIVA, Raquel. *O espírito comum:* comunidade, mídia e globalismo. Rio de Janeiro, Mauad X, 2003.

_____. *Comunicação e cultura das minorias*. São Paulo, Paulus, 2005.

_____ (org.). *O retorno da comunidade*. Rio de Janeiro, Mauad X, 2007.

_____; SODRÉ, Muniz. *Cidade dos artistas:* cartografia da televisão e da fama no Rio de Janeiro. Rio de Janeiro, Mauad X, 2004.

PERUZZO, Cicilia Maria Krohling. *Comunicação nos movimentos populares:* a participação na construção da cidadania. Petrópolis, Vozes, 1998.

_____. Mídia local e suas interfaces com a mídia comunitária. In: XXVI CONGRESSO BRASILEIRO DE CIÊNCIAS DA COMUNICAÇÃO, 2003, Belo Horizonte. *Anais...* Belo Horizonte, Intercom, 2003. [cd-rom].

PINTO, Ana Carolina. Soldado da Força de Pacificação da Maré afirma a jornal sueco que proibição de bailes funk é "castigo". *Extra*, Rio de Janeiro, 19 jun. 2014. Disponível em: <http://extra.globo.com/noticias/rio/soldado-da-forca-de-pacificacao-da-mare-afirma-jornal-sueco-que-proibicao-de-bailes-funk-castigo-12926309.html>. Acesso em: 5 ago. 2017.

PINTO, Milton José. *Comunicação e discurso*. São Paulo, Hacker, 1999.

RAMOS, Silvia; PAIVA, Anabela. *Mídia e violência:* tendências na cobertura de criminalidade e segurança no Brasil. Rio de Janeiro, Ed. Iuperj, 2007.

RANCIÈRE, Jacques. *Partilha do sensível:* estética e política. Trad. Mônica Costa Netto. São Paulo, EXO Experimental/Ed. 34, 2005.

RIO, João do. *A alma encantadora das ruas*. 2. ed., Rio de Janeiro, Martin Claret, 2013. Coleção Obras Primas.

SAFFIOTI, Heleieth. *A mulher na sociedade de classes*. 3. ed., São Paulo, Expressão Popular, 2013.

SANTOS, Silvio Matheus Alves. O método da autoetnografia na pesquisa sociológica: atores, perspectiva e desafios. *PLURAL – Revista do Programa de PósGraduação em Sociologia da USP*, São Paulo, v. 24, n. 1, 2017. p. 214-41. Disponível em: <http://www.revistas.usp.br/plural/article/download/113972/133158/>. Acesso em: 10 ago. 2019.

SENNETT, Richard. *A cultura do novo capitalismo*. Trad. Clóvis Marques. Rio de Janeiro, Record, 2008.

SILVA, Edna Lúcia da; MENEZES, Estera Muszkat. *Metodologia da pesquisa e elaboração de dissertação*. 4. ed., Florianópolis, Laboratório de Ensino a Distância da UFSC, 2005.

SILVA, Eliana Sousa. *Testemunhos da Maré*. Rio de Janeiro, Mórula, 2015.

SOARES, Rafael. Justiça expede mandado coletivo e polícia pode fazer buscas em todas as casas do Parque União e da Nova Holanda. *Extra*, Rio de Janeiro, 29 mar. 2014. Disponível em: <http://extra.globo.com/casos-de-policia/justica-expede-mandado-coletivo-policia-pode-fazer-buscas-em-todas-as-casas-do-parque-uniao-da-nova-holanda-12026896.html>. Acesso em: 15 jun. 2014.

SODRÉ, Muniz. *Antropológica do espelho:* uma teoria da comunicação linear e em rede. Petrópolis, Vozes, 2002.

_____. *O terreiro e a cidade:* a forma social negro brasileira. 3. ed., Rio de Janeiro, Mauad X, 2019.

SOUZA E SILVA, Jailson de. *Por que uns e não outros?* Caminhada de jovens pobres para a universidade. Rio de Janeiro, 7 Letras, 2011.

SOUZA, Renata. *O cidadão e o Complexo da Maré*. Trabalho de conclusão de curso em comunicação, habilitação em jornalismo, Rio de Janeiro, Pontifícia Universidade Católica do Rio de Janeiro, 2007.

_____. *O Cidadão*: um jornal comunitário a serviço de uma propaganda ideológica da favela. Trabalho de conclusão de curso em comunicação, habilitação em publicidade, Rio de Janeiro, Pontifícia Universidade Católica do Rio de Janeiro, 2009.

_____. *O Cidadão*: uma década de experiência ideológica, pedagógica e política de comunicação comunitária. Dissertação de mestrado em comunicação social, Rio de Janeiro, Escola de Comunicação Social da Universidade Federal do Rio de Janeiro, 2011.

_____. *Cria da favela*. 1. ed., Rio de Janeiro, Núcleo Piratininga de Comunicação, 2018.

_____. O feminicídio político de Marielle Franco. *El País*, 14 mar. 2019. Disponível em: <https://brasil.elpais.com/brasil/2019/03/14/politica/1552562116_307529.html>. Acesso em: 10 ago. 2019.

_____; FRANCO, Marielle. Maré: pacificação e/ou domesticação militarizada? In: COMISSÃO DE DEFESA DOS DIREITOS HUMANOS E CIDADANIA DA ALERJ. *Relatório Anual*. Rio de Janeiro, 10 dez. 2014. Disponível em: <https://medium.com/relatorio-da-comissao-de-defesa-dos-direitos/2-a-necessidade-de-avancar-para-um-estado-desmilitarizado-48eba06d29be>. Acesso em: 5 ago. 2017.

STEINER, George. *No castelo do Barba Azul:* algumas notas para a redefinição da cultura. Lisboa, Relógio D'Água, 1992.

TARIZZO, Davide. Filósofos em comunidade: Nancy, Esposito, Agamben. In: PAIVA, Raquel (org.). *O retorno da comunidade*. Rio de Janeiro, Mauad X, 2007.

THOMPSON, John B. *Ideologia e cultura moderna:* teoria social crítica na era dos meios de comunicação de massa. Trad. Grupo de Estudos sobre Ideologia, Comunicação e Representações Sociais na Pós-Graduação do Instituto de Psicologia da Pontifícia Universidade Católica do Rio Grande do Sul. 9. ed., Petrópolis, Vozes, 2011.

ULDAM, Julie. Social Media Visibility: Challenges to Activism. *Media, Culture & Society*, v. 40, n. 1, 2017. p. 41-58.

VAINER, Carlos. Quando a cidade vai às ruas. In: MARICATO, Ermínia et al. *Cidades rebeldes:* Passe Livre e as manifestações que tomaram as ruas do Brasil. São Paulo, Boitempo/Carta Maior, 2013.

VALENTE, Julia Leite. UPPs: observações sobre a gestão militarizada de territórios desiguais. *Revista Direito e Práxis*, v. 5, n. 9, 2014. p. 207-25.

VAZ, Paulo. A vida feliz da vítima. In: FREIRE FILHO, João (org.). *Ser feliz hoje*. São Paulo, Ed. FGV, 2010.

_____; POMBO, Mariana; SÁ-CARVALHO, Carolina. Risco e sofrimento evitável: a imagem da polícia no noticiário de crime. *E-Compós*, v. 4, 2005. Disponível em: <https://www.e-compos.org.br/e-compos/article/view/46>. Acesso em: 10 jun. 2014.

VELHO, Gilberto. *A utopia urbana:* um estudo de antropologia social. 2. ed., Rio de Janeiro, Zahar, 1989.

VIANA, Luiz Fernando. Maré Cheia: complexo de favelas atrai artistas, "exporta" os seus e mostra vitalidade que o confirma como principal eixo da "cultura da periferia" do Rio. *O Globo*, Segundo Caderno, Rio de Janeiro, 29 maio 2012. p. 1. Disponível em: <https://acervo.oglobo.globo.com/consulta-ao-acervo/?navegacaoPorData=201020120529>. Acesso em: 30 nov. 2016.

VIEIRA, Eric. Estratégia para solução de "Nada Opor" nas comunidades com UPPs. *Boletim da Polícia Militar do Estado do Rio de Janeiro*, 2013.

WALLERSTEIN, Immanuel. *O declínio do poder americano*. Trad. Elsa T. S. Vieira. Rio de Janeiro, Contraponto, 2004.

WIRTH, Louis. O urbanismo como forma de vida. In: VELHO, Otávio Guilherme (org.). *O fenômeno urbano*. 2. ed., Rio de Janeiro, Zahar, 1973.

WHYTE, William Foote. *Sociedade de esquina:* a estrutura social de uma área urbana pobre e degradada. Trad. Maria Lúcia de Oliveira. Rio de Janeiro, Zahar, 2005.

ENTREVISTADOS

CABOI, Anderson. Cria do Conjunto Esperança, depoimento colhido em março de 2017.

CARVALHO, Elza Maria Cristina Laurentino de. Cria da Vila do Pinheiro, depoimento colhido em março de 2017.

DJ MARCUS VINICIUS. Cria da Nova Holanda, depoimento colhido em 2017.

EUCLIDES, Hélio. Cria da Vila do Pinheiro, depoimento colhido em março de 2017.

GONÇALVES, Carlos. Cria do Conjunto Esperança, depoimento colhido em maio de 2016.

MAREENSE 007. Cria do Conjunto Esperança, depoimento colhido em maio de 2016.

MAREENSE. Cria da Vila do Pinheiro, depoimento colhido em março de 2017.

MARTINS, Gizele. Cria da Baixa do Sapateiro, depoimento colhido em abril de 2017.

MC LEONARDO. Cria da Rocinha, depoimento colhido em maio de 2017.

MEDEIROS, Josinaldo. Cria da Vila do Pinheiro, depoimento colhido em março de 2017.

NASCIMENTO, Mariluci. Cria da Nova Holanda, depoimento colhido em abril de 2017.

NOBRE, Geandra. Cria do Kinder Ovo, depoimento colhido em março de 2017.

SILVA, Eliana. Cria da Nova Holanda, depoimento colhido em abril de 2017.

SILVA, Rosilene Miliotti da. Cria do Parque União, depoimento colhido em abril de 2017.

Este livro foi composto em ADOBE GARAMOND PRO, 11,5/15,5, e impresso em papel AVENA 80g/m², na gráfica RETTEC, para a BOITEMPO, com tiragem de 3 mil exemplares. Finalizado em 29 de outubro de 2020, quando se completam 960 dias do feminicídio político de MARIELLE FRANCO.